"十四五"职业教育国家规划教材

高等职业教育高速铁路客运服务专业系列教材

# 高速铁路客运服务礼仪

## (第二版)

董正秀◎主编

杨　光◎主审

中国铁道出版社有限公司

2025年·北　京

## 内容简介

本书为“十四五”职业教育国家规划教材、高等职业教育高速铁路客运服务专业系列教材之一，主要内容包括服务形象礼仪、服务语言礼仪、高速铁路车站服务礼仪、动车组列车服务礼仪、社交基础礼仪。本书内容翔实、结构合理、语言精练通顺，并配有音频、视频及大量礼仪图片，对提高个人修养、改善服务形象、改进服务工作、提升服务水平、树立铁路服务的良好窗口形象定会有所帮助。

本书适合作为高等职业院校高速铁路客运服务专业教材，也可供铁路客运部门职工岗前培训使用，还可作为运输服务礼仪知识的参考资料和普及读本。

**图书在版编目(CIP)数据**

高速铁路客运服务礼仪 / 董正秀主编. -- 2 版. 北京 : 中国铁道出版社有限公司, 2025. 8(2025. 9 重印). -- (“十四五”职业教育国家规划教材)(高等职业教育高速铁路客运服务专业系列教材). -- ISBN 978-7-113-31715-7

Ⅰ. U293.3

中国国家版本馆 CIP 数据核字第 2024GA6213 号

**书　　名:** 高速铁路客运服务礼仪
**作　　者:** 董正秀

---

**责任编辑:** 悦　彩　　**编辑部电话:** (010)51873206　　**电子邮箱:** sxyuecai@163.com
**封面设计:** 王镜夷　高博越
**责任校对:** 刘　畅
**责任印制:** 赵星辰

---

**出版发行:** 中国铁道出版社有限公司(100054,北京市西城区右安门西街 8 号)
**网　　址:** https://www.tdpress.com
**印　　刷:** 河北宝昌佳彩印刷有限公司
**版　　次:** 2019 年 11 月第 1 版　2025 年 8 月第 2 版　2025 年 9 月第 2 次印刷
**开　　本:** 787 mm×1 092 mm 1/16　**印张:** 11.5　**字数:** 284 千
**书　　号:** ISBN 978-7-113-31715-7
**定　　价:** 38.00 元

---

# 前言（第二版）

随着中国经济的快速发展，中国铁路建设的规模和技术水平不断提高，“八纵八横”高速铁路网络加密成型，中国铁路运输进入了高质量发展新时代。截至2024年底，全国铁路营业里程已达到16.2万km，其中高速铁路4.8万km，占世界高速铁路营业里程的2/3以上。我国已成为世界上高速铁路运营里程最长、规模最大、速度最快、密度最高、成网运营场景最复杂的国家。随着京张智能高速铁路的开通运营，我国在世界上首次实现了时速350 km自动驾驶功能。中泰铁路合作项目、印度尼西亚雅万高铁项目等境外项目建设取得重大进展，带动我国铁路技术标准和全产业链实现整体走出去，全方位改变了世界铁路业的面貌。中国高速铁路实现了从无到有、从探索到突破、从制造到创造、从追赶到领跑的飞越发展。

中国高速铁路不仅在硬件设施、行车安全、快捷舒适等方面有了巨大变化，服务质量亦已形成中国高速铁路服务标准和规范。铁路客运服务人员在为旅客提供标准化、规范化服务的同时，更为旅客提供温馨化、个性化、细微化服务，满足人民美好出行需要和对美好生活的向往。客运服务礼仪作为铁路客运服务质量内涵之一，是客运服务人员必备素养和行为规范。

本教材第一版于2019年11月出版，2022年、2023年分别被列入“十三五”职业教育国家规划教材、“十四五”职业教育国家规划教材。出版后，本书作为高速铁路客运服务专业教材，使用效果良好。根据教育部《职业院校教材管理办法》和中国高速铁路发展变化及职业教育改革需求，本教材在第一版的基础上进行如下修订：

1. 完善和更新相关内容。每个项目添加了项目描述和项目思维导图，使项目结构更加完整；更新了行业发展动态、案例和服务规范等相关内容。

2. 融合思政元素。所选案例有劳动模范、先进工作者的感人事迹，他们以爱岗敬业、争创一流、艰苦奋斗、勇于创新、淡泊名利、甘于奉献的精神，为学生们树立了榜样。本教材主体内容贯穿铁路客运服务人员应具备的职业道德、工作规范、服务理念、服务技能，对标铁路企业岗位要求，培养学生的职业荣誉感和自豪感。

3. 做、练结合，提高专业综合能力。为了凸显以学生为中心、能力本位的职业教育理念与原则，将第一版每个项目后的“思考练习题”改为“项目综合训练”。项目综合训练以学习小组为单位，分别从专业素养和职业道德、业务和技能训练两个方面进行，注重分析问题、解决问题、沟通协调、团队协作、创新意识等方法训练，让学生在训练中培育探究精神、责任意识、服务意识等专业素养，提高专业综合能力。

本教材共分 5 个项目，建议教学课时为 32 课时。由于各院校课时安排情况不同，教学环节的安排也存在差异，因此，在进行教学时，可根据实际情况合理安排教学进程。

本教材中每个任务都有“任务训练”，授课教师可根据实训条件组织训练，并根据具体实训内容进行效果评价。每个项目后的“项目综合训练”，授课教师也可根据实训条件组织。“任务训练”到“项目综合训练”，由简单到复杂，全方位考核学生的综合素质和业务技能。

本教材由南京铁道职业技术学院董正秀任主编，中国铁路上海局集团有限公司职工培训部杨光任主审。具体编写分工如下：概述、项目三由董正秀编写，项目一、项目二由南京铁道职业技术学院杨艳编写，项目四由南京铁道职业技术学院刘慧编写，项目五由南京铁道职业技术学院涂晓燕编写。

本教材在编写过程中得到中国铁路上海局集团有限公司客运培训基地、南京客运段的大力支持，还参考了大量的国内外专家的相关著述和文献，在此一并表示衷心感谢！

由于编者水平有限，书中难免有不当之处，敬请读者不吝赐教。

编　者
2024 年 12 月

# 前言（第一版）

随着中国经济的快速发展，中国铁路建设的规模和技术水平不断提高，一个横贯东西、沟通南北、干支结合的具有相当规模的铁路运输网络已基本形成并逐步趋于完善，中国铁路运输进入了一个全新时代。高速铁路的运行，不仅使铁路客运在安全、快捷、舒适等方面有巨大的飞跃，在服务质量上也有更高的要求。铁路客运服务人员不仅要为旅客提供规范化服务，还要为旅客提供细微化、个性化服务。因此，作为高速铁路客运服务质量内涵之一的客运服务礼仪是客运服务人员必备的素养和行为规范。

本教材编写团队和铁路企业相关工作人员就本书的编写内容、编写体例等方面进行了探讨。本教材的编写以《高等职业学校专业教学标准（试行）》为指导，融合高职教育教学新理念，其特点如下：

1. 项目化。以高速铁路客运服务的岗位为模块，进行工作任务分解和项目的确立；以任务驱动引领课堂教学，以项目→任务→训练→效果评价为教材的主要结构。

2. 教学做一体化。教材的内容方面，既包含服务礼仪基本知识、规范，尤其是行业服务质量标准和规范，又强调理论实践一体化；既有理论知识和行为规范，也有学生实训项目。本教材加大了学生“做”的内容，并增添项目考核，以加大过程考核的力度。

本教材后续工作将结合铁路行业要求及职业教育改革的要求，开展高速铁路客运服务礼仪教学资源库建设。

本教材共分 5 个项目，建议教学课时为 32 课时。由于各地、各院校情况不同，教学环节的安排也必然存在差异，因此，在进行本课程的教学时，可根据实际情况合理安排教学进程。

本教材中每个任务都有“任务训练”，授课教师可根据实训条件进行组织训练，并根据具体实训内容进行效果评价。

本教材由南京铁道职业技术学院董正秀任主编，中国铁路上海局集团有限公司南京客运段杨光任主审。具体编写分工如下：项目一、项目二由南京铁道职业技术学院杨艳编写；项目三由董正秀编写；项目四由南京铁道职业技术学院刘慧编写；项目五由南京铁道职业技术学院涂晓燕编写。

本教材在编写过程中还参考了大量的国内外专家的相关著述和文献，在此向他们一并表示衷心感谢！

由于编者水平有限，书中难免有不当之处，敬请读者不吝赐教。

编　者

2019年4月

# 目录

# 概　　述

## 一、铁路客运服务概述

铁路客运服务是指为了实现旅客位移而由一系列或多或少具有无形性的活动所构成的一种过程，该过程是在旅客与服务人员、硬件与软件的互动过程中进行的，其实质是最大限度地满足旅客的需求并为其创造价值。从铁路运输企业的角度而言，客运服务是企业凭借运输设备设施及员工向旅客提供的保障旅客安全出行的一系列组织活动过程。从旅客的角度而言，客运服务是在消费旅行服务的过程中获得的一种实际体验和体验的满意度。

铁路客运服务主要包括车站服务、列车服务、餐饮服务和旅客投诉处理等。

铁路客运服务具有如下特点：

1. 服务的时效性

旅客乘车所购买的车票是旅客享有消费旅行服务的凭证，车票上有发站和到站站名、车次、乘车日期和开车时间、车厢号、席位号、席别、票价、有效期、旅客身份证件信息。通常意义的旅行服务从旅客购票开始，至进站候车、登上列车旅行，最后抵达目的地出站为止。旅行服务具有明显的时效性，超出车票标注有效期时间界限的旅行服务是无效的。

2. 服务的安全性

安全是交通运输行业永恒的服务宗旨，也是铁路客运服务的重要内容。安全、准时地到达目的地是旅客享有客运服务的基本需求。铁路客运服务必须首先在保障旅客生命、财产安全的基础上，尽量满足旅客的其他需求，才能让旅客收获舒心、舒适的旅行体验。

3. 服务的综合性

铁路客运服务从旅客购票开始，经历进站安检、候车、检票上车、列车服务、行李服务等环节，到旅客抵达并离开目的地车站结束。客运服务内容是上述系列服务过程构成的综合性产品。同时，铁路客运服务是车站与列车的设备、环境及服务人员共同构成的整体。

4. 服务的一次性

服务具有无形性、生产与销售的同时性、消费的一次性等特点。客运服务业同样具备服务的这些特点。旅客的乘车行为与列车的发出、抵达过程及客运人员的服务是同时发生的，并且这个消费与服务的过程一次发生后失效，不具备可储存性。

5. 服务的层次性

客运服务是一个满足旅客需求的过程，旅客的乘车体验需求是有层次区分的。安全、准时是所有旅客对客运服务的基本需求；快捷、便利、舒适是旅客对客运服务的享受需求；旅客个性差异决定了其对客运服务还具有个性化的需求。

### 阅读资料 0-1

**动车组列车的个性化服务**

石家庄客运段高速铁路车队有 60 多名列车长。她们率领的 300 多名客运乘务员，平均年龄 22 岁，个个素洁优雅、风姿绰约，每天担当着从北京西开往广州、武汉、西安、太原间的 32 对列车的客运服务工作。身着玫瑰红工装的姑娘们独特的个性化服务，犹如梨花的花蕊，散发出一种沁人心脾的暗香。

列车长乔征的个性服务体现在从细微入手。她的工作目标是“四个无”，即“贴心服务无距离、设施良好无缺陷、作业过程无干扰、工作质量无投诉”。

列车长丁然多年的工作历练提炼出“三先四要”的服务规则：与旅客对视首先微笑问好，为旅客服务首先友情提示，碰遇旅客问题首先真诚道歉；对车上所有工作超前意识要准确、服务用语要规范、作业质量要达标、礼仪礼节要习惯。

列车长姚瑶的“旅游宝典”个性服务，为许多国内外游客提供方便，让他们在乘坐列车时即可获得旅游目的地的文化常识。在解答旅客的咨询时，姚瑶就像一位美丽的文化使者。

## 二、高速铁路客运服务礼仪概述

高速铁路客运服务礼仪主要是指铁路车站、列车在服务工作中向旅客表示敬意的具体做法，是服务工作中形成的得到共同认可的礼貌、礼节和仪式，是客运工作人员必须遵守的服务规范。

### (一)高速铁路客运服务礼仪的基本原则

1. 尊重

尊重是礼仪的核心。尊重原则，即“旅客至上”的原则，就是要求客运服务人员在服务过程中，要将对旅客的重视、恭敬、友好放在第一位。

2. 包容

包容的原则包含两层含义：“严于律己”与“宽以待人”。客运服务人员以严格遵守业务规章与服务规范来确保服务的质量，同时也要运用同理心，换位思考，理解和谅解旅客，决不能求全责备、咄咄逼人。

3. 适度

适度原则，就是要求客运服务人员在应用服务礼仪技巧时，为了保证实际效果，必须注意实施的技巧。礼仪的应用强调的是场合与角色定位。客运服务人员在服务过程中，要特别注意把握言行的分寸，适当得体。

### (二)高速铁路客运服务人员的礼仪素养

1. 亲和的微笑

微笑是人际交往中最富吸引力的面部表情，也是能够瞬间向他人展示友好热情的神态。客运服务人员的微笑可以从情感上拉近与旅客的距离。同时，笑容展露的友好亲切、真诚热情也可以给旅客留下良好的第一印象。

2. 舒心的问候

问候是人与人见面时最初的直接接触。问候得当可以迅速表现出自己的诚意与热情，可以巩固微笑留给旅客美好的第一印象。客运服务人员见到旅客时，应主动问好招呼，这样也可以在接下来的谈话交流与服务工作中掌握主动。

3. 洁雅的仪表

仪表是一个人风度的体现。邋遢随意的外形是人际交往的大忌。客运服务人员洁雅的仪表来自整洁的制服着装、恰当的面容修饰和端庄的举止姿态，这是展示职业素养和树立专业形象的必需，也是获得旅客信赖的基础。

4. 规范的仪态

铁路客运服务人员的仪态训练是礼仪素质养成的一个重要方面。强调仪态举止的规范，例如鞠躬的幅度、手势的开合，不仅是要展示专业化的训练有素，更重要的是包含了敬人的礼仪内涵和服务理念。

5. 得体的语言

语言是客运服务的重要工具。得体的语言会让旅客倍感舒适，不礼貌的语言则会激发矛盾。客运服务人员与旅客交流，要使用规范的礼貌用语，同时要掌握要表达的技巧，特别是处理违章时，更要注意语言的适度得当。

6. 诚恳的态度

旅客对乘车服务质量的评价往往是非常主观的。当基本的服务需求得以满足之后，对其他方面服务水平的感知则因人而异；因此，客运服务人员需要用积极、正面、温和的态度影响旅客的评价。

# 项目一　服务形象礼仪

## 学习目标

1. 知识目标
- 了解服务人员的形象系统
- 掌握服务人员的形象规范

2. 能力目标
- 能掌握职业妆的一般方法
- 能规范穿着制服
- 能应用微笑和目光
- 能展示标准的站姿、坐姿、行姿及手势
- 能正确行鞠躬礼

3. 素质目标
- 具有良好的服务意识
- 具有良好的礼仪素养

## 项目描述

铁路客运服务人员良好的职业形象，不仅能体现铁路企业的管理水平和服务水平，同时还可以展现广大铁路职工爱岗敬业的良好精神风貌。高速铁路旅客运输以旅客为中心，关注旅客需求，为其提供安全、准时、高效、舒适的出行体验。客运服务人员通过亲和的微笑、舒心的问候、洁雅的仪表、规范的仪态、得体的语言、诚恳的态度为旅客提供热情周到、耐心细致的服务，树立铁路优质服务形象，能够提高旅客的满意度和忠诚度，提升铁路企业的品牌形象。

“服务形象礼仪”学习分为三个任务：仪容仪表礼仪认知与训练、着装礼仪认知与训练、仪态礼仪认知与训练。

## 项目思维导图

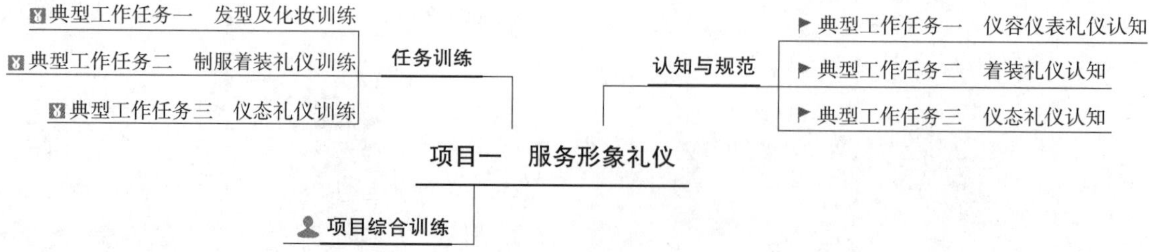

# 典型工作任务一　仪容仪表礼仪认知与训练

## 任务引入

**开通在即，"红衣"乘务组惊艳亮相**

2023 年 12 月 10 日，津兴城际铁路通车前夕，"红衣"乘务员惊艳亮相。中国铁路北京局集团有限公司天津客运段全面做好乘务准备工作，新乘务组以崭新的面貌迎接新线开通。

经过层层遴选和综合考评，20 名综合素质高业务技能强的乘务员脱颖而出。特别是在列车长的任用上，该段注重精选具有丰富短途高速动车组旅客列车值乘经验的乘务人员，更好地为旅客提供优质服务，保证列车运输指挥有序。乘务组身穿红色制服，领口点缀的金色绣花为北京市市花之一的月季。按照详尽全面的培训计划，乘务组进行了作业标准、服务礼仪、设备设施、规章制度、应急处置等方面 30 余项专业培训。班组利用按图试运行期间实景实训的有利时机，以车厢为课堂，沉浸式开展各项培训。乘务组分批次到雄安站、大兴机场站和京雄城际列车进行实地探访和参观学习，探讨换乘路线、交流乘务经验，深入了解新线、新站情况，提前掌握客流特点。她们以"京铁爱心"服务品牌为基础，深化推出"津心相伴"服务。结合机场客流特点为出行旅客提供值机路线、行李区分、双语指引等便捷服务，并配备便民服务箱以解旅客燃眉之急。

**请思考：**

高速铁路客运服务人员的形象要求有哪些？

## 知识准备

**"印象＝55％外表＋38％表现＋7％语言"**

——[美]心理学家　奥伯特·麦拉比安

外表在人际交往中决定着我们给别人的第一印象。在社会交往中，注重外表修饰，不仅可以展示我们良好的形象、精神和修养，同时也是尊重交往对象的重要表现。

仪表，指的是得体的、符合规范的外表装束，包括容貌、发型、服装、饰物等方面。我们常常将仪容仪表并重，强调的就是一个人的容貌、服装等的修饰。恰当的着装与修饰，不仅可以改善我们的外表形象，更是我们社会交往的第一张名片。

### 一、女士仪容的要求

女士的仪容标准主要包括女士的发型、面部保养及化妆修饰等。

#### (一)美　发

1. 发型的选择

发型的选择首先应该适合自己的脸型(图 1-1)。

(1)长脸型。

将头发留至下巴，留点刘海或两颊头发剪短些都可以减小脸的长度而加强宽度感。也可将头发梳成饱满柔和的形状，使脸有较圆的感觉。不要留平直、中间分缝的头发，也不要剪得太短或全部往后梳。

图 1-1　不同的脸型

（2）方脸型。

头发宜向上梳，轮廓应蓬松些，目的是使脸变得稍长，并在两侧留刘海，把脸角盖住，而不宜剪太短或把头发压得太平整。前额可适当留一些长发，但是不宜过长。

（3）圆脸型。

这种脸型常会显得孩子气，所以发型不妨设计得老成一点，头发要分成两边且稍长，把圆的部分盖住，显得脸长一些。也可将头发侧分，短的一边向内略遮一颊，较长的一边可自额顶做外翘的波浪，这样可“拉长”脸形。

（4）心形脸。

选择发型有一个目标，要确保头发包住尖尖的下巴。

（5）椭圆脸。

这是女性中最完美的脸型，采用长发型和短发型都可以。

发型的选择还应该考虑与自己的气质、服饰、年龄相协调。例如，剪一个活泼顽皮的男性头，却穿着一身职业女性的成熟套装，非但达不到和谐效果，反而让人感觉到滑稽。

发型的变换有时会比发型本身更为重要，女性改变自身形象、气质的有效方式不是服装，而是发型。发型一变，人的形象立刻会明显改观。

2. 女性客运服务人员的发型要求

（1）头发每天保持干净，有光泽，无头皮屑。

（2）女性客运服务人员刘海应保持在眉毛上方，不遮盖眼睛，不梳披肩发，不留怪异的发型，如图 1-2 所示。

（3）任何一种发型都应梳理整齐，使用发胶、摩丝定型。

（4）客运服务人员的头发应保持黑色或自然棕黄色，不得使用假发套，不得染彩发。

（5）除必要的固定用黑色发卡外，不戴其他发饰。

图 1-2　女性客运服务人员发型要求

**（二）化　　妆**

1. 化妆的意义

（1）塑造形象。

化妆具有美化面容的作用，可以让我们看起来更加漂亮、光彩夺目，也使得我们在社交、工作、处世中能够更好地展示自己的形象，并增加我们成功交际的信心。

(2)体现尊重。

化妆,是对自己的爱护和尊重,同时也体现着对交往对象的尊重。对于从事服务工作的人而言,化妆上岗更是行业的普遍要求。服务员的恰当装扮和修饰不仅令顾客赏心悦目,同时也被视为是热爱本职工作、恪尽职守的具体表现。

2. 化妆的原则

(1)美化。化妆,意在使人变得更加美丽,因此在化妆时要注意适度矫正、修饰得法,化妆后避短藏拙。在化妆时不要自行其是,任意发挥,寻求新奇,有意无意将自己老化、丑化、怪异化。

(2)自然。通常,化妆既要求美化、生动、具有生命力,更要求真实、自然、天衣无缝。化妆的最高境界,是"妆成有却无"。即没有人工美化的痕迹,而好似天然如此的美丽。不可浓妆艳抹,香气逼人。

(3)得法。化妆虽讲究个性化,却也需要遵循一定的章法。例如,工作时化妆宜淡,社交时化妆可以稍浓,香水不宜涂在衣服上和容易出汗的地方,口红与指甲油最好同为一色等。

(4)和谐。高水平的化妆,强调的是装扮的整体效果。通过化妆实现妆面协调、全身协调、场合协调、身份协调,以体现和谐之美。例如,妆面色彩的选择应综合考虑肤色、发色,妆面造型风格也要与服装风格相统一。

3. 客运服务人员的化妆要求

女性客运服务人员必须淡妆上岗,客运服务备包中应携带化妆包,在工作中遇到脱妆时需要注意及时补妆。出乘之前必须携带口红、粉底、眼影、腮红、梳子、定型水、擦鞋器、备用丝袜、香皂、护手霜等。补妆应避免在旅客面前,应选择洗手间或工作间进行。

化妆过程中要注意选择与自己肤色相近的粉底液(霜)的颜色,使其起到提亮肤色和均匀肤色的效果,并让整个面部、颈部达到肤色统一、均匀、柔和的效果。注意避免在脖颈之间出现明显的"分界"。

眉毛的颜色应接近头发颜色,应修剪秀丽、整齐,眉笔应使用黑色、深棕色为宜。眼线应使用黑色、深棕色为宜,不可描得过重。睫毛膏应以黑色、深棕色为宜,不可使用假睫毛。眼影颜色的选择应与制服颜色协调,不得使用颜色过于艳丽的眼影。

面部的腮红颜色应与口红颜色协调,根据自己的脸型决定腮红的位置。口红的颜色挑选以大红、深红、桃红、玫瑰红为宜。唇线的颜色应与口红的颜色一致,不得使用不健康色的口红。

双手一定要保持清洁健康,指甲修剪整齐美观,指甲保持肉色,可涂自然色指甲油,但不得有脱落现象。涂色指甲长度不超过手指尖 3 mm,不涂色指甲不超过手指尖 2 mm,双手指甲长度应保持一致。

喷洒香水时应以清香、淡雅型香水为宜,不可过香、过浓,可以喷口香剂来保持口气的清新。

4. 化妆的禁忌

(1)忌离奇出众。

日常生活妆或职业妆应该与周围环境、本人气质相协调,进而起到提升个人形象和维护组织形象的目的,切不可走另类风格之路。特别是服务人员在工作中不可装扮得离奇出众,刻意追求荒诞、怪异、神秘的妆容。

(2)忌技法用错。

即使不化妆，也比贸然化妆、错误化妆要好。不了解化妆方法而用错技法，不仅不会实现美化的目的，还会暴露自己在这方面的缺陷。

(3)忌残妆示人。

适时化妆很重要，及时补妆更重要。残妆，是指在出汗之后、用餐之后、休息之后，妆容出现了残缺。在众人面前，以残妆示人，既有损于自身形象，也显得对人的不礼貌。因此，要注意及时地进行检查和补妆。

(4)忌当众化妆。

有些女士，对自己的形象过分在意，不论在什么场合，一有空闲，就会拿出化妆盒对镜修饰一番，一副旁若无人的样子。在公共场所，众目睽睽之下修饰面容是没有教养的行为。如果有必要化妆或补妆，一定要到洗手间去完成，切莫当众表演。

(5)忌随意评论他人妆容。

除了化妆品推销员需要适当评论他人妆容之外，其他人不宜对他人的妆容过多关注，更不能直接妄加评论和指点。这不仅是不礼貌的行为，同时还有可能伤害对方的自尊心。另外，贸然打听他人使用的化妆品的品牌、价格和化妆的具体方法也是不适宜的。

## 二、男士仪容的要求

### (一)男士发型

男士的发型应简单朴素、稳重大方，不宜留鬓角，最好不要留中分发型。通常男士不宜留长发，合适的长度应该是前不覆额、侧不遮耳、后不及领。平日工作生活中要保持头发整洁，勤于梳洗，不要给人油光发亮、头屑四散的感觉。

男性客运服务人员发型要修剪得体，轮廓分明，不剃光头、烫发和剪板寸头，不留长发，如图 1-3 所示。

图 1-3　男性客运服务人员发型要求

### (二)讲究卫生

1. 面部清洁、不留胡须

男士皮肤多为油性，面部油腻不仅影响美观，还容易引起痤疮、皮炎、粉刺、毛孔粗大等皮肤问题。要改善过度出油的状况，需要避免精神紧张、工作劳累、过度烟酒。同时可以选择使用控油型的洗面奶。

一般而言，男士在职场交际中应避免留各种胡须。服务性行业工作人士尤应如此。

鼻毛、耳毛要及时修剪，不能外露。

2. 口腔清洁与卫生

口部应无异味，无异物。保持牙齿清洁，坚持早晚刷牙。牙齿发黄或有牙垢时可以去医院或专业机构进行洗牙。上班前或出席会议、进行访问、参加集会之前，不要吃臭豆腐、蒜、葱等带有过分刺激性气味的食物，也不要饮酒。

3. 手部清洁与卫生

手是日常工作中活动最频繁的肢体。因其与人及物品接触的直接性和无衣物包裹的特征，要求必须保持洁净。尤其是服务工作者更应该注意手部皮肤的保养。不要留长指甲，指甲内不留异物。

## 阅读资料 1-1

**是"铁男"，也是"暖男"**

2023 年，长沙客运段长沙动二车队围绕所担当值乘的沪昆高速铁路动车组列车，以"湘情相伴，情动沪昆"为引领创新服务品牌，精心打造"杜鹃组"、"玉兰组"和"铁男组"三个品牌班组，其中的"铁男组"由男乘务员组成。该乘务组共有 8 名阳光帅气的小伙子，其中 6 名组员为退伍军人，2 名为大学生。这个活力满满的乘务团队担当沪昆高速铁路 G1348 次和 G1357 次列车值乘任务。班组以"新的开始，心的服务"为口号，目标是创建行业标杆。在服务中，他们秉承"三米之内见微笑，一米之内有问候"的礼仪理念，用微笑与真诚为旅客增添温暖，以细心和暖心打造温馨旅途。

## 问题思考

分别对照女性客运服务人员发型要求和男性客运服务人员发型要求，检查自己目前的发型有哪些不符合之处？可以如何改变？

______________________________________________

______________________________________________

______________________________________________

## 任务训练

### 一、任务训练目标

1. 领会脸型与发型搭配选择的基本要求。
2. 掌握正确的束发、盘发方法。
3. 掌握工作淡妆的化妆流程和方法。

### 二、任务内容

1. 练习盘发和化妆的方法。
2. 对照客运服务人员发型要求检查自己的发型。

### 三、任务布置

1. 教师进行训练要求的介绍。
2. 组建形象礼仪训练小组，4 人一组。
3. 每小组自行选举 1 名同学担任小组长，负责任务实施。

4. 做好训练的物质准备。
5. 课前练习。

四、任务执行

1. 学习盘发,认识化妆用品。
2. 练习发型梳理、化妆的步骤与方法。
3. 小组内学生之间互相整理发型。
4. 教师对学生任务完成情况进行点评。

## 效果评价

发型及化妆训练评分表

姓　名:　　　　　　　　　　地　点:　　　　　　　　　　时　间:

| 实训项目 | 实训考查要点 | 分值 | 小组评分 | 教师评分 | 最终得分 |
|---|---|---|---|---|---|
| 发型及化妆训练 | 1. 发型:将头发整齐、均匀地梳理,不遮盖眼睛与面庞 | 20 | | | |
| | 2. 面部:干净、无油光、无污渍 | 20 | | | |
| | 3. 眉毛:修理眉形、眉毛颜色美观 | 10 | | | |
| | 4. 底妆:粉底液颜色适合,涂抹均匀 | 10 | | | |
| | 5. 眼妆(限女生):眼影颜色均匀、清淡,眼线涂抹均匀、无残缺,睫毛液不打结 | 20 | | | |
| | 6. 腮红(限女生):腮红色彩适当,晕染均匀 | 10 | | | |
| | 7. 唇色(限女生):唇红色彩与腮红色系一致 | 10 | | | |
| 合　计 | | 100 | | | |

注:该表可根据实际设计的训练项目进行测评。

# 典型工作任务二　着装礼仪认知与训练

## 任务引入

### 乘务组亮相,全新夏装制服来了

2024 年 6 月,兰州至张掖高速铁路兰州至武威段(简称兰张高铁兰武段)进入运行试验阶段,即将开通运营。中国铁路兰州局集团有限公司兰州客运段高铁二队全面做好乘务准备工作,以崭新的面貌迎接新线开通。女乘务员身穿全新夏装制服青花瓷式样短袖衬衣上搭配"东方紫"色调马甲,优雅大方,端庄干练。小立领设计简洁舒适,挺拔大方衬衣领口构成"心"形,展现"用心、用情"的服务理念。马甲右肩处以"敦煌飞天"金色刺绣作点缀,线条灵动,栩栩如生,为整套制服增添一抹西北地域文化特色。男款制服采用白色短袖衬衣搭配藏蓝色马甲,深蓝相间的领带色调与女款青花瓷元素相呼应。绒面肩章上的路徽镶嵌于金色八角底座,内敛沉稳,别具一格。悠悠兰州,九天揽秀,该套制服设计将人文精神与传统文化结合起来,展现出乘务组全新的精神风貌。

**请思考:**

1. 职业装有哪些功能?

2. 铁路客运服务人员应当如何规范穿着职业装?

## 知识准备

在现代交往中,人们越来越重视自己的着装,力求能够更好地展示自我的形象和适应社会交往的规则,让自己首先"看起来"是位优秀的职业人,从而增强个人的自信并迅速赢得交往对象的信任。

着装,以无声的语言显示着一个人的身份、职业、性格、涵养及其心理状态。在人际交往中,着装最先也最直接地展示了我们的个人形象,直接影响着他人对我们的评价。

### 一、着装原则

#### (一)着装的基本原则

1. 着装要符合职业、身份的要求

着装要与职业、身份相符,这是不可忽视的原则。不同的职业,由于工作环境与社交对象的不同,要求着装也应有所区别。例如,教师不能像明星一般珠光宝气,律师不能像运动员一样休闲上阵。身份对着装的要求体现于社会地位及交往角色对着装的限制。例如,领导者在公众面前的着装应表现得庄重、严肃,服务员在服务时的着装不应与客人争艳。

2. 着装要与环境相协调

环境包括时间、地点、场合等因素,这决定了着装的类型。着装随季节、早晚、年代的不同都应表现出明显的差异,打破常规的穿着往往会令人尴尬。办公室穿着与家庭穿着显然有正式与休闲之别。着运动衫上班的公务员不免给人懈怠之感,穿睡衣上街也会令人侧目。不同的场合中,情绪与气氛各不相同,我们的着装应与整体氛围相协调。参加喜宴或葬礼,着装的颜色都要有所区别。出席婚礼还应注意自己的服装不应比新人更炫目。

3. 着装要参考自身条件

选择服装还应注意与自己的年龄、肤色、体型相和谐。选择服装要先了解自己的基本条件,用服饰来实现扬长避短的效果。比如身材矮小的人适合穿造型简洁明快、图案花型小的服装;肤色偏黑或发红的人,忌穿深色或暗色的服装;肤色偏黄的人,最好不要选和肤色相近的或较深暗的服装,如棕色、深灰、土黄、蓝紫色等,这些颜色会使人的肤色看起来不够健康。

#### (二)着装的 TPO 原则

TPO 是三个英文单词的缩写,它们分别代表时间(time)、地点(place)和目的(objective),即人们的着装应该与穿着服装的时间、地点及出席活动的目的相协调。

1. 时间

从时间上讲,一年有春、夏、秋、冬四季的交替,一天有 24 小时变化。显而易见,在不同的时间里,着装的类别、式样、造型也应有所变化。例如,冬天要穿保暖、御寒的冬装,夏天要穿通气、吸汗、凉爽的夏装。白天工作时穿的衣服需要面对他人,应当合身、严谨;晚上休闲时穿的衣服自由随意,可以宽大、舒适。

2. 地点

从地点上讲,置身在室内或室外,驻足于闹市或乡村,停留在国内或国外,身处于单位或家中,在这些变化不同的地点,着装的款式理当有所不同,切不可以不变应万变。例如,穿泳装出现在海滨、浴场,是人们司空见惯的;但若是穿着它去上班、逛街,则非令人哗然不可。

3. 目的

从目的上讲,人们的着装往往体现着其一定的意愿,即自己对着装留给他人的印象如何,是有一定预期的。服装的款式在表现服装的目的性方面发挥着一定的作用。自我,还是敬人;积极,还是消沉;保守,还是嚣张,都可由此得知。因此,着装应适应自己扮演的社会角色,着职业装尤其应当体现职业的文明形象。

## 二、西装穿着规范

目前,世界通行的职业装就是西装。西装也是正式场合着装的优先选择,被广泛采用于社交、宴请、会议、观演等场合。

### (一)西装的选择

恰当的选择与正确的穿着西装,必须注重西装的面料、款式、造型、颜色、尺寸等方面。

1. 面料

鉴于西装在对外活动中往往充当正装或礼服的用途,面料的选择应力求高档。纯毛料是最好的选择。用高档毛料制作的西装,具有轻、薄、软、挺的特点,最能体现西装平展、挺阔之美。而不透气、不散热、无光泽感的各类化纤面料,不宜用作西装面料。

2. 款式

西装的款式,根据领型、件数、纽扣等有各种不同的区分方法,常见的两种如下:

(1)按件数划分为单件和套装。依照惯例,单件西装是一件和裤子不配套的西装上衣,常被称为休闲西装,仅适用于非正式场合,其面料、颜色、款式都较套装多样而丰富。在正式的社交活动中所穿的西装,必须是西装套装。

西装套装又可分为两件套(图 1-4)和三件套(图 1-5)。两件套西装套装包括上衣和长裤。三件套西装套装包括上衣、长裤和背心。按照传统观点,三件套西装比两件套西装显得更为正规。一般参加高层次的对外活动时,可以穿三件套西装。

(2)按西装上衣的纽扣数量划分为单排扣和双排扣。

单排扣的西装上衣比较常见。主要有一粒纽扣、两粒纽扣和三粒纽扣这三种。一粒扣的西装,开领较低,适合体形较胖的男士穿着。两粒单排扣的西装多为标准领位(潮流两粒单排扣西装属于高领位款式,高度大约与三粒单排扣西装相同)。三粒单排扣西装领位较高,修身效果较好,也很适合东方人的身材。

双排扣西装(图 1-6)多在正式场合穿着。双排扣西装给人以庄重、严谨之感,适合于正式的仪式、会议、晚宴等场合;单排扣西装穿着场所普遍,作为工作中的职业套装和生活中的休闲西服均宜。目前,国际上流行的西装是单排扣的,双排扣西装有时也会掀起时尚。两粒扣和六粒扣的双排扣西装上衣属于流行款式,而四粒扣的双排扣西装上衣就明显地具有传统风格。

图 1-4　两件套西装

图 1-5　三件套西装

图 1-6　双排扣西装

3. 造型

西装的造型，也称版型。目前，主要有四种造型：

(1)英版西装。英版西装不刻意强调肩宽，而讲究穿在身上自然、贴身。多为单排扣式，垫肩较薄，衣领较窄，腰部略收，后摆两侧开衩(最早是为方便英国绅士骑马之需)。

(2)日版西装。这种款式的西装上衣的外观呈现“H”形，即不过分强调肩部与腰部。垫肩不高，领子较短、较窄，不过分地收腰，后摆也不开衩，多是单排扣式。

(3)欧版西装。欧版西装强调肩部和后摆，不重视腰部，垫肩和袖笼较高，腰身中等，后摆不开衩。特点是剪裁合体，多用双排扣式，而且纽扣的位置比较低。

(4)美版西装。此款西装肩部不加垫衬，腰部宽大，后摆中间开衩，袖窿剪裁较低，便于活动，以单排扣式居多。

有人以“英式西装剪裁得体，日式西装贴身凝重，欧式西装洒脱大气，美式西装宽松飘逸”的描述道出了几种造型的西装的风格差异。其实，这些差异的产生多是受到当地人身材特点的影响。相比之下，英版和日版的西装更适合中国人的身材特征。如果是肩宽腰细的男士也会很适合欧版西装。如果是肚子稍大的男士也会比较适合穿美版西装。

4. 颜色

正装西装与休闲西装的颜色是有很大差异的。休闲西装的色彩多样，不受约束。而正装西装的颜色必须显示庄重、严肃，而不可表现随意。正装西装的上衣和长裤的颜色必须一致，此所谓套装。同时必须是深色，花纹越暗越好、越少越好，显得严肃又不失优雅。深蓝色、深灰色都是正装西装的首选。一般认为，黑色西装或礼服多用于出席庄严、肃穆的礼仪性活动，如婚礼、葬礼中。目前，国际流行趋势表明，黑色套装正在越来越多地出现于各种正式场合。

5. 尺寸

西装的尺寸非常重要，过大、过小、过紧、过松的西装都会破坏我们良好的形象。西装的选择，必须以合体为第一标准，并以此来考虑款式、造型。合体的西装尺寸应该是：

(1)上衣：站立时，颈部至鞋跟的 1/2 处。

(2)袖长：至手腕处。衬衫的袖长应比西装上衣袖子长出 1～1.5 cm，这样可以用白色衬衫衬托出西装的美观，显得更活泼有生气。

(3)裤长:站立时,前片裤脚刚刚碰到皮鞋鞋面为宜。女性穿裤装时,裤长应能遮住高跟皮鞋的一半鞋跟。

(4)衣腰围:扣上上衣第一粒纽扣,纽扣和衬衫之间刚好有可以放入一个拳头的宽度为宜。

(5)裤腰围:系好扣子、拉上拉链后,可以插入一个手掌。

(6)臀围:裤带内不装入任何东西,符合身体尺寸。可以做下蹲动作或抬腿动作,动作自如则为合适。

**(二)西装的穿着规范**

1. 拆除标签

新西装在穿着前,袖口的商标一定要去掉。否则就如同穿着样品四处活动一般。

2. 慎穿毛衫

穿正装西装时不应穿羊毛衫或毛衣。职业西装穿着时,如果穿有羊毛衫,应该注意将领带放在羊毛衫里面。

3. 保持平整

西装之美就在于其平整、挺阔之感。这也是区别西装质地优劣的主要标准。穿着中应当注意经常熨烫保持西装的平整。同时,应注意西装口袋内不要放东西。笔和名片应当放在上衣的内置口袋中,除此之外,不论是上衣还是裤子的口袋都不应放置物品,以免口袋突兀而破坏西装的平整。

4. 掌握扣法

单排扣西装:

(1)一粒扣西装,可扣可不扣,一般不扣,除非是在特别庄重的场合。

(2)两粒扣西装,扣上面一粒扣。

(3)三粒扣西装,扣中间一粒扣或上面两粒扣。

双排扣西装风格严谨,穿着时必须将纽扣全部扣上。

5. 规范配色

男士在正规场合穿西装套装时,全身的颜色不应多于三种,包括西装、衬衣、领带、鞋子、袜子在内,全身颜色应限制在三种之内。当然,同色系而色差有所变化是可以的,也是恰当的搭配方法。此外,鞋子、腰带、公文包的颜色应当统一,这样显得协调、美观。

6. 注意搭配

(1)衬衫。

与正装西装相配的衬衫以浅色为佳,花纹越淡越好,越少越好。

重要的正式场合中,衬衫宜为素色、单色。竖条纹西装不宜再搭配竖条纹或方格纹的衬衫,否则会让人感到复杂、凌乱。

衬衫下摆应该整齐地塞入裤腰内,忌衬衫露在西服外面。

穿西服系领带时,必须将衬衫颈部的纽扣扣上;如果未系领带,应该将衬衫的第一粒纽扣解开。

(2)领带。

穿西装套装必须系领带。领带是男士最重要的饰品,也最能体现男士的风格。同一套西装如果巧妙地搭配不同的衬衫与领带,便可以出席多种不同场合。

领带应选真丝面料的,不能有褪色、抽丝、变形的迹象。

纯色或带有简单图案的领带都是不错的选择。斜纹、小圆点、方格等规则图案容易显示严谨、干练、稳重的风格，适合在会议、谈判、会见领导或长辈时佩戴；不规则图案表现得活泼、随意，适合访谈、聚会等场合佩戴。

领带的长度应以底部三角处于皮带扣上端为宜。

领带的结法应随西装领口的样式变化，领口越宽，领带的结应该越宽；衬衫的左右领子夹角偏大时，适宜采用结口较大的温莎结。

慎用领带夹。领带夹多与制服配套使用，此时，领带夹成为企业或组织的形象标识。领带夹一般夹在衬衫自上而下的第四和第五粒纽扣之间。除此之外，日常生活与工作中一般不佩戴领带夹。

(3)鞋袜。

由于正装西装的颜色为深色，因此，皮鞋与袜子的颜色也应是深色，黑色皮鞋是最得体的选择，袜子宜为深蓝、深灰或者黑色。穿西装、皮鞋时所穿的袜子，最好是纯棉、纯毛制品。同时，袜子的长短要合适，切忌袜子过短易露出小腿而不雅观。

7. 女士套装穿着规范

职场上的女性套装最初与男士西服套装样式相同，只是尺寸有变。后又演变出现更为流行的女士套裙。套裙穿着应注意：

(1)上衣或裙子均不可过于肥大或过于紧身。

(2)正式场合穿套裙时，上衣的衣扣必须全部系上。裙子不可过短，及膝或过膝为宜。裙子下摆恰好抵达着装者小腿肚子上的最丰满处，乃是最为标准、最为理想的裙长。

(3)袜子不可不穿，也不可随意乱穿。应选择肉色或与套装颜色相近的深色长筒丝袜，不可着短袜、破损丝袜或带有图案的袜子，不可露出袜边。

(4)皮鞋的颜色应与套裙的颜色一致或相近；不宜穿露脚趾的皮鞋。

## 三、职业装穿着规范

强调规范、得体的职业穿着，是社会文明进步的重要表现。职业装泛指我们在工作中所穿着的服装。制服、校服、演出服、防护服等服装也都属于职业装的范畴。职业装的两个基本特点是：能够体现职业特征和方便工作。

### (一)职业装的作用

1. 树立职业自信

职业人士通过自己的着装、举止展现着所在单位的企业文化和服务宗旨，因此，穿上制服就代表着属于某个行业或单位，一种强烈的职业归属感和自豪感会让我们的工作信心百倍。也正是因为这种强烈的职业标志性，铁路行业要求，职工在非工作时间及场合不得穿着制服。

2. 端正工作态度

着职业装的目的是员工能够更好地表现严肃对待工作的态度。同时，得体、大方、庄重的套装也是一种让自己认真工作的暗示和督促，人们通过我们外表的装束可以感知我们工作的认真态度。因此，在着制服时，应该保持制服干净整洁，并将制服熨烫平整，不允许出现布满皱纹、残破、污渍、异味等情况。一丝不苟地穿衣服就如同一丝不苟地做工作。在华尔街商界流传着一句谚语，永远不要相信一个穿着破皮鞋和不擦皮鞋的人，就是因为我们的着装习惯从一定程度上反映着我们的做事态度与专业素养。

3. 弱化自我意识

着职业装可以让员工时时刻刻感受到集体的凝聚力和荣辱感，而不是纯粹的自我个性张扬。甚至，我们在工作中还要模糊性别概念，无论女性或男性，在工作中不是(单纯)靠性别优势，而是要凭借自身的勤奋才智和能力。在这一工作原则指导下，要求职业装设计应当与庄重、严谨的工作氛围相一致：颜色尽量素雅，款式尽量简单，线条干净利落。

**(二)职业装的穿着规范**

1. 区分场合

选配和穿着服装，必须适合不同地点和场合。即使是工作中的着装，也应该区分不同的场合。办公室内的职业装类型和款式较丰富，不同的职业对职业装的要求也有区分。参加正式会议、公事拜访或出席谈判、洽谈时，男士应该穿着西服套装，女士应该穿着西服套装或职业套装，以显严谨。

2. 慎用色彩

一般而言，工作场合气氛多是严肃、庄重的。服装应当以冷色调、深色系为主，借以体现出着装者的严谨、稳重、典雅与端庄。同时，应注意与各种时装“流行色”保持一定距离，以示传统与持重。另外，正式场合着装应遵循“三色规律”——着装者全身服装的色彩不要超过三种，否则会显得杂乱无章。

3. 注意搭配

着装除了选择衣裤的样式、色彩外，还应注意外套、鞋袜、帽子、皮包等的搭配。尽量选择质地接近的配饰与衣服相配；皮包的颜色最好与鞋子一致；正式场合或工作场合应避免穿着休闲鞋或佩戴休闲风格的饰品。

4. 合身得体

职业装必须合身，袖长至手腕，裤长至脚面，裙长过膝盖；要穿着合体，既不宽松拖沓，也不紧裹束缚，要能便于工作行动；着套装时应慎穿毛衣，避免使上衣看上去臃肿变形，可以选择轻薄贴身的V字领毛衣。

5. 穿着到位

穿着职业装应严守规矩。衣扣要系好，衣领要翻好，有袋的盖子要拉出来盖住衣袋。不要将上衣披在身上，或者搭在身上。不要袒胸露怀，或是领带、领结松散偏歪。应将衬衫下摆掖入裤腰内，或是衬裙裙腰与套裙裙腰之间，切不可将其掖入衬裙裙腰之内。

6. 保持整洁

职业装在工作中穿着频繁，容易弄脏弄皱，因此要定期或及时换洗。保证衣裤不起皱，穿前要烫平，穿后要挂好，做到上衣平整、裤线笔挺、裙子无皱。保证衣裤无污垢、无油渍、无异味，领口与袖口处尤其要保持干净。此外，与之配套的内衣、衬衫、鞋袜等也应保持清洁卫生。

7. 强调造型

职业装款式应简练、典雅，线条自然流畅，以展示干练的工作风格。着装时，不挽袖，不卷裤，不漏扣，不掉扣；若是制服，领花、飘带与衬衫领口的吻合要紧凑且不系歪；如有工号牌或标志牌，要佩戴在左胸正上方，有的岗位还要戴好帽子与手套。不可随意增加或减少制服的配件。

**（三）女士职业装的穿着禁忌**

1. 忌杂乱

具体包括两方面。一方面，造型不能乱。女士职业装的造型丰富多样，搭配也较灵活。西服套装最能展示职业女性的职场风范，若是着套裙穿丝袜，应注意不可露出袜边。平日办公室穿着，也可灵活搭配一些造型简洁、大方得体的服装。但要注意上下装的质地、色彩和造型的协调。不能穿着过于休闲和前卫的服装，特别要避免穿着造型奇异、长短不一的流行时装。另一方面，首饰不能乱。首饰是女士普遍喜爱的装饰品。恰当地佩戴质地上乘的首饰还可以增添女性的气质和风韵。但是，职场上的女性应尽量少戴首饰或不戴首饰，以配合严肃的工作氛围。如果想要佩戴首饰，则应戴造型简单、价格适中的首饰，以免夸张或炫耀。不宜佩戴过分展现个性的首饰。首饰的质地、颜色、造型都应该与服装的风格相协调。同时佩戴多件首饰时，最好不要超过三种。

2. 忌鲜艳

女性服装的款式与颜色都非常丰富。但是并不是所有的服装都适合工作时穿着。办公室服饰的色彩应能体现着装者朴素、大方、端庄的形象，而不宜过于夺目，以免干扰工作环境，分散工作精力。应避免过亮的色彩。可以考虑海蓝、粉红、灰色、米色、红褐色、咖啡色等颜色。若着职业套装，宜选择深色、纯色的西服套装或套裙。藏青色、深灰色、灰色、米色、宝蓝色和暗红色都是较好的选择。套装的花纹应越少越好、越淡越好；精致的条纹、方格和印花也可以接受。

3. 忌紧身

女性服装较男性着装而言，更显修身裹体而凸显女性优美的体形。但是工作时，要展示的是爱岗敬业的精神，训练有素的态度，而不是优美的线条。因此，职业装应略显宽松，以合体为标准，不宜过宽或过紧。紧身衣不便于肢体活动，也容易在正常行动中造成衣服开线、走形的尴尬。

4. 忌暴露

女性职业装在款式上也会追求时尚、新颖，但决不能过于暴露。工作场合或正式场合中，女性着装应四不露，即不露胸、不露肩、不露背、不露腰。因此，不能穿低胸装、露肩装、露背装、露脐装。许多年轻的女性喜欢穿超短裙，更能显示自己的身材，也非常时尚。但是，这种风格与工作场合并不协调。

5. 忌透视

女性穿着职业装时应该展示成熟、自信、庄重的从业面貌，因此，职业装多是平实、保守、简洁裁剪的款式。正装若是太薄或透明，容易内衣外显，很不雅观。职场上，女性不应过分凸显自己的性别特征，太过性感的装扮只会阻碍自己事业的发展。

**（四）铁路客运服务人员着装要求**

（1）服装应统一且按规定着装，换装统一。

(2)工作前后,保持制服干净,熨烫平整,无污渍、斑点、皱褶、脱线、缺扣、残破、毛边等现象;裤装必须干净、平整、有裤线,不可有光亮感。

(3)在穿着制服的时候,要注意自己的仪容仪表,使自己的形象、举止符合于制服应表现出的气质。

(4)在非工作时间,除集体活动之外,不得穿制服出入公共场合和乘坐列车。

(5)制服应合体,制服上不应佩戴任何饰物;如佩戴丝巾应熨烫平整,统一系好,保持整洁;不应将笔随意夹在腋下或别在衣服前襟。

(6)着制服应佩戴职务标志;胸章牌(长方形职务标志)戴于左胸口袋上方正中,下边沿距口袋 1 cm 处(无口袋的戴于相应位置),包含单位、姓名、职务、工号等内容。臂章佩戴在上衣左袖肩下四指处。按规定应佩戴制帽的工作人员,在执行职务时戴上制帽,帽徽在制帽折沿上方正中。

(7)春秋季节着马甲时,皮带应系紧、扣好,皮带扣不得外露。

(8)穿着风衣、大衣时,须扣好所有纽扣,并系好腰带。

(9)女性客运服务员着裙装时,丝袜统一,无破损。

(10)不赤足穿鞋,不穿尖头鞋、拖鞋、露趾鞋,鞋的颜色为深色系,鞋跟高度不超过 3.5 cm,跟径不小于 3.5 cm。

**阅读资料 1-2**

**贵南高速铁路广西段动姐靓丽变装秀**

2023 年 8 月 31 日包(银)海通道的重要组成部分——贵南高速铁路正式通车!贵南高速铁路穿越毛南族、瑶族、布依族、水族等 30 多个民族聚居区,沿线民族风情浓郁,风光秀丽。南宁客运段专门对乘务人员开展各民族语言、民俗文化培训,满足旅客多样化出行需求。贵南高速铁路动车组旅客列车上的乘务员身着充满着民族元素制服,主要采用紫红色调,在领巾、衬衫、口袋处,点缀具有壮乡特色的铜鼓、水纹、云纹等多种图案,体现丰富的民俗特点,令人耳目一新。

## 四、佩饰佩戴规范

### (一)佩饰的作用

佩饰,这里所指的是人们在着装的同时所选用、佩戴的装饰性物品。佩饰的实用性并不强,有些佩饰甚至毫无实用价值。但是,佩饰可以对着装起到一定的陪衬、烘托和美化的作用。从审美的角度来看,佩饰与服装、化妆一起被列为人们用以装饰、美化自我的三大方法之一。

正式场合佩饰要考究,不可佩戴粗制滥造的饰物,要求质地、做工精良。在办公室里或者工作岗位上,应当避免佩戴发光、发声、艳丽夸张的饰物。手提包、首饰、袜子、丝巾、胸针等佩饰要具有整体美感。饰品佩戴遵循“少就是多”的原则,少至不戴,最多不要超过三件;纯黄金饰品适于秋冬佩戴,纯白银、白金饰品则适于春夏佩戴。

既然佩饰的装饰性重于实用性。那么,服务人员在工作中是否可以佩戴饰品呢?如果可以,应该选择哪些饰品呢?

佩饰具有美化自我、展示审美品位和暗示身份地位的特殊功能，但是，服务人员在工作场合中，应当突出自身的工作态度而不是审美品位，应当谦虚谨慎而不是与客人争奇斗妍。所以，除具有实用功能的佩饰，如眼镜、皮带、手表、公文包之外，服务人员在工作中不宜佩戴其他饰品。

**(二)佩饰的类型**

1. 眼镜

(1)眼镜要与脸型相配。脸型决定着镜架的形状。仔细观察自己的脸部，看看何处比较高，何处又比较平。选择镜架时，应该根据面部的情况反其道而行之。例如，脸很圆的人就不宜再戴圆形的眼镜。

(2)眼镜的样式显风格。传统的大边框眼镜是政务人士稳妥的选择；无镜框及小镜片眼镜是常受商业人士喜爱。佩戴纤细镜框眼镜显得细致、温文尔雅；粗重的框架则显得时尚、个性十足。

(3)眼镜架的颜色露气质。眼镜架的颜色应该与佩戴者的面色、发色相协调。金、银色金属框架透露着高贵典雅的气质、谨慎的风格，尽显成功人士的智慧光彩；宝石蓝及茶褐色边框，很受追求个性与创意的新潮人士的欢迎。

(4)镜片的颜色应慎重。略带一些色彩的镜片不会太引人注意，在室内使用也很舒适，可以为佩戴者增添一些个性特征。墨镜主要适合在外活动时佩戴，以防止强烈阳光的照射和紫外线的伤害，室内不宜佩戴。服务者在岗工作时不能戴墨镜。

(5)镜片擦拭干净。不论工作再忙碌、时间再紧迫，都不要忘记经常擦拭镜片。保持镜片的干净，不仅对自己的视力保护有益，也会让看见自己的人感到舒适。另外，切忌佩戴镜片或镜架残破的眼镜。

2. 皮带

传统的皮带一般少有修饰，以黑色及棕色为主，带有银或金色的皮带扣。随着办公室服装休闲风格的兴起，皮带与领带一样，日益显得个性化。皮带的样式日益多样：纯皮质皮带、皮革编织皮带、带明线的西部风格皮带、帆布皮带、弹性斜纹布皮带；皮带的纹饰变化多样：纹理有细小的卵石状，也有粗糙的蛇皮状；皮带扣有黄铜色、银色、金色，或用皮革包裹。

(1)皮带的搭配。一般皮带的颜色应比裤子的颜色略深，并且皮带的色泽与质地应与鞋子协调。一般说来，着装风格越显得休闲，可供选择的皮带范围就越宽。色泽较浅的皮带更适用于休闲风格的着装。

(2)皮带扣的风格。一般而言，针扣比自动扣更显品位。纯金的钩扣最能展现高贵、优雅的气质；铜质的钩扣则让人领略到阳刚和力量。宽大的“回”形扣充分显露出刚毅；椭圆形扣展示成熟；方形扣代表着男人的沉稳。

(3)皮带的装饰性最重要，所以不能携挂其他物品。

(4)皮带的长度要合适，系好后的皮带，尾端应介于第一和第二裤绊之间。

(5)皮带的宽度应保持在 3 cm。太窄或太宽的皮带只适合于休闲、牛仔风格的装束。

(6)应慎用带有镶嵌珠宝或广告语的皮带。

3. 手表

手表是指示时间的必要工具，有以弹簧为动力的机械表、以电池为动力的电子表，以及石英表等种类。职场人士多佩戴机械表。许多手表还具有防水、防震、防磁、测量温度、湿度、风速、血压等的功能。手表的外壳大多为全钢、含不同 K 数的金、镀金等。表盘的设计有凸盘式、平盘凸字式、夜光及彩色表盘。表带大多用金属材质及皮革制成。

在正式场合所戴的手表，在造型方面应当庄重、保守，避免怪异、新潮。造型新奇、颜色花哨的手表，如时装表、卡通表等，仅适用于少女及儿童。一般而言，正圆形、椭圆形、正方形、长方形及菱形手表，因其造型庄重、保守，适用范围极广，特别适合在正式场合佩戴。

在正式场合所戴的手表，其色彩应力戒繁杂凌乱，一般宜选择单色手表、双色手表，不应选择三色或三种颜色以上的手表。不论是单色手表还是双色手表，其色彩都要清晰、高贵、典雅。金色表、银色表、黑色表，即表盘、表壳、表带均有金色、银色、黑色的手表，是最理想的选择。除数字、商标、厂名、品牌外，手表上不宜出现其他没有任何作用的图案。

4. 公文包

公文包又被称为“移动式办公桌”。一些公文包的设计通过夹层、侧袋、内置小袋等方式，使得携带公文包外出工作犹如坐在办公桌前一样方便。

公文包的面料以真皮为宜，并以牛皮、羊皮为佳。黑色、棕色的公文包是最正统的选择。

男士公文包，多以手提式的长方形或方形公文包常见。大小以能够装下普通文件夹为宜。

使用公文包有如下四点基本要求：

(1)用包不宜多。

外出办事，可以携带公文包。手机、钥匙、名片、纸和笔都可以放入公文包内。但不宜同时携带多个公文包。

(2)用包不张扬。

使用公文包前，须先拆去所附真皮标志。不应在他人面前显示自己所用公文包的名贵高档。选择公文包应与自己的职业、职位、办公环境相协调。

(3)用包不乱装。

将随身携带之物尽量分类装入公文包内的既定之处。这样取用方便，也不至于装在别处不好找。无用之物不要放在包内，尤其是不要让包“过度膨胀”，影响美观。

(4)用包不乱放。

进入别人室内后，应将公文包自觉放在自己就座之处附近的地板上，或是主人指定之处，而勿将包随便放在桌、椅之上。在公共场所时，不要让公文包的摆放有碍于他人。

**(三)铁路客运服务人员佩饰佩戴的要求**

(1)穿着制服时不宜佩戴无固定性的饰品，如手镯、悬垂挂件、脚链等。

(2)头上不得佩戴发箍和有颜色的发夹。

(3)耳钉直径不超过 3 mm。

(4)制服上不得佩戴任何饰物，只佩戴职务标志。

(5)男女客运服务人员均可佩戴手表，但手表的款式、颜色应简单不夸张，宽度宜 2～3 cm，不得佩戴珠宝表、卡通表，不得系挂怀表。

## 问题思考

中国国家铁路集团有限公司(以下简称国铁集团)对铁路客运服务人员的着装有严格的规

范要求，请你阅读教材内容，列出铁路客运服务人员的着装规范。

______________________________________________

______________________________________________

______________________________________________

## 任务训练

### 一、任务训练目标

1. 领会 TPO 着装原则的内涵。
2. 掌握铁路客运人员制服穿着的规范。
3. 掌握铁路客运人员饰品佩戴的规范。

### 二、任务内容

1. 练习规范穿着制服套装。
2. 练习规范穿着衬衣和鞋袜。
3. 练习规范佩戴领带、丝巾及其他配饰。

### 三、任务布置

1. 教师进行训练要求的介绍。
2. 组建形象礼仪训练小组，4 人一组。
3. 每小组自行选举 1 名同学担任小组长，负责任务实施。
4. 做好训练的物质准备。
5. 课前练习。

### 四、任务执行

1. 学习着装规范，认识制服套装。
2. 练习规范穿着制服套装及佩戴配饰。
3. 小组内学生之间互相整理着装与饰品。
4. 教师对学生任务完成情况进行点评。

## 效果评价

**制服着装礼仪训练评分表**

姓　名：　　　　　　地　点：　　　　　　时　间：

| 实训项目 | 实训考查要点 | 分值 | 小组评分 | 教师评分 | 最终得分 |
|---|---|---|---|---|---|
| 制服着装礼仪训练 | 1. 制服全套衣物穿着到位，包括衬衫、帽子、皮鞋、袜子、丝巾、领带等 | 20 | | | |
| | 2. 衬衫领口、袖口漏出 1 cm，下摆塞进西裤里面 | 10 | | | |

续上表

| 实训项目 | 实训考查要点 | 分值 | 小组评分 | 教师评分 | 最终得分 |
|---|---|---|---|---|---|
| 制服着装礼仪训练 | 3. 领带的系法规范，丝巾的系法美观，长度合适 | 20 | | | |
| | 4. 西服纽扣全部扣好，外露的口袋内无任何物品 | 10 | | | |
| | 5. 穿黑色皮鞋，鞋面干净光亮，无装饰物 | 10 | | | |
| | 6. 深色袜子或肉色长筒丝袜，袜子够长，不得露出腿部 | 10 | | | |
| | 7. 帽子、工号牌佩戴规范 | 10 | | | |
| | 8. 没有其他多余饰品 | 10 | | | |
| 合　计 | | 100 | | | |

注：该表可根据实际设计的训练项目进行测评。

# 典型工作任务三　仪态礼仪认知与训练

## 任务引入

**备战亚运，杭州客运段开展乘务员服务礼仪培训**

2023 年 7 月，为了提升高速铁路乘务员的服务水平，高质量完成第 19 届杭州亚运会、亚残运会期间的服务保障工作，中国铁路上海局集团有限公司在客运培训基地对来自杭州客运段的 44 名高速铁路乘务员开展亚运专项培训，课程包括亚运会会务基础常识、亚洲区域文化礼仪与应对、亚运客运服务常用英语及常用手语等内容。9 月 16 日，复兴号亚运智能动车组列车正式投入运营。身穿“亚运版”定制制服的车站客运员和亚运列车乘务员以更美的形象迎接赛事、展示风采。

## 知识准备

仪态，是指人们在行为中展示的姿态和风度。通常是指身体在站立、就座、行走时的样子以及各种手势和面部表情等。优雅的仪态不仅让交往对象感觉舒适得体，还体现了行为者自身的修养和品质。同时，姿态也是一种无声的语言，即体示语(body language)。一个人的每一种姿态都无不真实地反映着其当时的某种心理状态。

铁路客运服务人员的仪态规范的一般要求如下：

(1)客运服务人员坐立、行走姿态端正。不高声喧哗、嬉笑打闹、勾肩搭背，不在旅客面前吃食物、吸烟、剔牙齿和出现其他不文明、不礼貌的动作。

(2)客运服务人员指示方位时，应五指并拢，切忌用单个手指指示方位。

(3)为旅客拿东西时，应该轻拿轻放；拿水杯时，应该拿水杯的下 1/3 处。为旅客递送东西时，应该站在旅客的正面，递送东西到位，当对方接稳后再松手。

(4)在旅客多的地方行走时应先打招呼，不与旅客抢道、并行，与旅客走对面应主动示意让路。无意碰撞或影响了旅客，应表示歉意。

(5)与旅客交谈时，要面对对方，保持适当距离(0.5～1.0 m)；站姿端正，可采取稍弯腰或下蹲等动作来调节体态和高度；目光要平视对方的眼睛，以表示尊敬和正在注意听取对方的谈话。

服务人员的仪态，不仅展示着服务者的素养和职业规范，更重要的是，得体的举止体现了服务者良好的工作态度。姿态不雅就是对客人的不尊重。不当的举止还可能导致客人的误解。因此，仪态的训练十分必要。

仪态可以概括为面部仪态、静态仪态、动态仪态三类，主要包括目光、微笑、站姿、坐姿、行姿、蹲姿、鞠躬和手势等。

## 一、面部仪态

### (一)目　光

目光的注视往往是见面交流的第一步。“眉目传情”说的就是目光可以传达出我们的思想和感情，并且，这种情感的流露比语言更加真实、直接、有效。古代孟子甚至认为，观察人的眼睛便可知道人的善恶。服务中，若能善于运用目光，可以使自己变得更加友善和亲切，更容易得到旅客的信任。

1. 视域

视域是指人们目光所及之范围。我们将目光集中在所要观察的目标上。注视的目光显示出我们的认真。当目光注视某一较小范围超过 5 s，我们称之为凝视。当目光长时间固定于某一焦点，我们称之为盯视。

目光的凝视区域是指人的目光所落的位置。根据交往对象和交往场合的不同，目光凝视区域也不同，一般划分为以下三种情况：

(1)公务凝视区域：以两眼为底线，额中为顶角形成的正三角区。这种凝视会显得严肃认真，对方也会觉得你有诚意，容易把握住谈话的主动权和控制权。

(2)社交凝视区域：两眼为上线、下巴为顶角所形成的倒三角区。这种凝视能给人一种平等、轻松感，从而创造出一种良好的社交气氛。

(3)亲密凝视区域：双眼到胸部之间方形区域。这是亲人、恋人、家庭成员之间使用的一种凝视，往往带着亲昵爱恋的感情色彩，所以非亲密关系的人不应使用这种凝视，以免引起误解。

2. 视线

视线的把握，要求我们注意目光注视的角度。视角可以分为三种：

(1)平视。

观察物与眼睛平齐时，视线水平送出，即为平视。与人交谈时应当尽量做到平视对方。在服务工作中，平视是一种常规要求。平视表现出双方地位的平等，使服务人员可以不卑不亢地投入工作。

(2)仰视。

抬起头朝上看容易表现出敬仰、高度重视的态度。低着头朝上看往往表现得羞涩、胆怯、谦虚、低调。服务中，仰视并不多用。只有当本人所处位置较对方低，必要时需抬头向上仰视对方。

(3)俯视。

俯视他人往往带有自高自大、傲慢不屑的意味，服务中应该避免这种注视。如果对方的位置低于自己的眼睛，例如客人坐着，服务员站着时，应当轻微俯身，尽量减小俯视的视角差。

3. 目光运用技巧

(1)正视对方。

与人打招呼、交谈、致谢、道歉时，如果能够眼睛看着对方，会使人感到你的真诚、友善、信任、尊重。交谈中，还要注意目光注视对方的同时，应使身体伴随对方的移动而适当转动。尽量使自己面朝对方、注视对方。这是一种基本礼貌。斜眼看人、扭头视人或者偷偷看人，都难以表达出尊重他人的意思。

(2)注视对方。

与人交谈时，往往会伴有目光的交流。面对面交谈时，出于礼貌，我们需要注视对方。如果目光左顾右盼、东张西望，对方会感到你是心不在焉，缺乏诚意或是心中有鬼。注视中应当正确把握视域，非亲人之间，注视对方的头顶、胸部、腹部、臀部或大腿，都是失礼的表现。特别是与异性交谈中，特别要控制视域。

(3)避免盯视、扫视。

目光的运用应该“散点柔视”，即让目光均匀地洒在对方脸上。如果谈话中出现短暂的沉默，应当将视线暂时从对方脸上移开，恢复交谈时再注视对方脸部。一直盯着对方看，会给对方形成心理压力，让对方感到紧张。

扫视，即用目光上下打量他人，这种目光会让被注视的人感觉自己被怀疑、不被尊重。这是一种对他人极不礼貌的目光，在日常社交中忌用这种目光。服务人员在工作中尤其应当避免对客人使用扫视的目光。

**(二)微　笑**

微笑是一种健康的、文明的、令人愉悦的举止，它是无声的语言，是人际交往的润滑剂，是自信、友好、善意的表示。正像一首法国诗里所说：“微笑一下并不费力，但它却能产生无穷魅力，受惠者变得富有，施予者也并不贫穷。它转瞬即逝，却往往留下永久的回忆……”由于微笑可以迅速带来融洽的沟通氛围，它已成为一种基本的服务岗位礼仪规范。

1. 微笑的意义

日常生活中，笑容有很多种：大笑、微笑、偷笑、冷笑、嘲笑、怪笑、狞笑、狂笑等。每一种笑容都传达出不同的心理，并产生不同的感受。只有微笑，给人以平静、柔和、亲切、善意、信任之感，从而成为交往中通行的礼貌举止。人际交往中，保持微笑，至少具有以下一些作用：

(1)表现心境良好。面露平和欢愉的微笑，说明心情愉快，充实满足，乐观向上，善待人生，这样的人更容易展示性格的魅力，也更容易吸引他人。

(2)表现充满自信。保持微笑，表明对自己的能力有充分的信心，以不卑不亢的态度与人交往，使人产生信任感，容易被别人真正地接受。

(3)表现真诚友善。微笑反映自己心底坦荡，善良友好，待人真心实意，而非虚情假意，使人在与其交往中自然放松，不知不觉地缩短了心理距离。

(4)表现乐业敬业。工作岗位上保持微笑，是热爱本职工作，乐于恪尽职守的表现。同时，微笑更是可以创造一种和谐融洽的气氛，让服务对象倍感愉快和温暖。

2. 微笑的要领

微笑是指嘴角上扬的浅笑，往往笑不露齿。但是，在服务接待工作中，尤其是女性服务员，露出牙齿的笑容看上去更加甜美、亲切。不论露齿与否，微笑都应面含笑意，笑不作声。

微笑时，先要放松自己的面部肌肉，然后让自己的嘴角两端平均地向上翘起，使嘴唇呈现弧形，如图 1-7 所示。

图 1-7　铁路客运服务人员的微笑

平时可以多进行微笑练习。练习时，可以站在镜子前，按照上述微笑的方法反复动作。每次微笑后，保持几秒钟的定型，对比寻找出自己感觉最美的微笑。之后重复多次这一微笑动作。闭上眼睛，继续重复刚才的动作，感觉面部肌肉的位置。当最美的微笑动作熟练成自然后，你就可以随时、轻松地呈现自己美丽的微笑了。

## 二、静态礼仪

### (一)站　姿

1. 站姿的要领

(1)标准的站姿。

标准的站姿，从正面观看，身体自然挺直，精神饱满，两肩平衡，双臂自然下垂，脚跟靠拢，脚尖用各向外张呈“V”字形，身体重心落于两腿正中；从侧面看，两眼平视，下颌微收，挺胸收腹，腰背挺直；双手指尖朝下，掌心向内，在手臂伸直后分别紧贴于两腿裤线之处，整个身体庄重挺拔，如图 1-8 所示。

图 1-8　客运人员标准站姿

为了维持较长时间的站立或稍事休息，标准站姿的脚姿、手势可作变化：

①两脚分开，两脚外沿宽度以不超过两肩的宽度为宜，双臂自然下垂，双手交叉相握于腹前，一手握住另一手的手背处(适合于男士，如图 1-9 所示)。

②一脚在前，将脚尖外略展开，形成“丁”字相交，身体重心在两腿上，双手虎口相握于腹前(适合于女性，如图 1-10 所示)。

(2)应避免的站姿。

①两脚分叉分得太开。

②交叉两腿而站。

③一个肩高一个肩低。

④松腹含胸。

⑤一只脚在地下不停地画弧线。

⑥交腿斜靠在马路旁的树干、招牌、墙壁、栏杆上。

⑦不停地摇摆身子，扭怩作态。

⑧与他人勾肩搭背地站着。

⑨膝盖伸不直。

图 1-9　男性客运人员正确站姿

图 1-10　女性客运人员正确站姿

2. 站姿的练习

练习站立，掌握的要领是平、直、高。

平：头平正、双肩一样高、两眼平视，最好经常通过大衣镜来观察、纠正和掌握。

直：背直、腰直、腿直；后脑勺、背、臀、脚后跟成一条直线。可以靠墙壁站立，后脑勺靠墙，下巴自然微收；腿膝尽可能绷直，往墙壁贴靠；脚后跟顶住墙，把手塞到腰、墙之间，如果刚好能塞进去就可以了；如果空间太大，可把手一直放在背后，弯下腿，慢慢蹲下去，蹲到一半时，多余的空间就会消失，然后再站直，体会正确直立的感觉。

高：重心上拔，尽可能使人显高。练习方法是挺胸收腹，脖子上举。在墙上吊一个物体，每当你挺直上拔时，头顶刚好能触到它。

按照上述要领反复练习，日常生活中再加以注意，形成习惯，就一定会有一个良好的站立姿态。

**(二)坐　　姿**

1. 坐姿的要求

(1)注意头部端正。

不要出现仰头、低头、歪头、扭头等情况。整个头部看上去，应当如同一条直线一样，和地面相垂直。在办公时可以低头看桌上的文件、物品，但在回答别人问题时，必须抬起头来，不然就带有爱理不理的意思。在和别人交谈的时候，可以面向正前方，或者面部侧向对方，不可以把后脑勺对着对方。

(2)注意身体直立。

坐好后，身体也要注意端端正正。需要注意的地方有：

①椅背的倚靠。倚靠主要用以休息。所以因工作需要而就座时，不应当把上身完全倚靠着座椅的背部，最好一点都不倚靠。

②椅面的占用。在尊长面前，最好不要坐满椅面。坐好后占椅面的 3/4 左右，最合乎礼节。

③身体的朝向。交谈的时候，为表示重视，不仅应面向对方，而且同时应将整个上身朝向

对方。

④基本的轮廓。入座后，身体的基本轮廓要力求美观。上身应正直，胸部挺起，腹部内收，腰部与背部一定要直立。

(3)注意手臂摆放。

男士可以将双手各自放在一条大腿上，如图 1-11 所示。女士可以双手叠放后放在腿上，如图 1-12 所示。侧身与人交谈时，通常宜将双手置于自己所侧一方的那条大腿上。如果坐在桌子边，可将双手平扶于桌子边沿，或是双手相握置于桌面上。注意避免一手置于桌上，一手放在桌下的姿态。

图 1-11　男性客运人员正确坐姿

图 1-12　女性客运人员正确坐姿

(4)下肢的体位要求。

入座后，小腿应尽量与地面保持垂直。男士可以双膝打开，不超过肩宽。也可以大腿叠放，但只限于非正式场合采用。女士必须双膝合拢。可以“正襟危坐”，也可以双脚交叉，还可以前伸后屈。

2. 入座与离座

(1)入座时的基本要求。

①在别人之后入座。出于礼貌，和客人一起入座或同时入座时，先请客人或职位高、年龄长的人入座，自己不要抢先入座。

②从座位左侧入座。如果条件允许，在就座时最好从座椅的左侧接近它。这样做，是一种礼貌，而且也容易就座。

③在合“礼”处就座。许多场合中，需要根据身份区分座次，以体现礼仪规范。因此，要准确判断自己的合适位置。

④向周围的人致意。就座时，如果附近坐着熟人，应该主动打招呼。即使不认识，也应该先点点头。在公共场合。要想坐在别人身旁，还必须征得对方的允许。还要放轻动作，不要使座椅乱响。

⑤以背部接近座椅。在别人面前就座，最好背对着自己的座椅，这样就不至于背对着对方。得体的做法是：先侧身走近座椅，背对着站立，右腿后退一点，以小腿确认一下座椅的位置，然后随势坐下。必要时，用一只手扶着座椅的把手。

(2)离座的要求。

在离座时，要注意的五点：

①事先说明。离开座椅时，身边如果有人在座，应该用语言或动作向对方先示意，随后再站起身来。

②注意先后。和别人同时离座，要注意起身的先后次序。地位低于对方的，应该稍后离座。地位高于对方时，可以首先离座。双方身份相似时，可以同时起身离座。

③起身缓慢。起身离座时，最好动作轻缓，不要“拖泥带水”，弄响座椅，或将椅垫、椅罩弄得掉在地上。

④从左离开。起身后，应该从左侧离座。和“左入”一样，“左出”也是一种礼节。

⑤站好再走。离开座椅后，先要采用“基本的站姿”。站定之后，方可离去。否则会显得太过匆忙。

3. 坐姿的禁忌

在别人面前落座时，一定要遵守“律己敬人”的基本规定，不要采用犯规的坐姿。

(1)双腿叉开过大。双腿如果叉开过大，不论大腿叉开还是小腿叉开，都非常不雅。特别是身穿裙装的女士更不要忽略了这一点。

(2)架腿方式欠妥。坐后将双腿架在一起，不是说绝对不可以。但正确的方式，应当是两条大腿相叠，并且一定要使两腿并拢。如果把一条小腿架在另一条大腿上，两腿之间还留出太大的空隙，就显得有些放肆了。

(3)双腿直伸出去。既不雅观也妨碍别人。身前如果有桌子，双腿尽量不要伸到外面去。

(4)将腿放在桌椅上。有人为图舒服，喜欢把腿架在高处，甚至抬到身前的桌子或椅子上，这样的行为是非常粗鲁的。把腿盘在座椅上也不妥。

(5)抖腿。坐在别人面前，反反复复地抖动或摇晃自己的腿部，不仅会让人心烦意乱，而且也给人以极不安稳的印象。

(6)脚尖指向他人。不管具体采用哪一种坐姿，都不要以本人的脚尖指向别人，因为这一做法是非常失礼的。

(7)脚蹬踏他物。坐下来后，脚部一般都要放在地上。要是用脚在别处乱蹬乱踩，都是非常失礼的。

(8)用脚自脱鞋袜。在外人面前就座时用脚自脱鞋袜，显然是非常不文明的。

(9)手触摸脚部。在就座以后用手抚摸小腿或脚部，都是极不卫生又不雅观的。

(10)手乱放。就座后，双手都要在身前。有桌子时放在桌上。单手、双手放在桌下，或是双肘支在面前的桌子上，夹在两腿间都是不妥的。

(11)双手抱在腿上。本是一种惬意、放松的休息姿势，在工作中不可以这样。

(12)上身向前趴伏。坐后上身趴伏在桌椅上或本人大腿上，都仅能用于休息，而不宜在工作中出现。

4. 坐姿的练习

(1)训练可在教室或家中进行，每次训练应坚持 15～20 min。配上舒缓优美的音乐，以减轻疲劳。

(2)练习正确的坐姿，训练入座和离座。牢记“动作轻、左进出、右腿移、上体直、双眼平、稳而紧”的口诀。

## 三、动态仪态

### (一)行　　姿

总的说来,行走应该能够体现稳健、协调、敏捷、优雅的姿态。基本要点是:身体协调、步伐从容、步态平稳、步幅适中、形成直线。

1. 行姿的要求

(1)双目向前平视,微收下颌,表情自然。

(2)双肩平稳,双臂前后自然摆动,摆幅以 30°~40°为宜,双肩不要过于僵硬,如图 1-13 所示。

图 1-13　客运人员正确的行姿

(3)上身挺直,头正挺胸,收腹立腰,重心稍前倾。

(4)注意步位,两只脚的内侧落地时理想的行走线迹是一条直线。

(5)步幅适当,一般应该是前脚的脚跟与后脚的脚尖相距为一脚长,但因性别不同和身高不同会有一定的差异。步幅与服饰也有关,如女士穿裙装(特别是穿旗袍、西服裙、礼服时)和穿高跟鞋时步幅应小些,穿长裤时步幅可大些。

(6)跨出的步子应是全脚掌着地,膝和脚腕不可过于僵直。

(7)前脚着地,后脚离地之时,双腿的膝盖应该保持挺直,避免走路时身体上下起伏。

(8)步速应当均匀、平衡,正常情况下,不宜跑步前行或散步慢行。

2. 错误的行姿

(1)内八字和外八字,步态不雅。

(2)弯腰佝背、歪肩晃膀。

(3)走路大甩手,扭腰摆臀,左顾右盼。

(4)步子太大或太碎。

(5)上下颤动,给人感觉不稳重。

(6)脚蹭地面,给人感觉拖拖拉拉。

(7)双手插在裤兜中行走,给人感觉漫不经心。

(8)横冲直撞,不守秩序。

### (二)蹲　　姿

1. 允许蹲姿的情况

(1)整理着装。有时,需要蹲下整理自己的鞋袜。

(2)给予帮助。如与小孩子交谈或协助运送物品，需要采用蹲姿。

(3)提供服务。如打扫列车卫生、摆放行李物品时，需要采用蹲姿。

(4)捡拾物品。这是采用蹲姿最多的情况之一。

2. 正确的蹲姿

以捡拾物品为例，如果站在物品的左侧，下蹲时左脚在前，右脚稍后(不重叠)，两腿靠紧向下蹲(男士两腿之间可有适当距离，如图 1-14 所示)。左脚全脚掌着地，小腿基本垂直于地面，右脚脚跟提起，前脚掌着地。右膝低于左膝，左膝内侧靠于左小腿内侧，形成左膝高右膝低的姿势。臀部向下，基本上以右腿支撑身体，如图 1-15 所示。

图 1-14　男性客运人员正确蹲姿

图 1-15　女性客运人员正确蹲姿

伸手取物时，应身体放松，尽量保持上身挺直。弯腰屈背的姿势会影响人体外形美观，也很不雅观，还容易露出腰部。

3. 蹲姿禁忌

(1)突然下蹲。自己容易失控，也会引起旁人的惊恐。

(2)距人过近。容易与人相撞，产生安全威胁。

(3)方位失当。在他人身边下蹲时最好侧身相向，避免正面对人或背部对人。

(4)毫无遮掩。着裙装的女士尤要注意，下蹲时适当遮掩容易暴露之处。

(5)蹲着休息。公众场合下，蹲着休息的姿态实在不雅。

**(三)鞠　　躬**

鞠躬是中国、日本、韩国、朝鲜等国家传统的、普遍使用的一种礼貌举止。常用于欢迎、致谢、道歉、悼念等场合。鞠躬用于服务中，更能显示服务者热情、真诚、恭敬的服务态度，往往会给顾客良好的印象。

**阅读资料 1-3**

**“沙扬娜拉”**

最是那一低头的温柔，
像一朵水莲花不胜凉风的娇羞，
道一声珍重，道一声珍重，

那一声珍重里有蜜甜的忧愁。

沙扬娜拉！

此诗写于1924年徐志摩随泰戈尔访日期间。组诗收在初版本《志摩的诗》，再版时作者删去了前十七首，仅存最后一首，并加了一个副题：赠日本女郎。沙扬娜拉，日语“再见”的音译。

1. 鞠躬的不同姿态

由幅度大小不同，鞠躬一般分为四种：

点头礼——15°鞠躬；普通的鞠躬、中礼——30°鞠躬（图1-16）；恭敬的鞠躬、敬礼——45°鞠躬（图1-17）；诚恳的道歉鞠躬——90°的大鞠躬。

图1-16　30°鞠躬

图1-17　45°鞠躬

鞠躬行礼时，应该顺应不同的时间及场合来做。在己方单位遇见领导或前辈时，只需行点头礼；到对方的单位访谈时或接待初次前来的访客时，要行中礼或敬礼。

2. 动作的要领

行礼时面对客人，并拢双脚，视线由对方脸上落至自己的脚前1.5 m处（15°礼）及脚前1 m处（30°礼）。男性双手放在身体两侧，女性双手合起放在身体前面。

将伸直的腰背，由腰开始的上身向前弯曲。

弯腰速度适中，之后抬头直腰，动作可慢慢做，这样会令人感觉很舒服。

3. 应注意避免的姿态

（1）只点头的鞠躬。

（2）不看对方的鞠躬。

（3）头部左右晃动的鞠躬。

（4）双腿没有并齐的鞠躬。

（5）驼背式的鞠躬。

**（四）手　　势**

手势语是肢体语言的重要部分。各种形式多样的手势不仅是人们交流沟通中必须借助的形式,同时也包含着丰富的礼仪。戏剧大师萨米·莫尔修曾说:"身体是灵魂的手套,肢体语言是心灵的话语。认识肢体语言,等于为彼此开了一条直接沟通、畅通无阻的大道。"在与人交往中恰当地运用手势来表情达意,能够起到良好的沟通作用,也会使自己的更显优雅和更有风度。

1. 常用手势

(1)递接物品。

双手为宜,不方便双手并用时,也要采用右手,用左手通常视为无礼。

将有文字的物品递交他人时,须使之正面面对对方递上。

将带尖、带刃或其他易于伤人的物品递予他人时,切勿以尖、刃直指对方。

(2)展示物品。

一是将物品举至高于双眼之处,这适用于被人围观时展示。

二是将物品举至上不过眼部,下不过胸部的高度,这适用于让人近距离看清展示之物。

(3)指示方位。

横摆式:手臂向身体外侧横向摆动,指尖指向引导或指示的方向,适用于迎送旅客时指示方向,如图 1-18 所示。

图 1-18　横摆式指示方位手势

直臂式:手臂向前抬到与肩同高的位置,前臂伸直,指尖指向所要指示的方向,适用于指示物品所在。

曲臂式:手臂从体侧抬起至上臂离开身体 45°,随后以肘关节为轴,由体侧向体前摆动,掌心向上,适用于请人进门时。

斜臂式:手臂由上向下斜伸摆动,至距身体 45°处,手臂向下形成一斜线,适用于请人入座时。

以上四种形式,都仅用一只手臂,另外一只手臂可垂在身体一侧或背于身后。

2. 常见的错误手势

(1)指指点点。勾动食指或除拇指外的其他四指招呼别人,用手指指点他人,都是失敬于人的手势。其中,食指指点他人,即伸出一只手臂,食指指向他人,其余四指握拢这一手势,因有指斥、教训之意,尤为失礼。

(2)随意摆手。与人交谈或是服务工作中,不要随意向对方摆手。既不要将一只手臂伸出,手指向上,掌心向外,左右摆动,也不要掌心向内,手臂由内向外摆动。这些手势都有抵触、拒绝、不耐烦之意。

(3)双臂交叉于胸前。这种姿势往往有傲慢、气愤的味道,或是置身事外、旁观他人、观看笑话之意。服务工作中应特别注意避免出现。

(4)摆弄手指。时下经常听到一些男士挤压自己的手指,发出关节的响声;或是看到反复握拳松拳的动作,这都会让旁人感到你的情绪焦躁。

(5)手插口袋。手插口袋容易给人你在休息的感觉,这在工作中应避免出现,尤其是服务人员的岗上工作中。

(6)伸懒腰。伸懒腰是劳累、困倦的表现,如果在工作时打哈欠、伸懒腰,会给人懒散、懈怠之感。

## 问题思考

分别对照女性客运服务人员仪态要求和男性客运服务人员仪态要求,检查自己在站姿、坐姿、行姿、蹲姿、鞠躬、手势运用等方面存在哪些突出问题?可以如何纠正?

______________________________

______________________________

______________________________

## 任务训练

### 一、任务训练目标

1. 掌握服务礼仪中的微笑表情规范。
2. 掌握规范的服务姿态,形成习惯意识。
3. 掌握各种不同手势的基本规范和应用。

### 二、任务内容

1. 微笑练习。
2. 服务姿态训练。

### 三、任务布置

1. 教师进行训练要求的介绍。
2. 组建形象礼仪训练小组,4 人一组。
3. 每小组自行选举 1 名同学担任小组长,负责任务实施。
4. 做好训练的物质准备。
5. 课前练习。

### 四、任务执行

1. 学习仪态礼仪操,练习微笑服务。
2. 练习规范的服务仪态及运用标准手势。
3. 小组内学生之间互相纠正动作姿态。
4. 教师对学生任务完成情况进行点评。

## 效果评价

**仪态礼仪训练评分表**

姓　名：　　　　　　　　　　　　地　点：　　　　　　　　　　　　时　间：

| 实训项目 | 实训考查要点 | 分值 | 小组评分 | 教师评分 | 最终得分 |
| --- | --- | --- | --- | --- | --- |
| 仪态礼仪训练 | 1. 目光温和，直视旅客，露出亲切的微笑 | 10 | | | |
| | 2. 侧立式、前腹式、后背式站姿规范 | 20 | | | |
| | 3. 基本坐姿规范，两手放于腿上（男士膝盖打开；女士双腿合拢） | 10 | | | |
| | 4. 一般走姿、陪同走姿规范 | 20 | | | |
| | 5. 正常垂放、自然搭放、递接物品、展示物品的手势规范 | 20 | | | |
| | 6. 行标准鞠躬礼 | 20 | | | |
| 合　计 | | 100 | | | |

注：该表可根据实际设计的训练项目进行测评。

## 项目综合训练

# 实训1　铁路志愿服务实践体会汇报

### 1. 实训目标

参加铁路学生志愿者服务实践，在进站口、安检口、售票厅、失物招领、咨询台等岗位，为旅客提供秩序维护、关爱重点人群接送等服务，了解铁路工作人员的职责与担当。

### 2. 实训要求

（1）以小组为单位，搜集服务案例，撰写不少于500字的文案。

（2）每个小组PPT讲演或文案汇报不多于5 min。

### 3. 实训内容

（1）资料收集：参加铁路志愿者服务实践，收集铁路客运服务的工作案例。

（2）文案撰写：每个小组搜集资料、撰写文案、PPT制作等。

（3）分组汇报：以小组为单位进行讲演或案例汇报。

### 4. 实训评价

**职业核心能力与道德素质评价表**

| 评价项目 | | 分值 | 小组评分 | 教师评分 | 最终得分 |
| --- | --- | --- | --- | --- | --- |
| 职业核心能力与道德素质 | 1. 自我学习 | 20 | | | |
| | 2. 信息处理 | 20 | | | |

续上表

| 评价项目 | | 分值 | 小组评分 | 教师评分 | 最终得分 |
|---|---|---|---|---|---|
| 职业核心能力与道德素质 | 3. 解决问题 | 20 | | | |
| | 4. 与人合作 | 20 | | | |
| | 5. 学习态度 | 20 | | | |
| 合　计 | | 100 | | | |

## 实训 2　列车乘务员出乘前准备工作演练

### 1. 实训目标

动车组列车乘务员在出乘前 2 h 到派班室报到，参加出乘任务布置会，接受列车长布置重点工作。值乘人员整理制帽、胸卡、头饰、皮鞋、制服及乘务箱、车门钥匙等。值乘人员精神饱满；着装及仪容标准符合要求；对讲机佩带位置统一。通过实训，掌握高速铁路客运服务人员的服务形象规范。

### 2. 实训要求

(1)设计出乘任务布置会工作场景。

(2)分组，并分配岗位角色。

(3)课前进行角色演练。

(4)课堂分小组进行场景表演。

### 3. 实训内容

(1)分组：每个小组进行角色分工。

(2)合作内容：各岗位角色相互配合，明确训练内容。

(3)课前进行演练。

(4)课堂汇报演出。

### 4. 实训评价

**专业能力评价表**

| 评价项目 | | 分值 | 小组评分 | 教师评分 | 最终得分 |
|---|---|---|---|---|---|
| 专业能力 | 1. 业务熟练度 | 20 | | | |
| | 2. 沟通技巧 | 20 | | | |
| | 3. 形体语言 | 20 | | | |
| | 4. 语言表达 | 20 | | | |
| | 5. 情感态度 | 20 | | | |
| 合　计 | | 100 | | | |

# 项目二　服务语言礼仪

## 学习目标

1. 知识目标

- 掌握服务人员的礼貌用语
- 熟悉客运服务的沟通技巧

2. 能力目标

- 能熟练应用礼貌称呼
- 能正确行握手礼
- 能使用规范的服务礼貌语言
- 能应用基本的服务沟通技巧

3. 素质目标

- 具有良好的服务意识
- 具有良好的礼仪素养

## 项目描述

铁路客运服务语言不仅是传递信息和沟通的工具，还是服务质量和旅客体验的重要组成部分。客运服务人员应主动、自觉地使用礼貌服务语言，规范、熟练地运用服务规范语言，贯穿于服务的全过程，优化旅客的服务体验。

服务沟通是建立在旅客与铁路工作人员之间的一种双向互动关系。铁路客运服务人员要充分了解旅客的心理需求，熟悉客运服务沟通的特点与技巧，克服对客运服务沟通的障碍，以主动、包容的心态与旅客建立良好的沟通关系。

铁路客运服务人员应正确看待旅客投诉，把握处理投诉的基本原则，依据规范的流程处理旅客投诉，运用有效的沟通方法化解旅客矛盾。

“服务语言礼仪”学习分为三个任务：礼貌语言与见面礼节认知与训练、铁路客运服务用语认知与训练、铁路客运服务沟通技巧认知与训练。

## 项目思维导图

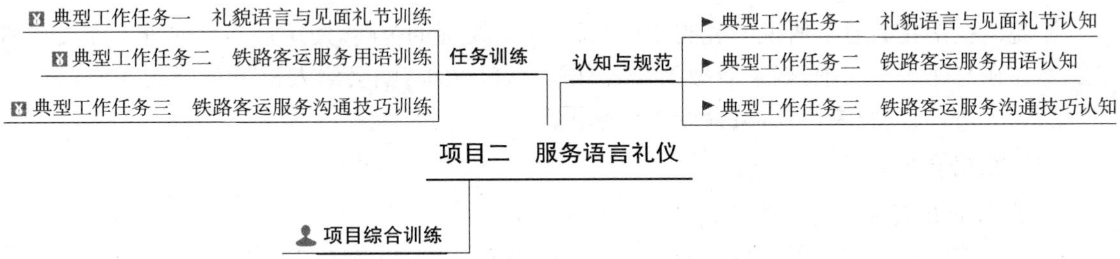


# 典型工作任务一　礼貌语言与见面礼节认知与训练

## 任务引入

### 发扬冬奥精神，提升旅客服务体验

北京局集团公司北京客运段京张高铁车队“雪之梦”乘务组列车长吕盼，创新“列车智能设施介绍”等10余项专属服务措施；针对“雪具存放”“轮椅安置”等12个场景的服务反复演练；安全值乘冬奥列车97趟，获中外旅客表扬68次……吕盼练就了一流的客运服务技能，在保障北京冬奥会、冬残奥会运输的舞台上绽放光彩。

为做好北京冬奥会运输服务保障工作，北京局集团公司大力深化“雪之梦”服务品牌，开展形象管理、国际服务礼仪、冬奥会知识等强化培训。吕盼也根据线路特点，提议在“雪之梦”乘务组增加盲文服务卡、重点旅客呼叫器、儿童安睡床等服务备品，推出团体旅客预约讲解服务。京张高铁全线有10座隧道。列车穿过隧道时，一些旅客会产生耳鸣。吕盼找了很多教程，改良出一套“防耳鸣操”，受到了旅客们的好评。冬奥列车赛时运输服务期间，吕盼圆满完成了97趟往返北京冬奥会和冬残奥会三大赛区的运输任务。一位日本记者跟着吕盼学做“防耳鸣操”缓解不适，为她竖起大拇指；一位奥组委官员留下了她的盲文服务卡，称赞她服务细致周到；中国运动员乘坐列车感受到热情温馨的服务，为她点赞并留下签名。

2023年2月，吕盼荣获第五届“最美铁路人”称号。

**请思考：**

1.“最美铁路人”吕盼的事迹在客运服务创新方面给了我们哪些启示？

2. 铁路客运人员在涉外服务时需要运用哪些礼貌语言？

## 知识准备

语言是人们日常生活、工作和社交活动中进行信息交流、情感沟通的主要方式。礼貌的言谈不仅是修养和风度的体现，也是人与人和谐相处、增加好感的必要条件。

除了使用礼貌语言之外，见面礼仪是日常社交礼仪中最常用与最基础的礼仪。特别是从事服务行业的人，掌握一些见面礼节，能给客人留下良好的第一印象，为以后顺利开展工作打好基础。

## 一、礼貌语言

礼貌语就是我们通常所说的礼貌用语，属于语言交际的范畴，使用得当会促进人际关系和谐发展。在与他人交往中，如果能做到言之有礼，谈吐文雅，就会给人留下良好的印象；相反，如果满嘴脏话，甚至恶语伤人，就会令人反感厌恶。

### （一）礼貌语的特点

1. 言辞的礼貌性

人际交往中通过礼貌用语相互表示谦虚恭敬，展示出友好得体的风范。言辞的礼貌，主要通过使用敬语、谦语和雅语来体现。敬语与谦语相对，不论是敬人还是自谦，都是“礼”的表现。例如：以“贵”称呼对方，用“愚”称呼自己；“久仰大名”“先生高见”“在下孤陋寡闻，还请多指教”等。敬语和谦语现在多用于正式场合和不熟识的人之间。诸如“请问贵姓”“身体发福”“我去方便一下”之类的雅语，在生活也较常用。

2. 用语的委婉性

语言沟通中，要很好地体现礼貌原则，就要恰当地使用委婉语，避免使用过激和生硬的用词。向他人征询意见、请他人协助工作、拒绝他人请求时，都应使用委婉的语气和用词。特别是在待客服务中，应避免直接指出客人的错误，而应理解客人，给其留面子。

3. 语言的规范性

我们的日常工作和生活中，有许多约定俗成的语言使用形式及使用场合。我们只需遵从和沿用，不宜另辟蹊径、特立独行。例如，“欢迎光临”和“欢迎莅临”都是表示对来访者的欢迎，但是，前者多用于口头表达，后者多见于书面表达，且特指上级对下级的到访。

4. 使用的灵活性

针对不同的交往对象，礼貌用语应灵活变化。例如，与熟识的人之间可以称兄道弟，以增进情感，但与商业伙伴初次会谈时，称兄道弟就显得不合时宜了。不同文化背景使用的礼貌语言也有差异。例如，我国常见的祝贺语“恭喜发财”在新加坡就很少使用，因为，新加坡人认为，如此恭祝有发横财之意。

### （二）礼貌语的类型

1. 问候语

问候，主要是在相见之初问好致意。问候是相互的。一般情况下，应当身份较低者先向身份较高者问候。如果是在单位与同事相见，可以简短地问候“你好”“您好”“各位好”“早上好”“下午好”。如果是与很久不见的好友见面，还会带有较详细的近况询问。如果是在社交场合还需要与人寒暄。

2. 告别语

告别语通常用于与人分别之时。最常用的告别语主要有“再见”“慢走”“走好”“欢迎再来”“一路平安”“多多保重”等。活动未结束，需要先行离开时，应该告知同伴。会见结束双方分别时，客方会对主方的接待表示感谢，主方也会对客方的到来表示感谢，双方再次互祝前程。

3. 感谢语

关心、帮助有大有小，人们往往对大的关心、帮助会感激不尽，而常会忽略日常生活中得到的细小帮助。当有人为你开门，在街上为你指路，捡起你掉下的东西时，你都应该向人及时表示谢意。对别人说声“谢谢”，意味着你对别人提供的帮助表示肯定，是一种礼貌的行为。得到别人的关心和帮助，表示感谢的方式可以多种多样，如口头致谢、书面致谢、电话致谢或由他人转达谢意等。口头致谢是应用最多的一种感谢方式，因为口头致谢可以在任何时间、任何地点、任何场合使用，所以也是最直接最有效的方式。

4. 道歉语

在日常工作和生活中，有时会因某种原因打扰别人、影响别人，或是给别人带来某种不便，在这种情况下，均应向人表示歉意。表示歉意的词语通常有“对不起”“请原谅”“很抱歉”“打扰了”“给您添麻烦了”等。道歉能使人与人之间即将产生冲突的气氛缓和下来，使大事化小、小事化了，甚至化干戈为玉帛。向人表示歉意时，首先要敢于面对现实，真心实意地表达歉意，决不能遮遮掩掩、扭扭捏捏、自我开脱。其次要注意方式。对于一些比较严重的误会或产生口角纠纷，事后感到自己有错，可以当面委婉地表示歉意，还可以通过书信、第三方转达等方式向人道歉。道歉之后应有改正过失的行动，才能最终得到对方的谅解。

5. 请托语

在社会生活中，向人问询和求助是经常发生的事。看似平常的几个字，实际上却反映了一个人的修养和文明程度。询问之前先要选择合适的称呼语，不能不加称呼，也不能用“喂”来代替，更不能用一些不礼貌的称呼，如“老头”“戴眼镜的”等。此外，应学会使用请求语，如“请”“请问”“麻烦您”“劳驾”等。对方答复自己的询问后应及时向对方表示感谢，语气应恳切，态度要真诚。

6. 应答语

在日常工作和生活中，经常会遇到别人有事相问或相求。怎样答复他人也体现着一个人的礼貌修养。首先，应该本着互助的精神，尽力回答他人的询问。必要时应暂时搁下手中的事情热情回应。其次，回答问话应耐心、细致、周到、详尽。如果是询问公务上的事，应尽量做到详尽准确，决不能模棱两可，简单了事。再次，当被问到不了解的情况时，应向对方表示歉意，或者帮助找其他人解答，决不可敷衍应付或信口开河。

7. 祝贺语

亲朋好友、同事或其他相识的人，如遇喜事或取得成就或迎接挑战之时，应当及时送上祝贺或祝福，这是一种礼貌，也是人之常情。可以说一些通用的祝贺语，如“恭喜恭喜”“祝贺成功”“祝你好运”“事业成功”“生意兴隆”等。逢年过节、举行庆典时，祝福也不可缺，此时还应注意赶在节日气氛浓烈之时及时送上祝福会更好。

8. 推托语

面对他人的请求，自己无力实现或事情有违自己的原则时，应该直接拒绝。但要注意语气的婉转，并表示歉意。拒绝他人也是一门艺术，处理不好，可能会破坏友好的关系。特别是服务中，面对客人的一些非常规要求，如插队购票、无票乘车、违规通行等，服务人员应该学会悉心解释、友好拒绝和妥善处理。

**阅读资料 2-1**

**郑板桥趣事**

相传，清代大书法家、大画家郑板桥去一个寺院，方丈见他衣着俭朴，以为是一般俗客，就冷淡地说了句“坐”，又对小和尚喊“茶”。一经交谈，顿感此人谈吐非凡，就引进厢房，一面说“请坐”，一面吩咐小和尚“敬茶”。又经细谈，得知来人是赫赫有名的扬州八怪之一的郑板桥时，急忙将其请到雅洁清静的方丈室，连声说“请上坐”，并吩咐小和尚“敬香茶”。最后，这个方丈再三恳求郑板桥题词留念，郑板桥思忖了一下，挥笔写了一副对联。上联是“坐，请坐，请上坐”；下联是“茶，敬茶，敬香茶”。方丈一看，羞愧满面，连连向郑板桥施礼，以示歉意。

**(三)礼貌语的使用原则**

1. 态度要诚恳亲切

很多时候，说话的神态、表情比语言本身更能表现你的想法和感情。例如，当你向别人表示祝贺时，如果嘴上说得十分动听，而表情却是冷冰冰的，那对方一定认为你只是在敷衍而已。所以，说话必须发自心声，才能使对方对你的说话产生表里一致的印象。

2. 用语要谦逊文雅

多用敬语、谦语和雅语，能体现出一个人的文化素养以及尊重他人的良好品德。服务岗位的工作人员应坚持使用“请”“你好”“谢谢”“对不起”“再见”等基本礼貌用语。平时还应多练习使用雅语，以促进与客沟通并提高服务水平。

3. 声音要大小适当

日常交谈时，无论是普通话、外语、方言，咬字要清晰，音量要适度，以对方听清楚为准，切忌大声说话；语调要平稳，尽量不用或少用语气词，使听者感觉平和自然。说话声音过快，给人以敷衍了事、催促应付之感；说话声音过慢，会让别人觉得工作能力不强，浪费彼此的时间。

4. 表达要清晰准确

服务人员在工作中应当使用普通话，口齿清晰，发音准确，无错字、别字。特别是面向服务对象的时候，服务人员的一言一行都会影响客人的情绪和判断。在回答客人的问题时，应当就自己所知道和了解的情况进行准确、简练的回答，不能意思含糊、模棱两可，更不能随意地给客人承诺。

**(四)礼貌语的使用禁忌**

1. 错字、别字

读错字、写别字或是把别人的名字认错，会给人留下素质不高、工作能力不强的印象。

2. 不礼貌的语言

不礼貌的语言包括粗话、脏话，这是语言中的垃圾，必须坚决清除。

3. 他人忌讳的语言

他人忌讳的语言是指他人不愿听的语言，交谈中要注意避免使用。如谈到某人死了，可用

“病故”“走了”等委婉的语言来表达。港、澳、台同胞忌说不吉利的话，喜欢讨口彩。特别是香港人有喜“8”厌“4”的习惯。因香港人大都讲广东话，而广东话中“8”与“发”谐音，“4”与“死”同音。因此，在遇到非说“4”不可时，多用“两双”来代替。逢年过节时，不能说“新年快乐”或“节日快乐”，而用“新年愉快”、“节日愉快”或“恭喜发财”代之。这也是谐音的关系，因为广东话中“快乐”与“快落”听起来很相似。

4. 容易引起误解和不快的语言

容易引起误解和不快的语言也要注意回避。如议论他人长相时，可把“肥胖”改说成“丰满”或“福相”，“瘦”则用“苗条”或“清秀”代之。又如在探望病人时，不应说消极的话，而应多说宽慰的话，如“你的精神不错”“你的气色比前几天好多了”等。在日常生活中，如遇到矛盾冲突时，应冷静处置，尽量不用指责的语言，多用谅解的语言。

## 二、见面礼节

在来去匆匆的社会交往中，我们每天都会与熟人、生人、领导、客户、客人碰面，见面行礼是基本的礼貌。目前，国际上较为常见的见面行礼方式包括称呼、握手、鞠躬、亲吻与拥抱、合十等。

### (一)称 呼 礼

称呼即称谓，指的是人们在交往中，用以表示彼此关系的名称用语。不论是在口头语言，还是在书面语言中，礼貌的称呼对于交往都十分重要。称呼的运用与对待交往对象的态度直接相关，是给对方的第一印象。因此，称呼对方时千万不可马虎大意。在交往中，我们既要注意学习、掌握称呼的基本规律和通常的用法，又要在涉外服务和工作中特别注意各国之间的差别，区别对待。

1. 几种主要的称呼方式

在正式的交往场合，称呼应当庄重、规范得体，以表示对称呼对象的尊重和友好。经常选用的称呼主要有以下几种：

(1)泛尊称。这种称呼几乎适合于各种社交场合。对男子一般称“先生”，对女子称“夫人”“小姐”“女士”。应该注意的是，在称呼女子时，要根据其婚姻状况，已婚的女子称“夫人”，未婚女子称“小姐”，对不知婚姻状况和难以判断的，可以称之为“女士”。在一些国家，“阁下”一词也可以作为泛尊称使用。泛尊称可以同姓名、姓氏和行业性称呼分别组合在一起，在正式的场合使用，如：“克林顿先生”“玛格丽特·撒切尔夫人”“上校先生”“秘书小姐”等。

(2)职务称。在公务活动中，可以对方的职务相称。例如，称其为“部长”“经理”“处长”“校长”等。职务性称呼还可以同泛尊称、姓名、姓氏分别组合在一起使用，例如，“周总理”“部长先生”“总经理女士”等。对职务高的官方人士，如部长以上的高级官员，不少国家可称“阁下”，如“总统阁下”“大使先生阁下”。对有高级官衔的妇女，也可称“阁下”。但在美国和德国等国家没有称“阁下”的习惯，对这些国家的相应人员，应该称“先生”。

(3)职衔称。对交往对象拥有社会上备受尊重的学位、学术性职称、专业技术职称、军衔和爵位的，可以“博士”“教授”“律师”“法官”“将军”“公爵”等相称。这些职衔性称呼还可以同姓名、姓氏和泛尊称分别组合在一起在正式场合使用，如“王教授”“李博士”“法官先生”。

(4)职业称。对不同行业的人士，可将被称呼者的职业作为称呼，如“老师”“教练”“警官”

“医生”等。在这些职业称呼前面，还可以连同姓名、姓氏一起使用。

（5）姓名称。在一般性场合，彼此比较熟悉的人之间，可以直接称呼他人的姓名或姓氏。中国人为表示亲切，还习惯在被称呼者的姓前面加上“老”“大”“小”等字，而免称其名，如“老王”“小张”。还有更加亲密者，往往不称其姓，而只呼其名的。

（6）特殊性的称呼。对于特殊身份的人，例如君主制国家的王室成员或神职人员，应该用专门的称呼。如在君主制国家，应称国王或王后为“陛下”；称王子、公主、亲王等为“殿下”；有爵位的应称其爵位或“阁下”。对神职人员应根据其身份称为“教皇”“主教”“神父”“牧师”“阿訇”等。

**阅读资料 2-2**

**古人的名字**

辅佐齐桓公成为春秋第一霸主的宰相管仲，姬姓，管氏，名夷吾，字仲，被后人尊称为管子。自周开始，“伯、仲、叔、季”就用来表示家里兄弟的“老大、老二、老三、老四”，所以管仲很可能就是家中排行第二的儿子。这在三国夏侯渊的几个儿子里表现得最清楚，《三国志·魏志·夏侯渊传》记载他的几个儿子，二子夏侯霸字仲权、三子夏侯称字叔权、四子夏侯威字季权、五子夏侯荣子幼权……看了夏侯一家，有人可能会推测，夏侯渊很可能还有未载入史的一个大儿子，应字伯权。到了唐宋，行辈称呼达到鼎盛，例如韩愈称为韩十八，柳宗元称为柳八，李白称为李十二，高适称为高三十五……“三十五?”当时这个排行是同祖父、大家族里同辈的通排行。所以，白居易还有一首诗，诗名有“王五十一”……

2. 称呼的禁忌

在交往中，称呼不当就会失敬于人、失礼于人，有时后果不堪想象。因此一定要注意称呼的禁忌。

（1）错误的称呼。称呼对方时，记不起对方的姓名或张冠李戴，叫错对方的姓名，是极不礼貌的，也是社交中的大忌。尤其是外国人的姓名，在发音和排列顺序上同中国人的姓名有很大的差别，如果没有听清楚或没有把握，宁可多问对方几次，也不要贸然叫错。对被称呼者的年龄、辈分、婚否以及同其他人的关系做出错误判断，也会出现错误的称呼，也需谨慎称呼。

（2）易产生误会的称呼。不论是自称还是称呼他人，要注意不要使用让对方产生误会的称呼。例如“爱人”，中国人习惯把自己的配偶称为“爱人”，而外国人则将“爱人”理解为“婚外恋”的“第三者”。还有“老人家”等称呼，在西方国家及香港地区容易让人产生其他歧义的判断，应避免使用。另外，也不要使用过时的称呼或者不通用的称呼，让对方不知如何理解。

（3）带有歧视、侮辱性的称呼。在任何情况下，绝不能使用歧视性、侮辱性的称呼，如“洋妞”“黑鬼”等。

（4）私密性极强的称呼。在正式场合，忌使用庸俗的称呼或用绰号作称呼，如，“哥们儿”“姐们儿”“死党”等，更不能将爱称公之于大庭广众面前。

### (二)握 手 礼

握手礼仪是日常生活中人们最普遍的见面礼节。据传说,握手礼起源于中世纪的欧洲,那时人们见面时,无敌意的双方为了证明自己的友好,就要放下手中的武器,伸开手掌让对方摸摸手心,这种习惯逐渐演变成现代的握手礼。

1. 握手的含义

握手礼多用于见面时的问候与致意。对久别重逢和多日未见的老朋友,以握手表示对对方的关心和问候;人们彼此之间经过他人介绍相识,通过握手,向对方表示友好和愿意与对方结识的心情。告别时,以握手感谢对方,表示愿意保持联系、再次见面的愿望。除此之外,握手礼还是一种祝贺、感谢、理解、慰问、支持和鼓励的表示。在交往中,握手礼运用得当,会令人显得彬彬有礼,很有风度。

2. 握手时伸手的先后顺序

在正式场合,握手双方应由谁先伸手同对方握手是握手礼最重要的问题。对伸手的先后顺序一无所知,往往会变有礼为“失礼”。

握手时伸手的先后顺序是由握手人双方所处的社会地位、年龄、性别等各种条件决定的。握手应遵守“尊者决定”原则,即握手者首先确定双方彼此身份的尊卑,由位尊者先行伸手,位卑者予以响应,而贸然抢先伸手是失礼的表现。

(1)年长者与年轻者相互握手,年长者应先伸出手来,年轻者方可伸手握之。

(2)身份高者与身份低者相互握手,身份高者应先伸出手来,身份低者方可伸手握之。

(3)女士与男士相互握手,女士应先伸出手来,男士方可伸手握之。

(4)已婚者与未婚者相互握手,已婚者应先伸出手来,未婚者方可伸手握之。

在公务场合,握手时伸手的先后顺序主要取决于职位、身份。而在社交场合和休闲场合,则主要取决于年龄、性别和婚否。

接待来访客人,当客人抵达时,应由主人先伸手与客人握手表示“欢迎”。当客人告辞时,则应由客人先伸手与主人握手表示“再见”。如果握手的顺序颠倒,容易让人产生误解。

3. 握手的方式

握手时要注意姿势。正确的姿势是在行礼时,至距握手对象约一米处,双腿立正,上身略向前倾,自然伸出右手,四指并拢,拇指张开与对方相握,如图 2-1 所示。

图 2-1　握手行礼

握手时要注意神态。握手前,双方可打招呼或点头示意。握手时,应面带微笑,目视对方双眼,并且寒暄致意,表现出关注、热情和友好之意。

与他人握手,一般应起身站立,除非是长辈或女士,坐着与人握手是失礼的。

握手时要把握好力度。为表示对交往对象的热情友好,握手时可以稍许用力,但切不可过大。遇到亲朋故旧,握手时用力可以稍大一些,但与异性和初次相识者握手时,用力千万不可过大。

握手时要掌握好时间。与他人握手的时间不宜过长或过短。握手时间过短,给人以应付、走过场的感觉;握手时间过长,尤其是握住异性和初相识者的手时间过长,是失礼的表现。正常情况下,握手的全部时间应控制在三秒钟以内。

4. 握手的禁忌

(1)不要用左手同他人握手。

(2)不要在握手时争先恐后,造成交叉握手。

(3)不要戴着手套和墨镜与他人握手。

(4)不要抢先出手同女士握手。

(5)不要握手时东张西望、心不在焉或面无表情、有气无力。

(6)不要握手时,另一只手插在衣袋里或拿着东西不肯放下。

(7)不要握手后马上揩拭自己的双手。

(8)不要拒绝与他人握手。

**(三)鞠 躬 礼**

在日本、韩国、朝鲜等东方国家,见面时行鞠躬礼表达致意是常见的礼节。鞠躬,即弯腰低头行礼,是非常郑重地向他人表示尊重的一种方式。行礼时,应站立面向被行礼者,神态端庄,弯腰的度数越高向对方表达的敬意越深。

**阅读资料 2-3**

**拱手礼**

拱手礼,又叫作揖礼,在我国已有2 000多年的历史,拱手致意在我国是一种民间传统的见面礼,是人们表示祝贺、祝愿的一种施礼方式。其姿势是起身站立,上身挺直,两臂前伸,双手在胸前高举合拢,男子右手握拳在内,左手抱于右手外;女子左手握拳在内,右手抱于左手外,双手相抱也可举至齐眉,上下略摆动几下。重礼可拱手时伴有鞠躬。

在我国,拱手致意通常用于以下场合:

每逢重大节日,如春节等,邻居、朋友、同事见面时,常拱手为礼,以表祝愿;为欢庆节日而召开的团拜会上,大家欢聚一堂,互相祝愿,常以拱手致意。

婚礼、生日、庆功等喜庆场合,来宾也可以拱手致意的方式向当事人表示祝贺。

双方告别,互道珍重时可用拱手礼;有时向对方表示歉意,也可用拱手表示。

拱手致意时,往往与寒暄语同时进行,如:"恭喜、恭喜""久仰、久仰""请多多关照""节日快乐""后会有期"等。

**(四)亲吻与拥抱礼仪**

亲吻礼是西方国家常用的见面礼,它常与拥抱礼同时采用,即双方见面时既拥抱,又亲吻。亲吻礼不论在官方还是民间,同样适用。

正规的拥抱礼,应该两个人正面相对站立,各自举起右臂,将右手搭在对方的左肩后面;左臂下垂,左手扶住对方右腰后侧。首先向各自对方的左侧拥抱,然后向各自对方的右侧拥抱,最后再次向对方的左侧拥抱,拥抱三次后礼毕。在一般的场合行此礼,不必如此讲究,次数也不必要如此严格。

由于双方关系不同，行礼时，亲吻的部位也不相同。长辈吻晚辈，应当吻额头；晚辈吻长辈，应当吻下颌或面颊；平辈之间，宜贴面；关系亲密的女子可以吻面颊，异性应当贴面颊；真正吻嘴唇，即接吻仅限于夫妻之间或恋人之间，其他关系是不能吻嘴唇的。

行亲吻礼时，一般忌讳发出亲吻的声音或者将唾液弄到对方的脸上。

拥抱礼是欧美国家盛行的礼节。在人们见面、告别，表示祝贺、慰问和欣喜时，常采用拥抱礼。在我国，除一些少数民族外，拥抱礼不常采用。

### （五）合 十 礼

合十礼又称“合掌礼”，属佛教礼节，通行于印度和东南亚信奉佛教的国家与地区，我国傣族聚居区也用合十礼。行礼时，两掌合拢于胸前，十指并拢向上，手掌向外倾斜，头略低，神情安详、严肃。行礼时，两掌举得越高，越表示尊敬。一般平辈相见时举到鼻下即可。

合十礼可分为跪合十礼、蹲合十礼、站合十礼三类。

1. 跪合十礼

跪合十礼适用于佛教徒拜佛祖与高僧、平民拜见皇室的场合，行礼时右腿跪地，双手合掌，拇指位于眉心，头部微俯，以表恭敬虔诚。

2. 蹲合十礼

蹲合十礼是晚辈拜见父母或师长时所用的礼节，行礼时身体下蹲，双手合掌，拇指位于鼻尖，指尖位于眉心处，以示尊敬。

3. 站合十礼

站合十礼是信奉佛教的国家平民之间、平级官员之间相见，或公务人员拜见长官时所用的礼节，行礼时端正站立，将合十的掌尖置于胸部或口部，以示敬意。

在行合十礼时，可以问候对方或口颂祝词。因佛教中不兴握手，所以在我国，一般非佛教徒对僧人施礼，也以行站合十礼为宜。

## 情境处置 2-1

“小王，我下午两点半左右到车站，乘 G1783 次列车回老家。”近日，视障旅客赵南熟练地给浙江嘉兴车务段嘉兴南站“红船”雷锋服务站打电话。客运值班员小王一边接听电话，一边在“重点旅客服务交接簿”上登记好相关信息内容。

约定的时间还没到，小王就已经在车站门口等候了。见到赵南后，她热情地上前迎接，一手帮他拎着行李箱，一手牵着导盲杖引他往检票口走。旅客赵南在嘉兴一家盲人按摩店工作，经常往返于嘉兴与老家之间。2022 年知道车站有个“红船”雷锋服务站后，每次出行前都会提前告诉工作人员自己出行的时间、车次。“他们的服务让我非常放心。”赵南言语中充满了信任与温暖。他说：“交接的次数多了，大家就成了‘老朋友’。”

## 问题思考

客运服务工作中，工作人员应如何规范称呼旅客？面对不同旅客时，或是在不同服务情景中，如何称呼旅客更加能够体现尊重呢？

______________________________

______________________________

______________________________

## 任务训练

### 一、任务训练目标

1. 掌握日常礼貌用语的类型与使用原则。
2. 掌握见面礼节的使用场合及规范。

### 二、任务内容

1. 模拟接待服务的工作情景。
2. 在接待服务中规范使用礼貌语言。
3. 在接待服务中规范运用见面礼。

### 三、任务布置

1. 教师进行训练要求的介绍。
2. 组建礼貌语言学习小组，4 人一组。
3. 每小组自行选举 1 名同学担任小组长，负责任务实施。
4. 拟定工作情景，进行角色分工。
5. 课前练习。

### 四、任务执行

1. 学习礼貌语言，练习见面行礼。
2. 练习规范的礼貌用语及规范运用称呼礼、握手礼、鞠躬礼。
3. 小组内学生之间互相指出错误之处。
4. 教师对学生任务完成情况进行点评。

## 效果评价

**礼貌语言与见面礼节训练评分表**

姓　名：　　　　　　　　　　地　点：　　　　　　　　　　时　间：

| 实训项目 | 实训考查要点 | 分值 | 小组评分 | 教师评分 | 最终得分 |
|---|---|---|---|---|---|
| 礼貌语言与见面礼节训练 | 1. 规范使用不同类型的礼貌用语 | 20 | | | |
| | 2. 熟练应用泛尊称、职务称、职业称及一些特殊称谓 | 20 | | | |
| | 3. 遵循守时、尊重女士和长者(师长)的基本社交原则 | 10 | | | |
| | 4. 正确地自我介绍 | 10 | | | |
| | 5. 正确地为他人做介绍 | 10 | | | |
| | 6. 正确地行握手礼 | 10 | | | |
| | 7. 得体地行拥抱礼 | 10 | | | |
| | 8. 正确地行鞠躬礼 | 10 | | | |
| 合　计 | | 100 | | | |

注：该表可根据实际设计的训练项目进行测评。

# 典型工作任务二　铁路客运服务用语认知与训练

## 任务引入

**列车客运服务投诉案例分析**

案例一：一名旅客在餐车购买盒饭用餐后，向服务员反映列车上的盒饭质价不符、饭菜难吃，乘务员却冷漠地回答“盒饭口味是您自己挑选的”，引起旅客投诉。

案例二：某日，一位乘坐动车组列车二等座的旅客向列车员反映，他的座位在车厢第一排，面前没有小桌板，导致他吃饭和放便携式计算机不方便。列车员回答：“本次列车的设计就是这样，我们也没办法”。旅客情绪激动地说：“全车厢其他旅客都有小桌板，都是花一样的钱，为什么我们第一排没有？你们今天要给我一个满意的解释。”列车员回应：“车票是您自己买的，座位在第一排，就是没有小桌板。”旅客因不满列车员的态度，事后向 12306 投诉。

**请思考：**

1. 以上两个案例中，客运服务人员的服务工作存在哪些问题？
2. 在处理旅客提出的问题及投诉事件时，服务人员应当使用哪些规范服务用语？

## 知识准备

简单地说，沟通即是人际交往中的信息交流。它是人际交往中的重要工具和手段。这一过程可以通过语言实现,也可以借助表情神态、肢体姿态、空间环境、文书信函等媒介。

语言交流是人际交往中最主要的沟通方式。特别是服务行业中,服务人员的语言礼仪规范体现了个人的文化修养和职业素养。准确地运用文明礼貌、文雅准确、标准清晰的语言,是每一个服务人员应具有的基本职业素养。

## 一、客运服务基本用语

铁路客运服务基本用语主要包括客运服务的常用礼貌用语、服务用语规范、服务禁忌用语等。

### (一)常用礼貌用语

1. 称呼

面向旅客应统称为“旅客们”“各位旅客”“旅客朋友”,与某位旅客单独交流时应称其为“先生”“女士”“小朋友”“同志”等。

2. 问候语

“您好!”“你们好!”“各位旅客好!”“早上好!”“中午好!”“晚上好!”“路上辛苦了!”

3. 迎送语

“您好! 欢迎乘车!”“欢迎您到餐吧用餐。”“请慢走。”“这是您的东西,请拿好,多谢!”“再见。”“祝您旅途愉快!”“祝您一路平安!”“下次旅行再见。”

4. 征询语

“需要我帮您做些什么吗?”“您还有别的事情吗?”“您需要……吗?”“如果您不介意的话,我可以……”“您好,请问××您还需要吗?”“您觉得车内温度合适吗?”“我们为您准备了××、××、××,您需要哪一种?”“您需要添些水吗?”

5. 应答语

“不必客气。”“没关系。”“这是我应该做的。”“照顾不周的地方,请多多指教。”“是的。”“我明白了。”“我马上来。”“我马上去办。”

6. 致谢语

“非常感谢。”“谢谢您的好意。”“谢谢您对我们工作的配合与支持。”

7. 道歉语

“请原谅。”“打扰您了。”“失礼了。”“实在对不起。”“谢谢您的提醒。”“是我们的错,对不起。”“好的,我们马上办好。”“请不要介意。”“对不起,让您久等了。”“对不起,请借过一下。”

8. 请托语

“请问……”“请稍候”“请多关照”“请慢走”“请注意”“请小心”“拜托……”

9. 推托语

“对不起,我们还没有听说。”“承您的好意,但是……”“抱歉,我需要请示一下领导。”

### (二)服务用语规范

1. 多使用礼貌语言

客运服务岗位的基本礼貌用语10字:您好、请、谢谢、对不起、再见。

在对客服务过程中,应当尽可能多地使用礼貌语言与旅客交流。应当做到“五声”服务:旅客来时有迎客声;遇到旅客有称呼声;受人帮助有致谢声;麻烦旅客有道歉声;旅客离去有送客声。如此一来,能够体现客运服务人员的待客热情与主动,旅客能够获得“被重视、被关注”的服务优越感。

客运服务人员对旅客语言交流应当遵循“请字开路,谢谢压阵,对不起不离口”的规范原则。“请”字开路,能够充分表达对旅客的尊重。“谢谢”压阵则是通过表达服务人员的感谢之情来获得旅客好感,增进双方的情感共鸣。“对不起”不离口,不是说服务人员不断地出现工作失误和错误而向客人道歉,“对不起”不是责任的划分和追究,只是服务人员对旅客歉意的一种表达。当其他旅客的疏忽导致旅客的利益受到损失,或是由于列车晚点致使旅客不能按时到达目的地,或是由于列车、车站的设备设施的人性化不够、设备设施的损害导致旅客意外受伤等情况发生时,我们的客运服务人员都应当有主动承担责任的工作和服务意识,应当立即向受到损失、伤害的旅客表示道歉。

2. 注意仪态与语言的配合

(1)与旅客交谈时,目光要注视对方的眼睛,以示尊敬。要注意听取对方的谈话,不可东张西望。

(2)与旅客交谈,切忌边走边讲或不断地看手表,手不要放到口袋里,或双臂抱在胸前,也不要扶着座椅靠背,或坐在扶手上。

(3)旅客提出的意见和要求,不要有厌烦的情绪和神色,更不能使用责备的口吻甚至粗鲁的语言。

(4)无意碰撞或影响了旅客,应表示歉意,取得对方谅解,在旅客离开时还应择机再次道歉。

(5)在车站或列车上遇到熟悉的旅客应主动打招呼并行礼问候,表示欢迎。

(6)为旅客发送每一样物品时,应主动介绍名称,严格遵循发放原则:先左后右、先里后外、先宾后主、先女后男。

(7)对旅客提出的要求,能做到的应尽量满足,不能做到时,应耐心解释,不能怠慢。应允的事情一定要落实,不能言而无信。

(8)对爱挑剔的旅客要耐心热情,避免发生口角和正面冲突;对恶意挑衅或举止不端的旅客,应镇静回避,必要时可报告乘警、车(站)长。

3. 应当避免的情形

与旅客交谈时,应当注意避免出现如下一些情形:

(1)食用大蒜、大葱和韭菜等有强烈刺激性气味的食品。

(2)在公共场所修指甲、挖鼻孔、剔牙齿、掏耳朵、伸懒腰以及用手指人。

(3)随地吐痰,乱扔杂物。

(4)与旅客嬉笑玩闹,对旅客品头论足。

(5)与同事在公共区域大声喧哗、谈笑,聊与工作无关的事情。

(6)在旅客面前接打手机。在公共区域接打电话时,声音过大。

(7)咳嗽、打喷嚏、打哈欠时不掩面、不遮挡。

(8)不加说明地打断旅客的谈话,直接插话,甚至制止旅客讲话。

**(三)服务禁忌用语**

1. 不

对旅客直接说“不”“不行”“不可以”,会让旅客感觉服务人员过于强势,感觉自己被服务人员和铁路行业所排斥。

2. 不知道

遇到旅客询问,甚至多次追问时,服务人员应当保持耐心。如果告诉旅客“不知道”,会让旅客感觉服务人员不够专业或不尽职。

3. 这不是我的问题/责任

面对旅客的质疑,服务人员应当敢于面对、寻找问题、正确处理。每一位服务人员都应当怀有“我是铁路人,铁路是一家”的工作责任心,不应将责任一味地推卸给其他部门,而让旅客感觉铁路行业冷漠待客。

4. 你不懂

类似于“你不懂”“多管闲事”“已经告诉你了,怎么还不明白”等语言,具有明显的蔑视旅客的态度,是服务人员待客工作的最大忌。旅客的服务体验和感受很大程度取决于是否有面子,因此,给旅客留面子就是给旅客礼貌、享受的服务。

5. 没见我正忙着吗?

这句话会加重旅客的服务等待,引起旅客的愤怒,甚至导致服务危机。

## 二、客运服务广播用语

**(一)广播用语的基本要求**

铁路客运服务广播用语是铁路客运服务用语的重要组成部分。大多数旅客在接受铁路客运服务时,更多的是依赖车站或列车上的广播词确定铁路服务的重要信息。因此,清晰、准确、及时的广播用语是铁路客运服务质量的基本要求。

清晰,是指广播词简单明了,表达的意思通俗易懂,播音员使用标准普通话并且吐字清晰、表述简练。

准确,是指广播词不能给人以歧义,特别是涉及列车故障、安全事故和旅客具体行程信息的广播词,更是要准确无误。

及时,是指广播的时间应当能够满足提前通知、预警提示、解释声明等信息传递的需要,能够确保服务人员与旅客沟通的顺畅。

音频

组织列车出勤通告

**(二)广播用语的类型与内容**

1. 车站广播用语主要类型

(1)组织列车出勤通告。

工作人员请注意,工作人员请注意,××次列车正点到在本站进×站台,请做好接车准备工作。

工作人员请注意,工作人员请注意,××次列车已经转线×站台,请做好送车准备。

(2)进站、到站通告旅客。

音频

进站、到站通告旅客

旅客们,××次列车正点到达本站,乘坐这趟列车去往××方向的旅客,请您到×层候车厅××号检票口进站,××次列车进×站台,请您到×站台等候。

旅客们,由××站始发开往××方向去的××次列车,发车时间×点×分,列车开始检票。××次列车现在开始检票。

(3)候车通告。

音频

候车通告

各位旅客大家好,欢迎您来本站候车。您来到候车厅,请听从工作人员的组织、引导,按引导屏指定地点排好队等候检票进站。旅客们,为了照顾老、幼、病、残、孕及带小孩的旅客进站上车,工作人员要提前组织重点旅客。当工作人员检票时,您不要慌忙,请整理好随身携带的行李物品,不要遗忘在候车厅里。

(4)列车晚点通告。

旅客们,由××经由本站开往××方向去的××次列车,正点到站时间是×点×分,大约晚点××分。××次列车晚点××分,请您不要远离车站,注意广播通告,以免误车。谢谢您的理解和配合。

音频

列车晚点通告

2. 动车组列车广播用语类型

(1)列车开车前广播。

女士们、先生们:欢迎您乘坐复兴号动车组列车,请您核对车次对号入座,请将随身携带的物品妥善放置在行李架上或大件行李存放处。本次列车全列禁烟,禁止携带危险品乘车。列车很快就要开车了,非本次列车的旅客请及时下车。车门即将关闭,请远离车门,注意安全。

音频

列车开车前广播

(2)始发开车后的广播。

欢迎您乘坐高铁动车组列车,我们全体乘务人员向您问好。请爱护车内设施,如需帮助,可查阅服务指南,或咨询乘务人员。

您在相互交谈和使用手机等电子产品时,尽量降低声音,避免打扰其他旅客。车厢内设有电茶炉,您在取开水时请注意不要接得太满,以免杯子里的水外溢,烫伤您及其他旅客。各位家长请勿让儿童在车厢内奔跑、打闹、攀爬座椅、手扶门缝,以免发生意外伤害。

音频

始发开车后的广播

(3)列车到站前的广播。

列车前方到站是××站,请在前部车门先下后上。

(4)列车出站后的广播。

欢迎您乘坐本次列车。如需帮助,可咨询乘务人员。本次列车全列禁烟,请爱护车内设施,车厢内涂有红色标记的安全设施,请不要随意触碰,以免影响列车运行。

音频

列车到站前、出站后、终到前的广播

(5)终到前的广播。

女士们、先生们:我们即将到达终点站了,请您整理好行李,避免错拿或遗忘。调直座椅靠背,收起小桌板、脚踏板。下车时,请您注意站台与列车之间的缝隙。感谢您一路上对我们工作给予的关心与支持,下次旅行再会。

3. 车站、列车客运服务广播用语

(1)旅客安全乘车及使用设备的广播。

各位旅客,为了维护国家法令,保证旅客在旅行中的安全,严禁将易燃品、爆炸品等危险品

音频

旅客安全乘车及使用设备的广播

（如煤油、汽油、鞭炮、火药、雷管等）带进站、带上车，也不能夹在行李包裹内托运。带有以上物品的旅客，请您主动找工作人员联系，以便妥善处理。希望各位旅客协助我们做好安全工作，确保大家在旅行中的安全。

（2）供餐广播。

音频

供餐广播

旅客朋友们，午餐用餐的时间到了，餐车现在开始供应午餐，我们为您准备了各种主食有……副食有……还有……餐车设在列车运行 9 号车厢，餐车工作人员欢迎您的到来。同时我们的售货员也会在各车厢供应午餐。

（3）列车晚点时向旅客致歉及维持秩序的广播。

各位旅客，××次列车因故晚点，因列车晚点给您造成不便，我代表铁路部门向您表示诚挚的歉意，希望您给予谅解。

音频

列车晚点时向旅客致歉及维持秩序的广播

旅客们，车站是公共场所，来往的旅客较多，希望旅客们协助我们维护好车站秩序。您来到车站后，请到指定的候车区、检票口按顺序等车，请您不要在检票口附近停留，以免影响其他旅客通行。

（4）安抚旅客情绪的广播。

女士们、先生们，由于车内空调温度不适宜，给您的旅行带来了不便，现在机械师正在调试，请您多加谅解，谢谢大家！

音频

安抚旅客情绪的广播

（5）找寻旅客或物品的广播。

女士们、先生们，现在广播通知，×号车厢有一名旅客突发急病，如果哪位旅客是医务工作者，请您到×号车厢多功能室协助诊治，在此列车广播代表患者向您表示感谢！

各位旅客，现在广播一则失物招领启事。哪位旅客丢失了一个红色旅行包，请速到车站失物招领处认领。

音频

找寻旅客或物品的广播

## 情境处置 2-2

"我的孩子不见了……"李先生带着 11 岁的儿子小山准备乘坐高速动车组列车从南京返回徐州，却不慎和孩子走散，李先生心急如焚，向乘务员求助。

乘务员迅速向李先生了解情况。原来当天在候车室内，小山独自前往卫生间，而李先生误以为孩子已跟随其后，便检票上车。直到列车起动，李先生才发现孩子并未在身边。接到求助后，列车长王华迅速组织乘务员在车厢内广播寻人并展开搜寻，但未发现孩子的身影。王华随即联系南京南站工作人员，请求协助在候车室寻找。南京南站工作人员接到通知后，立即展开地毯式搜索，最终在卫生间附近的座位上找到了正在焦急等待的小山。

## 问题思考

铁路客运服务工作中，客运服务人员面对旅客有哪些禁忌语？这些禁忌语对客运服务工作有怎样的不利影响?

## 任务训练

### 一、任务训练目标

1. 掌握客运服务礼貌用语的类型。
2. 掌握仪态与语言的配合方法。
3. 掌握规范的客运服务广播用语。

### 二、任务内容

1. 客运礼貌用语情境训练。
2. 车站广播用语的记忆与练习。
3. 列车广播用语的记忆与练习。

### 三、任务布置

1. 教师进行训练要求的介绍。
2. 组建礼貌语言学习小组,4 人一组。
3. 每小组自行选举 1 名同学担任小组长,负责任务实施。
4. 拟定工作情景,进行角色分工。
5. 课前练习。

### 四、任务执行

1. 规范运用客运礼貌语言。
2. 练习车站与列车广播用语。
3. 小组内学生之间互相指出错误之处。
4. 教师对学生任务完成情况进行点评。

## 效果评价

**铁路客运服务用语训练评分表**

姓　名:　　　　　　地　点:　　　　　　时　间:

| 实训项目 | 实训考查要点 | 分值 | 小组评分 | 教师评分 | 最终得分 |
|---|---|---|---|---|---|
| 铁路客运服务用语训练 | 1. 礼貌用语符合铁路客运服务礼仪规范,体现敬人、自谦 | 20 | | | |
| | 2. 与旅客交谈时的仪态规范,面对旅客,神态自然,手势得当 | 20 | | | |

续上表

| 实训项目 | 实训考查要点 | 分值 | 小组评分 | 教师评分 | 最终得分 |
|---|---|---|---|---|---|
| 铁路客运服务用语训练 | 3. 能够正确区分场合，较多地使用礼貌用语，体现“五声服务” | 20 | | | |
| | 4. 广播词符合客运广播用语标准 | 20 | | | |
| | 5. 广播使用标准普通话，表达清晰、准确，语音语调语速规范 | 20 | | | |
| 合　计 | | 100 | | | |

注：该表可根据实际设计的训练项目进行测评。

# 典型工作任务三　铁路客运服务沟通技巧认知与训练

## 任务引入

**“熊孩子”在高速铁路动车组列车上吵闹，旅客之间发生争吵**

某日，某夫妻二人带着两名儿童乘坐列车。两个小朋友一起玩耍，在座椅后背小桌板上推动玩具车，时不时还用脚踢前排座位。后来又在座位中间的走道上跑跳、打闹。玩闹间手中的玩具车碰到了前排旅客的头。该名旅客说道：“这是谁家的孩子呀，家长管一管，太吵了。”不料，听到这名旅客的话，孩子的母亲反问道：“孩子就这样，我们管不了。你家没孩子吗？”孩子的父亲跟着说：“一个大人跟小孩子计较啥，嫌吵你可以换座位。”被碰到头的旅客气不过，叫来了列车员。

**请思考：**

1. 面对这次旅客冲突事件，列车员应该如何沟通处理？
2. 铁路客运服务在与旅客沟通方面，应当注意哪些技巧和方法？

## 知识准备

沟通是铁路客运服务的重要内容，与不同旅客在不同条件下的沟通技巧不仅是客运服务的技巧，更是客运服务的礼仪所在。掌握正确的沟通技巧可以有效地提升铁路客运服务的水平。

在为旅客服务时了解旅客，用文明用语和礼貌语言与旅客进行有效沟通，可以使旅客在享受铁路客运服务的同时，获得更大的心理满足。让旅客舒心、顺心、开心是服务沟通要达到的基本要求。

### 一、有效沟通的特点

1. 及时、准确、清晰

沟通是信息互通的过程，在这个过程中，信息传递的及时性、准确性和清晰度直接影响沟通的效果。铁路客运服务具有突出的时效性，及时、准确地通告列车进出站的时间、车次、站台、停留时间等信息，对于服务工作的顺利开展起着至关重要的作用。面对旅客提出的或可能遇到的乘车方面的各类问题，客运服务人员都应能够及时、准确地给予解答和协助。服务沟通的过程中，语言表达的清晰与否直接影响着信息传递的准确性。

2. 双向、多层面沟通

铁路客运服务是服务人员与旅客之间的一种双向交流过程。在服务过程中，旅客并不是完全处于被动地位。旅客可以通过观察和询问来评判铁路客运服务的水平，或者表达自己对客运服务的要求与意见。服务人员也可以通过旅客的反映及行为来判断旅客的价值标准、态度偏好以及对自己服务表现的满意度。在服务的过程中，服务人员与旅客之间不断地信息互递，不断地增加、修改信息的内容，反复地进行双方的意见互换，最终双方的意见趋于一致，实现有效沟通。

## 二、有效沟通的关键

### （一）端正服务沟通的心态

态度决定一切，态度是沟通的第一生命。好的态度让沟通达到事半功倍的效果；有问题的态度则会让沟通无法正常进行，甚至恶化双方的关系。在沟通中，客运服务人员应当采取积极主动的、不卑不亢的态度，依据规章，也考虑情理，从而达到沟通的最佳效果。

正确的铁路客运服务需要如下两种心态：

1. 主动沟通的心态

主动沟通首先是满足旅客的知情权。主动沟通还可以避免旅客误会，化解矛盾，将危机消灭在萌芽状态。因为沟通产生理解，理解产生信任。信任是协调客我关系、处理客我矛盾的基本前提。有了信任，双方才能更好地处理和解决问题。信任不是平白无故产生的，尤其是让旅客信任铁路客运服务人员，这需要服务人员能够主动、及时地尽到提醒、告知、帮助、关怀旅客的义务。

2. 包容沟通的心态

旅客对我们的服务提出质疑时，往往是希望他们的需求能够得到满足，或者仅仅是要引起我们的重视。美国著名影星保罗·道格拉斯曾说："当你与别人意见相左时，应以你的表情、耐心、所言所行向他证明你是真的关心他。"作为铁路客运的服务人员，应当能够关心体恤旅客的难处、不便和苦衷，尽我们所能为旅客提供周到的服务，这样不仅可以完善服务工作，而且能让旅客获得被尊重的心理满足。

### （二）避免服务沟通的障碍

沟通的过程中，会有很多障碍干扰沟通的顺利进行。从障碍产生的主体来看，大致可以分为两类：其一是沟通的人之间存在交流障碍（即个人障碍），其二是行业组织内部制度存在的阻碍信息传递的渠道障碍（即组织障碍）。

以下内容主要对铁路客运服务人员与旅客之间存在的沟通障碍进行分析：

1. 语言障碍

铁路运输行业接待众多的不同地域的旅客，旅客使用方言或外语，给服务沟通工作带来了一定的困难。所以，铁路客运服务人员，应当根据自身工作地域接待旅客的特点，学习和掌握方言、外语，为更好地服务旅客做好准备。

2. 非语言障碍

沟通除了语言信息的传递之外，还包含了神态、姿态等非语言信息。人们常说的“察言观色”就是指非语言信息对沟通的重要影响作用。很多时候，除了语言上的不礼貌之外，眼神、目光、身体姿态等表现也会传达侵犯的意思，让旅客感觉心理上难以承受。

3. 文化障碍

文化背景障碍往往是人际沟通中最大的障碍。在铁路客运服务沟通中，文化障碍的阻力主要体现在两个方面：第一是旅客的文化层次、身份地位、职业背景等的差异，让客运服务人员面对不同的旅客时，同样的沟通方式往往会有不同的效果；第二是旅客与服务人员彼此之间存在文化认同、行为习惯等方面的差异，特别是对铁路客运规章和服务标准的理解上的分歧，可能会导致双方沟通的难以协调。

4. 经验障碍

过去的经验在某些时候可以帮助服务人员解决服务沟通中的问题，所以行业内容易形成普遍的经验理论，尤其是对旅客的习惯性认知、判断。但是，面对不断变化的时代和人群，过去的经验容易让服务人员固执己见，甚至形成服务偏见，这时候的经验就会成为服务沟通的障碍。

5. 情绪障碍

不论是旅客，还是客运服务人员，都是会有情绪波动的。情绪的变化又会影响人的正常思维和行为。当人们处于压抑、痛苦、悲伤、愤怒或激动、兴奋的不同情绪状态时，与其他人相处的方式、态度、行为都会发生变化。当情绪的变化对行为产生负面影响时，人们之间的沟通就会产生障碍。

6. 媒介障碍

此外，沟通还会受到信息传递渠道及媒介等因素的干扰。如果一味延续传统的视听设备进行宣传，会阻滞信息的广泛传播。铁路服务行业应当选择适应时代变迁、迎合旅客需求的新媒介(如微信平台)来实现信息的传递和传播。

## 三、服务沟通的技巧

俗语说：“良言一句三冬暖，恶语半句六月寒”。善于语言表达可以让我们与人相处时游刃有余；缺乏语言表达则可能导致不必要的误解和伤害；错误的语言或不当的言语则会引起人际关系紧张甚至交往失败。会说话(语言无障碍)的人并不总是善于表达，有时甚至会表错意、说错话。有效的沟通不只是对话，还要懂得言谈与交往的技巧。

### (一)态度谦和

沟通是一门艺术，谈话者的态度和语气极为重要。好的态度让沟通达到事半功倍的效果；有问题的态度则会让沟通无法正常进行，甚至恶化双方的关系。铁路客运服务人员在对客服务沟通过程中，应当如何体现礼貌的态度呢？

1. 礼貌态度的表现

(1)即使自己是行家，也应保持谦虚的姿态。

(2)声音大小适中，语调平稳。

(3)讲话亲切自然，不矫揉造作。

(4)语言表达和表情举止等非语言表达一致。

(5)受到质疑、批评时,仍然保持平和的态度。

2. 应该避免的失礼之举

(1)讲话时滔滔不绝,不容旅客插话,显露傲气。

(2)语气夸张,甚至不惜危言耸听,显露霸气。

(3)得理不让人,与旅客一争高下,显露敌意。

(4)高声辩论,强词夺理,恶语伤人,显露匪气。

(5)不管不顾,冷暴力对待旅客,显露恶意。

### 阅读资料 2-4

**可以批评旅客吗?**

某日,一位妈妈带着孩子在站台等候上车。孩子刚喝完饮料,妈妈随手将饮料瓶扔到了地上,给孩子擦完嘴后,又随手将纸巾扔在了地上。此时,站台客运员走上前制止,要求旅客将饮料瓶和纸巾扔进垃圾桶里。旅客回答说自己不是故意的,而且身旁没有垃圾桶,不愿意捡拾垃圾。客运员在一旁嘀咕说:"真没素养,孩子还在身边呢,以后怎样教育孩子。"旅客被激怒,和客运员争吵了起来……

在纠正旅客不文明行为时,如果一味批评,甚至冷嘲热讽,不但不能起到阻止不当行为的效果,有时还会激发矛盾。因此,铁路客运服务人员一定要以谦和的态度处理问题。

**(二)懂得赞美**

赞美是一种肯定,对他人的优点和行为表示认可;赞美是一种鼓励,让我们坚持正确的方向和做法;赞美是一种催化剂,使人们之间的相处更加融洽。

铁路客运服务工作中,赞美旅客不仅仅是对旅客的行为给予肯定和鼓励(例如称赞那些主动帮扶其他特殊旅客乘车的客人),"多赞美"同时也意味着"少批评"。"赞美"旅客还体现在不批评、不责难旅客,也就是要在服务旅客时有一颗容人的心。例如客运服务人员能够接纳旅客对客运设施的好奇而耐心解答旅客的疑问;旅客在不知情的状况下妨碍铁路客运秩序或违反铁路客运规章的时候,服务人员能够得当地警示和处理;这些做法都体现了服务"以人为本"的礼貌和尊重。

### 阅读资料 2-5

**服务敬人的 3A 原则**

敬人的 3A 原则[包括接受服务对象(accept)、重视服务对象(attention)、赞美服务对象(admire)],是美国学者布吉尼教授提出来的。第一,接受对方,宽以待人,不要难为对方,让对方难看。比如在交谈时有"三不准"(不要打断别人、不要轻易地补充对方、不要随意更正对方)。第二,重视对方。要看到对方的优点,不要专找对方的缺点,更不能当众指正。第三，赞美对方。对交往对象应该给予赞美和肯定，懂得欣赏别人的人实际上是在欣赏自己。服务人员践行敬人的3A原则，实际上就是要亲和友善地接受服务对象，恰到好处地向客人表达亲近友好之意，将客人当作自己人看待。

**(三)换位思考**

人与人的和谐相处，很重要的一点便是将心比心。当我们将思考角度转向对方的立场上来分析问题，可能事情的结果就不那么难以理解，双方的矛盾就不再难以调和，看待彼此的态度就不会出现偏激的想法。

从事铁路客运服务工作的员工，每日的工作强度和压力十分巨大，不仅有高强度的体力劳动，还需要在服务旅客时投入情感。人的工作状态容易受到情绪的影响，特别是面对陌生的、不配合的，甚至是故意挑衅的旅客，客运服务人员的情绪会产生波动，控制不好就会影响客我关系的处理。此时，客运服务人员需要本着“职业人”的从业精神，认清客我之间被服务与服务者的角色关系，将忍让旅客视为自己的工作职责的一部分。如果能够冷静、主动地从旅客的角度思考问题，双方沟通和彼此关系的协调就会变得更加容易。

就前述“任务引入”中的案例而言，发生矛盾的旅客双方各自站在自己的立场维护各自的权利，让事态演变成一次矛盾冲突事件。列车员在协调处理此类旅客之间的矛盾事件时，需要运用换位思考的方法，耐心解释与沟通，劝说旅客从双方的难处与立场考虑问题，争取谅解，化解冲突，才能有效避免在旅客出行过程中发生的一些小矛盾、小纠纷演变成扰乱秩序的冲突事件。面对列车上孩子吵闹的服务难题，铁路企业主动改进服务方式，例如，2025年春运期间，从厦门北开往北京南的G326次列车上出现的“遛娃舱”，有效地解决了这类难题。这节由餐车改造而成的儿童乐园，用玩具、绘本、互动活动吸引了“熊孩子们”的目光，使旅客车厢安静祥和，也让家长们如释重负。

**(四)委婉表达**

语言表达应抓住重点，并注重自己所运用的语言是否能为对方理解或接受，要让对方不仅听明白而且乐于接受。客运服务人员有时需要向客人表达“不”“不行”“不对”的意思，但是直接说“不”，会让旅客感到服务人员过于强势、欺负旅客。这时就需要委婉表达。委婉表达就是用好听的、含蓄的、使人少受刺激的语言代替对方有可能忌讳的词语，用婉转的方式让对方领会意思。例如，动车组列车上劝阻旅客不能吸烟。如果只是简单地说“先生，请勿吸烟!”可能不会引起对方的在意。如果委婉地说“先生，动车组列车是全列禁烟的，在列车上吸烟存在安全风险，也会伤害您和周围旅客的健康，请您不要吸烟，也谢谢您对公共场所禁烟的支持!”那么，旅客便会产生避免人前失礼的心态，而自觉灭烟。

又如，火车站候车大厅的贵宾候车室内，往往会有不是持软席座位或贵宾客票的旅客在此逗留等候乘车。服务人员应当如何上前劝说呢？如果生硬地驱赶旅客，不仅会让旅客的面子难看，还可能会引发矛盾冲突。服务人员此时可以考虑委婉地劝解：“旅客，您好！这里是软席候车室，您所持的车票并不是在这里候车。所以请您回到指定的候车区域等候乘车，以免耽误。”听到这样的话，一般旅客都会理解而离开贵宾候车室。

**(五)善于倾听**

沟通中,有说的一方,就要有听的一方。很多时候,对方不是需要和我们探讨,而只是想找寻一个倾诉对象。倾听,也是对他人的尊重,是理解与宽容,是修养和美德,更是一种工作和生活的艺术。倾听对方谈话时,要自然流露出善意,这才是有教养、懂礼仪的表现。要做到:

(1)记住说话者提及的名字、时间和事件。

(2)身体微微倾向说话者,表示对说话者的重视。

(3)注视对方,与对方保持眼神交流。

(4)以恰当的体态语言,如点头、摇头、皱眉、微笑等,对谈话做出反应。

(5)如果对方是要宣泄烦恼的情绪,请你献出耐心。

(6)如果对方前来申诉不合理的待遇,请你谨慎对待,先查事实。

(7)如果对方说出不同意见和逆耳之言,请你冷静审视。

(8)如果对方还有其他隐晦的所求,请你仔细判断言外之意。

**(六)把握旅客心理**

旅客在车站或列车内停留的时间多则几十个小时,少则十几分钟,流动性比较大,客运服务人员很难把握旅客的个性特征与需求。但是,依据相似性原理,旅客群体有着的一般共性特点和群体区分类型。客运服务人员应当借助旅客心理学分析技巧更好地践行服务工作。

客运服务人员在服务工作中,既要掌握旅客旅行的共性心理,又要探索和理解旅客的个性心理,才能避免服务工作的片面性和盲目性,才能做到更加主动、更有针对性地实现文明服务、礼貌待客。以下就旅客的气质差异,将其分为四类:

1. 急躁型旅客

急躁型相当于胆汁质。急躁型旅客对人热情、感情外露、说话直率而快、言谈中表现自信。这种类型的旅客容易激动,通常喜欢与人争论问题,而且力求争赢。他们在人际交往中喜欢掌握支配权利,他们对服务的评价易走极端。他们在旅行中常常显得粗心,经常丢东西。

在服务工作中,对急躁型旅客,言谈注意谦让,不要激怒他们,不要计较他们有时不顾后果的冲动言语,一旦出现矛盾,应当尽量回避。随时提醒他们别乱扔、乱放和丢失东西。

2. 活泼型旅客

活泼型相当于多血质。活泼型旅客表现活泼好动,他们反应快、理解力强、聪明伶俐,动作敏捷、灵活、多变。旅行中他们对人热情大方,喜欢与人交往和聊天,喜欢打听各种新闻。他们情感外露,并且变化多端,经常处于愉快的心境之中。

在服务工作中,对活泼型旅客,同他们交往,尽量满足他们爱交往、爱讲话、爱表现的心理。旅行中服务人员应主动向他们介绍车站设施及娱乐场所以及各地风光和特产,以满足他们喜欢活动的心理。

3. 稳重型旅客

稳重型相当于黏液质。稳重型旅客平时表现安静,喜欢清静的环境。他们很少主动与人交往,交谈起来很少滔滔不绝和大声说笑,情感很少外露,使人猜不透他们想什么或需要什么。但稳重型旅客自制能力很强,做事总是不慌不忙,力求稳妥,生活有固定的规律,很少打扰别人。他们反应慢,希望别人讲话慢些或重复几次,自己讲话也慢条斯理,显得深思熟虑。他们的注意力比较稳定,对新环境不易适应,但一旦适应了又对乘坐过的列车或打过交道的服务人员产生留恋之感。

在服务工作中，对稳重型旅客介绍或交代事情时，应当注意讲话的速度，重点适当重复一下。一般情况不要过多地与他们交谈。如有交谈，尽量简单明了，不要滔滔不绝，以免他们反感。

4. 忧郁型旅客

忧郁型相当于抑郁质。忧郁型旅客感情很少向外流露，心里有事一般不愿对别人讲，宁愿自己想。旅行中表现性情孤僻、不合群、沉默寡言，不喜欢在公共场合与人交往和聊天。这类旅客对事情体验深刻，自尊心强，很敏感，好猜疑，想象丰富。他们在遇到困难或挫折时，会表现得非常痛苦，如丢失东西，身体有病或与人发生纠纷后会长时间不能平静。他们行动迟缓、反应慢。

在服务工作中，对忧郁型旅客应当十分尊重，对他们讲话要清楚明了，和蔼可亲。尽量少在他们面前谈话，绝对不要与他们开玩笑，以免产生误会和猜疑。当他们遗失物品、生病时，应当特别关心和给予帮助，想办法安慰他们，使之感到温暖。

## 四、处理投诉的沟通

### (一)正确认识投诉

投诉是客户对我们服务工作的检验与评价，不论愿意与否，铁路客运服务部门都要接受旅客的评价。

**阅读资料 2-6**

**消费调查统计**

即便不满意，但还会再次购买某件商品或服务的客户有多少？网上一份消费者调查资料显示：

(1)在不满意的客户中，只有4%的客户会投诉；96%的不满意客户并不会投诉，但是会将自己的不满意告诉其他20人左右。

(2)不投诉的客户中，只有9%的人表示会再次购买，91%的人表示不会再次选择。

(3)投诉后没有得到有效解决的客户中，19%的人表示会再次购买，81%的人表示不会再次选择。

(4)投诉后得到解决的客户中，54%的人表示会再次购买，46%的人表示不会再次选择。

(5)投诉被迅速得到解决的客户中，82%的人表示会再次购买，18%的人表示不会再次选择。

从以上阅读材料中不难看出，不投诉比投诉更可怕。客户遇到问题，如果选择不投诉，对企业而言是一种损失。因此，不仅应该鼓励客人投诉，而且，要以最快的速度化解客人的不满和抱怨，真诚地为他们解决问题，积极采取补救的措施。

铁路客运人员对待旅客投诉，应当报以积极的态度。

1. 重视投诉

旅客的投诉大多是刺耳的、直接的、不留余地的。许多服务人员把投诉当成一个“烫手山芋”，主要是出于个人业绩考核成绩受到影响的缘故。企业应当建立更加完善的投诉管理制度，自上而下地让全体员工都能认识投诉对于企业经营的益处。

2. 欢迎投诉

旅客的投诉能让企业有机会回顾和检查客运服务中的不当之处。在投诉处理的过程中，服务人员可以向旅客解释企业的规定和标准，从而使旅客和企业能够更好地理解和沟通。因此，作为客运服务人员，既不需要对投诉感到尴尬，也不需要带有畏惧的抵触情绪。

**（二）处理投诉的原则**

1. 以人为本的原则

发生旅客投诉案件时，铁路客运服务人员的基本立场应当是：尊重旅客的投诉权利。旅客是客运服务对象，是乘车消费者，有权利对我们的服务工作提出评价、建议甚至是批评。同时，客运服务人员还应当清醒地认识到，旅客投诉总是有原因、有理由、有诉求的。因此，以换位思考的方式来看待投诉案件，服务人员的工作心态就会是平和的、包容的、积极的，同时也会更加主动地探究旅客的心态和投诉的原因，客我双方的沟通便会更加有效，投诉问题的处理就会变得简单。

2. 迅速解决问题的原则

旅客投诉是有原因、有理由、有诉求的。投诉处理是否得当最主要的一项依据就是旅客的诉求是否能得到满足。这里有两点必须注意：

第一，旅客的诉求是否能够被服务人员正确领会。铁路客运服务有着客流密集的特点，客运服务人员每天面对不同地域、身份、职业、年龄、性格的旅客，在处理各类投诉案件时，客运服务人员应当借助旅客心理分析的技巧帮助自己准确地判断旅客投诉的真实诉求，以便更好地处理投诉。

第二，旅客投诉的处理必须及时、有效。不仅要实现尽量满足旅客诉求的结果。同样重要的是处理流程要简化，旅客反馈要及时。投诉处理得及时，表现出铁路企业及客运服务人员对旅客的重视以及改进服务的良好态度，这会在一定程度上改善旅客对铁路行业的印象；如果投诉处理得不及时，则会让铁路企业及客运服务人员彻底地失信于旅客。

3. 正确理解责任的原则

一些客运服务人员面对旅客投诉的第一反应是“这是我的责任吗？”“如果旅客向上级投诉，我应该怎么解释。”这反映出服务人员对旅客投诉的惧怕、担忧和逃避的心态。这其中的原因多半出于旅客投诉对自身工作成绩的影响。但是，这样的心态显然是不利于投诉的处理和矛盾的化解的。所以，铁路客运行业管理者和客运服务人员都应当更新观念，对旅客投诉案件中的责任问题有正确的认识：

首先，投诉不是企业的毒药，而是企业的镇静剂。服务有漏洞引起旅客需求不满而投诉，这是服务工作中正常的现象。如果投诉处理得当，反而能够帮助企业改善公共关系和公众形象。服务型企业应当将投诉处理视为企业管理的常规工作和必要环节，让投诉为提高企业服务水平增添动力。

其次，投诉责任的认定，是为了更好地解决旅客的问题，并寻找改进服务流程与质量的途径。企业内部管理时，强调投诉案件的责任不应是给员工定罪，而应以反思、警示和日后防范为目的。企业应当让员工卸下包袱和心理负担，积极地应对投诉，妥善地处理投诉，在投诉中交友而非树敌。

再次，一些客运服务人员会对旅客说“您别急，如果这件事是我们的责任，我一定帮您解决”。这句话听起来很礼貌，其实流露出了服务人员推卸责任、被动服务的心态和立场。即使企业的服务人员在投诉事件中不承担责任，仍然应当利用投诉增进与旅客的沟通，树立企业形象，维护企业的公共关系。

**(三)处理投诉的沟通方法**

1. 用心倾听

倾听旅客的投诉不仅能够了解整个事件的过程，同时还能掌握事情发生的细节，确认问题的实质所在。此外，旅客在诉说中，情绪得到了宣泄，接待投诉的服务人员表现出耐心地倾听，有利于平复旅客愤怒的情绪。

2. 真诚道歉

当旅客抱怨或投诉时，无论是否是客运服务人员的原因，都要真诚地向旅客道歉，并对旅客提出的问题表示感谢。尤其是在工作确实存在过失的情况下，更应当立即道歉。如“对不起，给您的出行添麻烦了。”这样，可以让旅客在心理上感到自己受到了重视。

3. 协商解决

听了客人的投诉后，客运服务人员首先要弄清楚旅客投诉的原因，分析旅客的诉求，切忌在没有了解旅客真实想法之前就贸然地直接提出解决方案。在协商解决问题的时候，不要推卸责任，指责或敷衍旅客，这会让旅客感觉受到了排斥、轻视、不公。在明白旅客的真实想法后，首先要礼貌地告知旅客我方能够采取的措施，并尽可能让旅客同意。如果旅客不清楚、不同意这一处理决定，就不要盲目地采取行动。

4. 采取行动

旅客同意处理意见后，客运服务人员应当言出必行，对旅客的承诺必须落实，并且是立即行动，用速度和效率表明铁路企业和客运服务人员重视旅客的立场。如果有些措施无法当场兑现，或遇到一些特殊情况，如被投诉的人员不在现场，可以采取电话致歉、书面致歉等沟通反馈方式。

5. 感谢旅客

对待投诉的旅客一定要向他表示感谢，感谢旅客选择我们的服务并发现服务中的不足，这是对我们服务工作提升的最大帮助。

## 情境处置 2-3

一趟北京开往上海虹桥的高速动车组列车上，乘务员王丹在巡视车厢过程中发现有儿童旅客在哭闹，便赶紧上前询问。她与儿童身边的家长沟通后得知，小朋友是第一次乘坐高速动车组列车，觉得有点不舒服。在初步了解情况之后，王丹告知家长可能是晕车的原因，不用过于担心，并建议给小朋友吃一点小饼干或者佩戴耳机听些舒缓的音乐。巡车返回时，王丹再次来到小朋友身边询问晕车情况是否有所好转，小朋友此时已经停止哭闹睡着了。

对于首次乘坐高速动车组列车的小朋友，如遇晕车或身体不适情况而哭闹，家长在没有相关经验的情况下往往无法快速处理。乘务员在巡视车厢过程中对旅客状况的关注是非常重要的。对于此类情况如能第一时间发现并耐心处理，就可以有效缓解儿童旅客的不适症状，也避免了打扰周围旅客休息。

## 问题思考

铁路客运服务工作中出现哪些情况会引发旅客的投诉？客运工作人员需要掌握哪些应对投诉的方法与技巧？

______________________________________________

______________________________________________

______________________________________________

## 任务训练

### 一、任务训练目标

1. 能够自信、得体地与旅客交流。
2. 能够熟练、自如地应对旅客的咨询。
3. 掌握处理投诉的一般流程与方法。

### 二、任务内容

1. 日常客运服务沟通训练。
2. 重点旅客服务沟通训练。
3. 旅客投诉情景模拟训练。

### 三、任务布置

1. 教师进行训练要求的介绍。
2. 组建礼貌语言学习小组，4 人一组。
3. 每小组自行选举 1 名同学担任小组长，负责任务实施。
4. 拟定工作情景，进行角色分工。
5. 课前练习。

### 四、任务执行

1. 常规服务情景下与旅客礼貌交流。
2. 处理投诉时体现尊重旅客。
3. 小组内学生之间互相指出礼仪不当之处。
4. 教师对学生任务完成情况进行点评。

## 效果评价

**铁路客运服务沟通技巧训练评分表**

姓　名：　　　　　　　　　　地　点：　　　　　　　　　　时　间：

| 实训项目 | 实训考查要点 | 分值 | 小组评分 | 教师评分 | 最终得分 |
| --- | --- | --- | --- | --- | --- |
| 铁路客运服务沟通技巧训练 | 1. 礼貌地称呼与问候旅客 | 10 | | | |
| | 2. 准确地解答旅客的咨询 | 10 | | | |
| | 3. 语言的内容符合敬人、自谦的礼仪规范 | 10 | | | |
| | 4. 语音、语调、语速体现彬彬有礼 | 10 | | | |
| | 5. 仪态得体、手势规范 | 10 | | | |
| | 6. 服务工作的流程符合规范 | 20 | | | |
| | 7. 对待重点旅客或处理投诉时始终保持礼貌的态度 | 10 | | | |
| | 8. 重点旅客的服务方法及处理投诉的方法得当有效 | 20 | | | |
| 合　计 | | 100 | | | |

注：该表可根据实际设计的训练项目进行测评。

## 项目综合训练

# 实训1　最美铁路人案例汇报

### 1. 实训目标

“最美铁路人”是由中央宣传部和国铁集团联合发布的荣誉称号，每年评选出在铁路行业中表现突出的个人。他们的故事从不同角度展现了铁路人的价值追求和工作生活感悟，是勤勉务实的劳动者、脚踏实地的奋斗者、朴实无华的追梦者。通过学习“最美铁路人”事迹，牢固树立“人民铁路为人民”的服务信念。

### 2. 实训要求

(1)以组为单位，每组收集1～2个人物案例。

(2)每组撰写不少于500字的文案。

(3)每个小组PPT讲演或文案汇报不多于5 min。

### 3. 实训内容

(1)资料收集：利用互联网收集“最美铁路人”人物事迹案例。

(2)分组：每个小组进行角色分工。

(3)合作内容：搜集资料、撰写文案、PPT制作等。

(4)讲演或案例汇报。

4. 实训评价

职业核心能力与道德素质评价表

| 评价项目 | | 分值 | 小组评分 | 教师评分 | 最终得分 |
|---|---|---|---|---|---|
| 职业核心能力与道德素质 | 1. 自我学习 | 20 | | | |
| | 2. 信息处理 | 20 | | | |
| | 3. 解决问题 | 20 | | | |
| | 4. 与人合作 | 20 | | | |
| | 5. 学习态度 | 20 | | | |
| 合　计 | | 100 | | | |

## 实训2　高速铁路车站与列车广播工作演练

1. 实训目标

模拟高速铁路车站广播服务、列车广播服务的语音播报工作。以进站与到站通告、候车通告、列车晚点通告、列车开车前广播、始发开车后的广播、列车到站前与出站后广播、终到前广播等为训练任务。播报中使用标准普通话,语言表达规范、准确、清晰。通过实训,掌握高速铁路客运服务人员的广播语言规范。

2. 实训要求

(1)自由设计任务情景。

(2)分工撰写广播词。

(3)课前进行角色演练。

(4)课堂分小组进行场景表演。

3. 实训内容

(1)资料收集:整理车站广播服务、列车广播服务的相关服务场景与规范,进行工作任务情景设计。

(2)分组:每个小组进行角色分工。

(3)合作内容:编写广播词。

(4)课前进行演练。

(5)课堂汇报演出。

4. 实训评价

专业能力评价表

| 评价项目 | | 分值 | 小组评分 | 教师评分 | 最终得分 |
|---|---|---|---|---|---|
| 专业能力 | 1. 业务熟练度 | 20 | | | |
| | 2. 沟通技巧 | 20 | | | |
| | 3. 形体语言 | 20 | | | |
| | 4. 语言表达 | 20 | | | |
| | 5. 情感态度 | 20 | | | |
| 合　计 | | 100 | | | |

# 项目三　高速铁路车站服务礼仪

## 学习目标

1. 知识目标
- 了解高速铁路车站的作用
- 掌握高速铁路车站服务礼仪内容
- 掌握高速铁路客运服务礼仪原则

2. 能力目标
- 能严格执行岗位规范，约束自己的行为
- 能依据岗位职责，解决一些常规问题
- 能进行简单的心理疏导
- 能进行一定的自主学习

3. 素质目标
- 具有良好的职业道德与服务意识
- 具有较强的沟通意识与较高的沟通技巧
- 具有较强的团队意识与较高的企业忠诚度

## 项目描述

高速铁路客运车站是办理旅客乘降等客运业务和动车组列车到发整备等技术作业的场所，根据其办理动车组列车客运业务和建筑规模分为特大型、大型、中型、小型等，是中国铁路网的重要组成部分。

随着我国城市化进程不断推进，高速铁路线路不断加密，高速铁路客运车站已成为城市和区域的综合交通枢纽，在城市发展中的地位、作用和影响日益凸显。高速铁路车站建筑更成为彰显现代城市文明形象的代表。

高速铁路车站有如下特点：

1. 高速铁路客运车站是城市和区域的综合交通枢纽

与传统的车站相比，以大型车站为例，高速铁路客运车站往往将高速铁路、城际铁路与城市轨道交通、公共交通、出租车等站点相衔接，形成了现代化的大型综合交通枢纽，如北京南站(图 3-1)。有些高速铁路车站还与航空港比邻，如上海虹桥站(图 3-2)，旅客无论是乘飞机抵达，还是搭乘动车组列车抵达，都可以方便地换乘轨道交通、长途汽车、公交车或者出租车前往目的地，其间步行换乘距离约为 200 m。有些高速铁路车站与机场联合，机场值机和咨询服务延伸到高速铁路车站，如南京南站，旅客进入禄口机场南京南站城市候机楼后，首先确认航班信息，办理值机手续，打印登机牌，通过安检后，直接乘坐机场班车。值机柜台可办理航班起飞2 h前的登机牌，以及机票改签等手续。高速铁路车站综合服务能力可以辐射到其周边城市，服务数百万乃至数千万旅客。

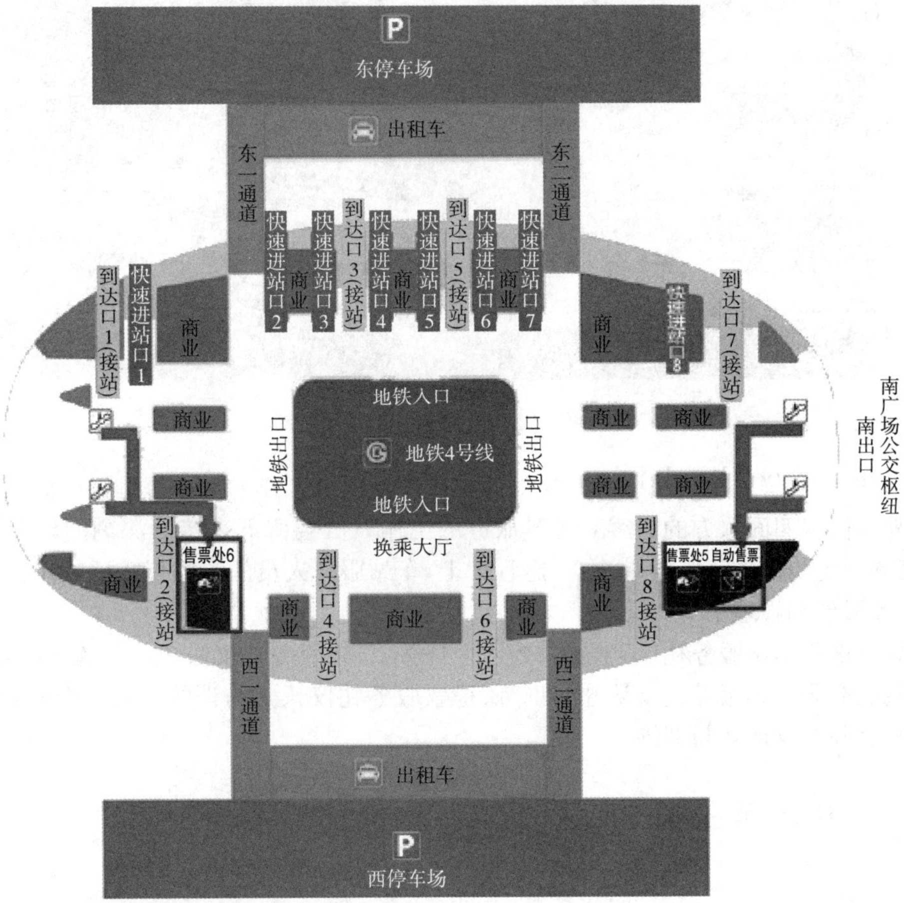


图 3-1　北京南站地下一层平面示意

2. 高速铁路客运车站是一个城市文化和城市文明的形象代表

高速铁路客运车站除了交通枢纽功能之外，大型和特大型车站由于建筑体量大，往往聚集很多服务型商店或机构，为旅客提供在途或到达时所需的多种服务，如餐饮、金融、地方特色产品、旅游、快递及地方文化宣传等，是现代城市文化和城市文明展示的窗口。高速铁路客运车站的建筑往往也颇具地方文化特色，成为地方标志性建筑之一。

与普速铁路客运车站相比，高速铁路车站客运服务有较多的不同。在此，本书选择了面向众多旅客的服务岗位，主要有售票窗口服务、进站通道服务、候车大厅服务、站台服务等。

3. 高速铁路客运车站是铁路客运服务质量的重要载体

良好的态度、周到的服务水平和文明礼貌的言行所呈现出的职业素质，是我国铁路质量管理的重要组成部分，也是铁路企业文化外在表现之一。因此，高速铁路车站服务礼仪对于满足旅客需求、提升服务质量、展示铁路形象具有重要意义。

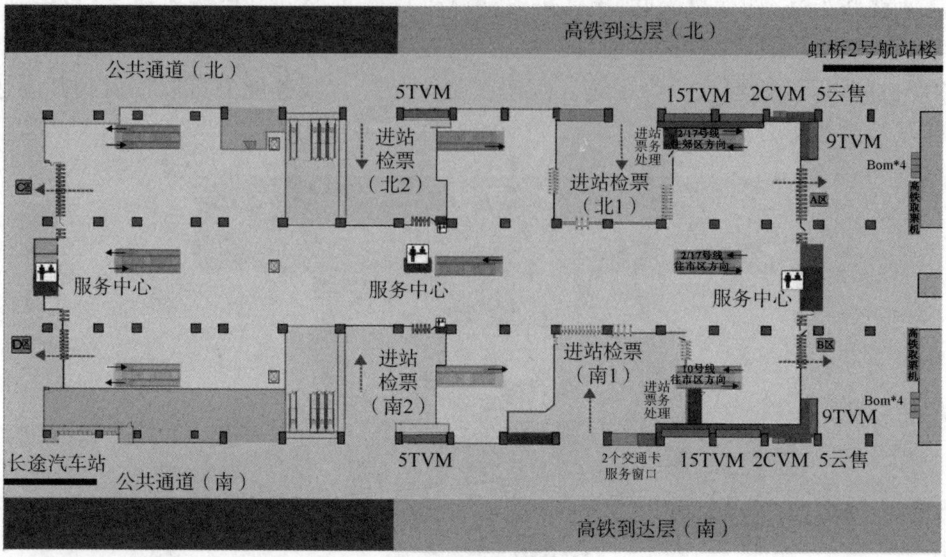


图 3-2　上海虹桥站平面示意

良好的仪容仪表是车站服务形象的表现。车站服务工作的特点是直接面向旅客为其提供服务，来自祖国四面八方的旅客对为其服务的工作人员会留下直接而深刻的印象。良好的仪容仪表会产生积极的宣传效果，在一定程度上，车站服务人员的仪容仪表反映了一个组织或团体的服务形象和管理水平。

“高速铁路车站服务礼仪”学习分为六个任务：售票服务礼仪认知与训练、安检服务礼仪认知与训练、客服中心服务礼仪认知与训练、检票服务礼仪认知与训练、站台服务礼仪认知与训练、出站服务礼仪认知与训练。

## 项目思维导图

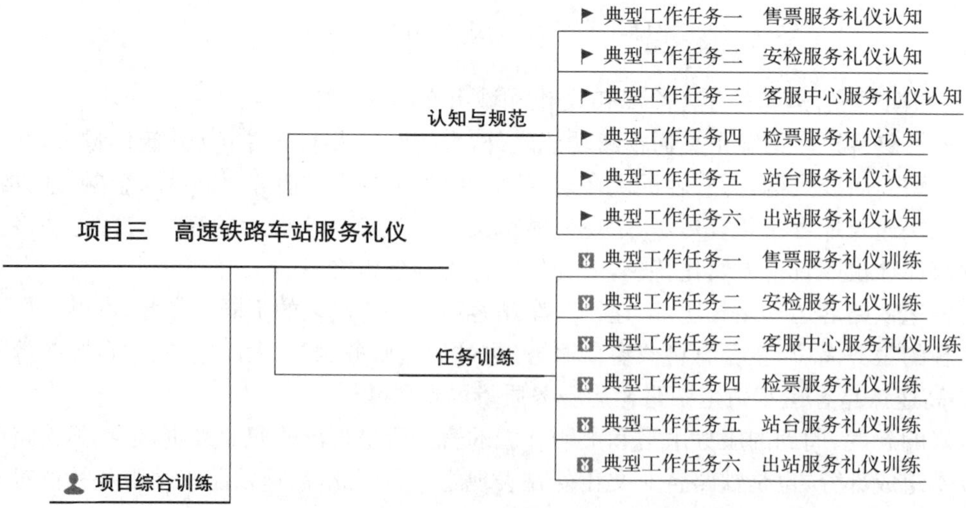

# 典型工作任务一　售票服务礼仪认知与训练

## 任务引入

**2024年铁路春运车票开售**

2024年1月26日春运开始。中国铁路12306开始发售2月9日也就是农历腊月三十的车票。

通过中国铁路12306的订票数据，春运首日，全国铁路发送旅客约1 060万人次。北京、上海、重庆、武汉、西安、成都、南京、长沙、广州、杭州是人们去往的热门目的地。

2024年的春运，铁路客流呈现总体高位运行和节前相对平稳、节后相对集中的特点。

为了保障好春运，铁路部门加大了客运能力投放。全国铁路实行春运列车运行图，节前每日安排旅客列车12 700列左右，节后每日安排旅客列车12 800列左右，客座能力较2019年春运分别增长14.4%、12.6%。2023年，铁路投产新线3 637 km，其中高速铁路2 776 km。根据中国铁路12306客票预售和候补购票数据，铁路部门科学分析旅客出行规律，灵活安排旅客列车开行，梯次投放运力，实现运能和需求的科学匹配。

在跨区域的客流动态中，几条线路尤为引人注目，包括从广州到南宁、从广州到柳州、从上海到北京、从上海到长沙、从长沙到武汉。与此同时，区域内的客流则主要集中在京津冀、长三角、粤港澳大湾区、成渝地区，从这里能感受到这些地区内部城市间的紧密联系。

通过分析上座率，发现最高的前两条线路都是从浙江到贵州，它们分别是从温州至贵阳和从宁波至贵阳。这反映出同属长江经济带的两地深厚的联系，跨越千山万水的人流交织，不仅是地理上的连接，更是经济文化交流、互利共赢合作的深厚“山海情”。

铁路部门提醒广大旅客，请通过中国铁路12306网站(www.12306.cn)和铁路12306移动端(在“铁路12306”字体上方标有路徽和“中国铁路”字样的图标)购票，避免非正常渠道购票带来的风险。详细春运资讯可查询铁路12306网站、微信、移动端和“中国铁路”微信、微博。

**请思考：**

1. 现在，广大旅客都是通过中国铁路12306网站和铁路12306移动端购买车票，车站的人工售票窗口还需要存在吗？为什么？

2. 高速铁路车站人工售票窗口提供哪些服务？

## 知识准备

### 一、售票服务

售票处是客运车站重点工作部门。小小的车票，连着铁路与旅客的情感，渗透着铁路对旅客的责任。当旅客来到售票厅，宽敞的大厅、先进的设备、明亮的窗口、清新的环境，让旅客耳目一新。你若能用亲切、轻柔的声音向他问好，用准确、快捷的服务为他售票，定会给旅客带来美好的回味。曾经有过统计，旅客对于售票窗口的评价百分之九十在于售票员的态度。

随着现代通信技术和互联网的发展，2019 年，中国铁路总公司宣布，铁路车票开始全国推行无纸化。2020 年 1 月 3 日，国铁集团表示，全国高速铁路实现全面电子客票化，进站、出站时只需将购票时采用的有效证件原件摆放在闸机的相关位置，即可通过闸机。中国铁路正式告别纸质车票，步入电子客票时代。

车票可通过铁路运输企业提供的车站售票窗口、自动售票机、中国铁路 12306 网站(含铁路 12306 移动端，以下简称 12306 网站)购买，另外也可通过订票电话或铁路车票销售代理人的售票处购买。

1. 车站售票窗口购票，如图 3-3 所示。高速铁路车站的人工售票窗口开放时间是 8:00—22:00。

图 3-3　车站售票窗口购票

2. 车站自动售票机购票。到高速铁路车站售票大厅自动售(取)票机购买电子客票。高速铁路车站自助售票时间一般是全天候，随时可以使用支付宝、微信、银行卡等进行购票，方便快捷。

3. 12306 网站购票。旅客使用有效身份证件通过 12306 网站购买电子客票，可使用微信、支付宝、银行卡等支付，售票时间为每日 5:00 至次日凌晨 1:00(每周二除外)，预售时间为 15 d。

旅客如果需要乘车信息，可以在自助售(取)票机上打印行程信息提示单。行程信息提示单主要用于提供旅客所购车票的相关信息，包括但不限于车次、车厢号、座位号及检票口等行程信息。行程信息提示单不能作为乘车凭证，也不能充当报销凭证。旅客如需财务报销，可到车站售票窗口[含自动售(取)票机]打印报销凭证。报销凭证上面注有“仅供报销使用”字样。此外，报销凭证和退票费报销凭证领取期限由原来的 30 d 调整为 180 d(含当日)。旅客在乘车之日起半年内都可以凭购票时所使用的有效身份证件原件在车站售票窗口、自动售(取)票机打印报销凭证。

2024 年 11 月 1 日起，全国铁路推广使用全面数字化的客运电子发票服务，旅客办理境内铁路电子客票购票、退票、改签业务后，可通过 12306 网站开具电子发票，广大旅客获取报销凭证更加便利。

由于互联网购票方式的便捷，旅客到窗口购票的人数显著减少，因此，高速铁路车站售票窗口也随之减少，但高速铁路车站依然提供售票窗口服务，办理售票、退票、改签、取票等业务，发售学生优惠票、优待票等，支持现金、银行卡等支付方式，以及打印报销凭证和退票费凭证等。本任务学习的正是售票窗口服务礼仪。

售票处是客运车站窗口部门。售票窗口虽小，却是车站服务的前沿阵地。售票员必须不断学习新技术，提高自身技能，才能更好地为广大旅客提供服务。虽然售票时售票员与旅客只有几句简单的问答和几个简单的动作，但也要讲究售票艺术和礼仪规范。

## 二、售票服务礼仪规范

1. 符合岗位规范

必须佩戴职务标志或工号牌，做到仪表整洁、仪容端庄，符合《铁路旅客运输服务质量规范》的要求。

2. 严格遵循售票作业程序

（1）工作时，精神饱满、思想集中，不与同事闲聊。

（2）做到“一收、二唱、三取、四找”。

（3）售票时，做到准确无误；对旅客表达不清楚的地方，要仔细问清楚，以免出错。

（4）业务熟练，工作有序，讲求效率。

3. 态度热情，语言简洁

（1）旅客购票时，要主动热情，态度和蔼，面带笑容。

（2）语言言简意赅，清楚准确。

来自四面八方的旅客，有着不同的旅行目的、不同的文化背景、不同的脾气秉性，给售票服务增加了难度。有些车站根据售票窗口操作流程，形成“三语两声”的语言规范，即“讲好开头语，坚持标准语，用好结束语，做到服务开头有问候声，服务结束有道别声”。每个车站都可以从中总结规律和经验，让车票又快又好地到达旅客手中。

### 阅读资料 3-1

**中国铁路 12306 网站**

中国铁路 12306 是铁路服务客户的重要窗口，集成了全路客运信息，为社会和铁路客户提供客运业务和公共信息查询服务。客户通过登录本网站，可以查询旅客列车时刻表、票价、列车正晚点、车票余票、售票代售点及有关客运规章。

12306 网站于 2010 年 1 月 30 日开通并进行了试运行。2013 年 11 月 20 日，12306 网站新增支付宝支付通道。2013 年 12 月 6 日，改版后的 12306 网站上线。新版网站增加了自动查询、自动提交订单、有票提醒等功能。2015 年 3 月 16 日，12306 网站在登录界面推出了选取图片验证码全新的验证方式。2015 年 12 月，12306 网站开通网上购票选座功能。

2017 年 7 月，12306 网站推出订餐服务。全国 27 个高速铁路车站试点互联网订餐服务，如果你乘坐动车组列车，可以通过 12306 网站或者移动端进行网络点餐，订餐成功后，铁路站车服务人员会把餐食送到订餐旅客指定的车厢和席位。2017 年 11 月，微信支付服务功能上线运行。2018 年，12306 网站增加用户扫码登录功能，减少旅客无效点击，方便旅客快速购票；进一步优化验证码策略，最大限度地减少了旅客在购票环节出现障碍。

2019 年 5 月 22 日，12306 网站推出候补购票服务，让旅客在 12306 网站购票时，如遇所需车次、席别无票，可在线排队候补，当对应的车次、席别有退票时，系统自动兑现车票。

2021 年 7 月 31 日起，12306 网站售票改签服务时间延长，由每日 5:00 至 23:30 调整为每日 5:00 至次日凌晨 1:00(每周二除外)。9 月 1 日，12306 网站进行的适老化及无障碍改造相关功能正式上线运行。

2022 年 1 月，12306 网站提供 24 小时互联网退票服务，退票截止时间由乘车站开车前 25 min 延长至开车前。

2024 年 11 月 1 日起，全国铁路旅客运输领域推广使用全面数字化电子发票。旅客办理境内铁路电子客票购票、退票、改签业务后，可通过 12306 网站开具电子发票。12 月 12 日起，铁路 12306 移动端开启学生预约购票服务专区，同时优化调整学生优惠票发售和查验规则，为学生旅客出行提供便利。

2024 年 12 月 30 日，12306 网站开设“购票信息预填优化试点”专区，试点推出“系统自动提交购票订单”功能。

中国铁路 12306 不断创新，优化 12306 网站的功能，为旅客出行提供便捷体验。目前，中国铁路 12306 已成为具有完全自主知识产权、全球交易量领先的超大型实时票务系统。

## 阅读资料 3-2

### 铁路 12306 移动端的功能不断优化

铁路 12306 移动端是中国铁路推出的官方购票应用软件，与官方网站共享用户、订单和票额等信息，并使用统一的购票业务规则，软件具有车票预订、在线支付、改签、退票、订单查询、常用联系人管理、个人资料修改、密码修改等功能。于 2013 年 12 月 8 日正式上线试运行。

铁路 12306 移动端除提供购票及票务查询功能外，还新增设了“车站大屏”“计次·定期票”“铁路 e 卡通”及酒店住宿、餐饮·特产、租车·约车等多项定制化服务。

定制化服务还根据当前用户地理位置推荐酒店、约车、餐饮服务。让旅客尽享旅途中吃、住、行、游、购、娱。

2025 年 1 月 3 日，铁路 12306 移动端推出购票需求预订填写和车票起售提醒订阅两种功能，旅客通过铁路 12306 官方平台购票更加方便快捷。

## 案例 3-1

**12306 客户服务热线传递真情**

随着互联网和智能手机的广泛应用,铁路 12306 移动端成为旅客购买车票的首选平台,12306 客户服务热线也成了旅客寻求帮助的首选途径。

2013 年 8 月,小王怀揣着对铁路事业的热情,走进北京铁路客户服中心的话务大厅,成为一名铁路客户服务员。北京铁路客户服务中心是全路成立最早、席位最多、电话接入量最高、服务功能最广的客户服务平台之一。

铁路客户服务员工作看似简单,实际非常复杂。因为每天要面对不同旅客,解答不同问题。每个旅客性格各不相同,问题各式各样。因此,作为铁路客户服务员,首先必须熟记《中国国家铁路集团有限公司铁路旅客运输规程》《铁路客运运价里程表》等规章,还要掌握说话与沟通的技巧,而这些需要潜心学习心理学、沟通技巧、相关法律法规等多项课程。

成功没有捷径,唯有全力以赴。小王从上岗那一天起,就虚心学习,以最快的速度掌握了专业知识和客户服务技巧。2013 年 9 月 12 日,小王正式上岗:“很高兴为您服务,请问有什么可以帮到您?”小王规范使用客户服务用语,认真聆听旅客需求,仔细核对记录信息。挂了电话后,她用冒汗的双手,捂住自己发烫的脸颊,开心地笑了。

电话“秒接”,提高接通率,每个班次接听 200 多通……小王迅速冲上北京铁路客户服务中心的“精英榜”。她热忱地为南来北往的旅客提供各类咨询服务,帮他们排忧解难,被大家称为“金耳麦”。

入路十多年,小王累计接听客户电话超过 20 万个,在线解决急难问题 2.4 万余件,向上级部门提报合理化建议 600 余条,参与研发多项提升全路客户服务系统服务质量的创新成果,与铁路 12306 客户服务热线同奋斗、共成长,用“好声音”践行了人民铁路为人民的服务宗旨。

**点评:**12306 不只是一串铁路客户服务电话号码,它承载着万千旅客对铁路部门的信任和期待,更饱含着铁路真诚服务旅客的信念。小王与铁路 12306 客户服务热线真情传递铁路“好声音”,十年磨一剑,功到自然成。

## 情境处置 3-1

五一小长假的一天,某南站候车大厅旅客络绎不绝,一名带小孩的旅客在候车大厅服务台前焦急徘徊。客运值班员小周见状上前询问得知,这位旅客因为家中有急事需带孩子回老家。由于事发突然,他们并没有提前订票,网上已无票可买,所以情急之下,就来车站碰碰运气。

遇到这种情况,小周立即向服务台售票员说了情况。售票员在售票窗口帮助查询。一方面看能不能“捡漏”,看有没有旅客退票;另一方面看有没有可以中转的车票。经过多种方式尝试，最终在开车前购买到了经一次转车可以到达的车票。买到车票后的母子俩激动地连忙道谢，随后顺利踏上旅程。

## 问题思考

现在，广大旅客都是通过中国铁路 12306 网站和“铁路 12306”移动端购买车票，车站的人工售票窗口还需要存在吗？售票员除了需要掌握售票技能外，还需要掌握哪些技能？

______________________________________________

______________________________________________

______________________________________________

## 任务训练

### 一、任务训练目标

1. 掌握售票工作流程。
2. 掌握售票服务规范。

### 二、任务内容

1. 售票场景设计，售票工作流程与服务规范训练。
2. 针对不同身份、性别、年龄的旅客来进行售票服务礼仪的训练。

### 三、任务布置

1. 教师进行训练要求的介绍。
2. 组建售票服务礼仪学习小组，3～5 人组成。
3. 每小组自行选举 1 名同学担任小组长，负责任务实施。
4. 撰写场景设计报告，角色分工，每一个同学必须扮演一次售票员和一次旅客。
5. 课前练习。

### 四、任务执行

1. 在实训室或教室模拟高速铁路车站售票窗口，分小组进行演练。
2. 自我分析、评价完成任务过程中的成功和不足之处。
3. 小组对任务完成情况进行总结与反思。
4. 教师对学生任务完成情况进行点评。

## 效果评价

**售票服务礼仪训练评分表**

姓　名：　　　　　　　　　　　　地　点：　　　　　　　　　　　　时　间：

| 实训项目 | 实训考查要点 | 分值 | 小组评分 | 教师评分 | 最终得分 |
|---|---|---|---|---|---|
| 售票服务礼仪训练 | 1. 着装规范 | 10 | | | |
| | 2. 作业流程正确 | 10 | | | |
| | 3. 售票准确无误 | 10 | | | |
| | 4. 操作熟练 | 10 | | | |
| | 5. 主动热情 | 10 | | | |
| | 6. 态度和蔼 | 10 | | | |
| | 7. 面带笑容 | 10 | | | |
| | 8. 表达清楚 | 10 | | | |
| | 9. 沟通协调 | 10 | | | |
| | 10. 具有团队协作意识 | 10 | | | |
| 合　计 | | 100 | | | |

注：该表可根据实际设计的训练项目进行测评。

# 典型工作任务二　安检服务礼仪认知与训练

## 任务引入

**铁路进站服务新时代，“刷脸”进站丝滑通行**

高速铁路拉近了城市的距离，加速了人们的交流，推动整个社会经济的快速发展，给旅客节省了大量时间；“刷脸”进站，已经在全国大型车站启用。

“刷脸”进站使用人脸识别技术，即基于人的脸部特征信息进行身份识别的一种生物识别技术，进站时口罩、帽子、墨镜等遮挡物要摘掉。旅客只需将有效身份证件放在闸机上指定地方进行验证，就可以通过进站。

“刷脸”进站速度很快，人脸识别闸机的进出速度一般为：人脸识别时间不超过 1 s，旅客通过闸机的时间不超过 2 s(含旅客在通过闸机时可能需要的额外时间，如调整行李、确认识别结果等)。

一般情况下，3 s 便能成功通行，最快 1.3 s，解放了人力，方便了旅客，提高了效率。此外，持有特殊证件及无法通过自助检票通过的旅客，需要走人工通道处理。

**请思考：**

旅客“刷脸”进站，车站客运人员应做好哪些工作？

## 知识准备

“一路平安”，是人们出门旅行时最常说的一句祝福语。安全顺利地到达旅行目的地，是每一位旅客的共同心声，也是我们铁路运输部门肩负的责任。因此，安全检查是与旅客安全息息相关的一个岗位。

### 一、身份验证

我国现实行铁路旅客车票实名制。车票实名制是指旅客在购买车票和乘坐列车时，需要登记、核查个人的真实姓名和身份的一种制度。2011 年 6 月 1 日起，购买动车组列车车票及乘车，都需持有效身份证件。2012 年元旦起，全国所有旅客列车实行车票实名制。进入高速铁路车站候车大厅，首先需要身份验证(图 3-4)，即旅客需出示身份证件，然后排队进行安检、进站。

图 3-4　身份验证

### 二、行包安检

1. 安检制度

(1)认真贯彻执行《中华人民共和国安全生产法》和上级部门有关文件精神，结合车站实际情况，对所有旅客的行李，进行严格认真的安全检查，确保旅客乘车安全。

(2)每天按规定时间开关安检机，在安检机运作过程中，文明礼貌指导旅客将行李过安检机，并严格进行监控。安检通道如图 3-5 所示。

(3)严格进行危险、违禁品检查，将危险、违禁品堵截在站场及车外，发现有人携带危险、违禁品进站时，要及时劝阻旅客携带上车，并按有关规定做好相关的解释工作。发现有携带枪支弹药的立刻向公安机关和值班领导报告，并做好保护现场的工作及做好应对策略防范突发事件的发生。

(4)车站通过广播向旅客宣传危险、违禁品的危害性和相关规定。安检员必须佩戴安检员的标志，文明上岗，对旅客耐心进行安全教育，要求旅客积极主动配合，搞好安全检查工作。

(5)每天必须做好安检机的工作日志和检查记录工作，并将所缴物品移交有关职能部门处理。

图 3-5　安检通道

2. 安检员职责

(1)主动维持旅客进站秩序,引导旅客凭票有序入站,行李过机安检;引导入站后的旅客迅速离开入口处,避免堵塞入口。

(2)熟练掌握安检机的正确操作程序和技能,努力提高对危险、违禁品的认知能力。

(3)监测旅客携带行李,杜绝危险、违禁品及其他禁运物品入站,收缴危险、违禁品,做好登记工作,下班时统一上交。

3. 行包安检程序

(1)安检员在候车室入口处,引导旅客将行李物品放置于 X 光检测仪行李传送带上送检,如图 3-6 所示。

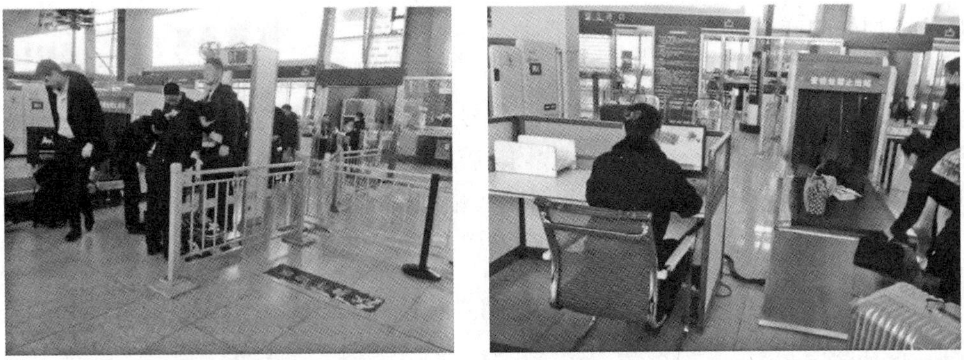

图 3-6　行包安检

(2)安检员根据"逢包必检"的要求,通过 X 光检测仪对物品进行检测。对 X 光检测仪检查发现下列情况,必须进行开包检查:

①图像模糊不清,无法判断物品性质的。

②发现似有利器、电池、导线、钟表、粉末状、液体状、枪弹状及其他可疑物品的。

③发现似有容器、仪表、瓷器等物品的。

④有其他可疑情况的。

(3)安检员根据"逢包必查,逢液必查,逢疑必问"的要求,控制需开包检查的物品,请物主自行打开箱包接受检查;或经物主同意后,由安检人员实施开包检查。对可疑物品进行辨别,发现可疑情况进行重点检查。对可疑人员，由安检人员进行先期问询，不能排除嫌疑的及时联系公安民警到场进行盘查。

(4)安检员应规范填写“安检工作登记簿”，对收取的危险、违禁品进行登记，全面记录安检工作情况。

4. 危险、违禁品处理程序

(1)安检员发现超过旅客限量携带规定的少量危险性质的生活用品，可以由旅客选择交送站亲友带回或将该物品上交安保办后方可进站乘车。

(2)安检人员发现严禁携带和托运的危险、违禁物品时，应当将物品及旅客交单位保卫科或拨打“110”，由公安人员到场处置。

(3)旅客不配合安检时，安检人员应做好解释和说服工作，经劝告仍不接受安检的，应当拒绝其进站；经劝阻无效，仍强行进站或滞留现场扰乱秩序的，到单位保卫科现场处理，超职权范围的应拨打“110”，由公安人员到场处置。

(4)对查获的危险品要进行登记并妥善保管，按月交属地公安派出所按规定处理。

## 三、铁路旅客禁止、限制携带和托运的物品

### (一)禁止托运和随身携带的物品

1. 枪支、子弹类(含主要零部件)。

(1)军用枪、公务用枪：手枪、冲锋枪、步枪、机枪、防暴枪等以及各类配用子弹。

(2)民用枪：气枪、猎枪、运动枪、麻醉注射枪等以及各类配用子弹。

(3)道具枪、发令枪、钢珠枪、催泪枪、电击枪等以及各类配用子弹。

(4)上述物品的样品、仿制品。

2. 爆炸物品类。

(1)弹药：炸弹、照明弹、燃烧弹、烟幕弹、信号弹、催泪弹、毒气弹、手雷、地雷、手榴弹等。

(2)爆破器材：炸药、雷管、导火索、导爆索、震源弹、爆破剂等。

(3)烟火制品：礼花弹、烟花(含冷光烟花)、鞭炮、摔炮、拉炮、砸炮等各类烟花爆竹，发令纸、黑火药、烟火药、引火线，以及“钢丝棉烟花”等具有烟花效果的制品等。

(4)上述物品的仿制品。

3. 管制器具。

(1)管制刀具：根据《管制刀具分类与安全要求》(GA 1334—2016)，认定为管制刀具的专用刀具(匕首、刺刀、佩刀、三棱刮刀、猎刀、加长弹簧折叠刀等)、特殊厨用刀具(加长砍骨刀、加长西瓜刀、加长分刀、剔骨刀、屠宰刀、多用刀等)、开刃的武术与工艺礼品刀具(武术刀、剑等)，以及其他管制刀具[超过《日用刀具分类与安全要求》(GA/T 1335—2016)规定的尺寸规格限制要求的各种刀具]。

(2)其他器具：警棍、军用或者警用匕首、催泪器、电击器、防卫器、弩、弩箭等。

4. 易燃易爆物品。

(1)压缩气体和液化气体：氢气、甲烷、乙烷、环氧乙烷、二甲醚、丁烷、天然气、乙烯、氯乙烯、丙烯、乙炔(溶于介质的)、一氧化碳、液化石油气、氟利昂、氧气(供病人吸氧的袋装医用氧气除外)、水煤气等。

(2)易燃液体：汽油(包括甲醇汽油、乙醇汽油)、煤油、柴油、苯、酒精、酒精体积百分含量大于70%或者标志不清晰的酒类饮品、1,2-环氧丙烷、二硫化碳、甲醇、丙酮、乙醚、油漆、稀料、松香油等。

(3)易燃固体：红磷、闪光粉、固体酒精、赛璐珞、发泡剂H、偶氮二异庚腈等。

(4)自燃物品：黄磷、白磷、硝化纤维(含胶片)、油纸及其制品等。

(5)遇湿易燃物品：金属钾、钠、锂、碳化钙(电石)、镁铝粉等。

(6)氧化剂和有机过氧化物：高锰酸钾、氯酸钾、过氧化钠、过氧化钾、过氧化铅、过醋酸、双氧水、氯酸钠、硝酸铵等。

5. 毒害品。

氰化物、砒霜、硒粉、苯酚、氯、氨、异氰酸甲酯、硫酸二甲酯等高毒化学品以及灭鼠药、杀虫剂、除草剂等剧毒农药。

6. 腐蚀性物品。

硫酸、盐酸、硝酸、氢氧化钠、氢氧化钾、有液蓄电池(含氢氧化钾固体、注有酸液或碱液的)、汞(水银)等。

7. 放射性物品。

放射性物品指含有放射性核素，并且其活度和比活度均高于国家规定豁免值的物品，详见《放射性物品分类和名录(试行)》。

8. 感染性物质。

感染性物质包括可感染人类的高致病性病原微生物菌(毒)种和感染性样本，详见《人间传染的病原微生物名录》中危害程度分类为第一类、第二类的病原微生物。

9. 其他危害列车运行安全的物品。

(1)可能干扰列车信号的强磁化物。

(2)硫化氢及有强烈刺激性气味或者有恶臭等异味的物品。

(3)容易引起旅客恐慌情绪的物品。

(4)不能判明性质但可能具有危险性的物品。

10. 法律、行政法规、规章规定的其他禁止携带、运输的物品。

**(二)禁止随身携带但可以托运的物品**

1. 锐器：菜刀、水果刀、剪刀、美工刀、雕刻刀、裁纸刀等日用刀具(刀刃长度超过60 mm)；手术刀、刨刀、铣刀等专业刀具；刀、矛、戟等器械。

2. 钝器：棍棒、球棒、桌球杆、曲棍球杆等。

3. 工具农具：钻机、凿、锥、锯、斧头、焊枪、射钉枪、锤、冰镐、耙、铁锹、镢头、锄头、农用叉、镰刀、铡刀等。

4. 其他：反曲弓、复合弓等非机械弓箭类器材，消防灭火枪，飞镖、弹弓，不超过50 mL的防身喷剂等。

5. 持有检疫证明、装于专门容器内的小型活动物，铁路运输企业应当向旅客说明运输过程中通风、温度条件。但持工作证明的导盲犬和作为食品且经封闭箱体包装的鱼、虾、蟹、贝、软体类水产动物可以随身携带。

**(三)限制随身携带的物品**

1. 包装密封完好、标志清晰且酒精体积百分含量大于或者等于 24%、小于或者等于 70% 的酒类饮品累计不超过 3 000 mL。

2. 香水、花露水、喷雾、凝胶等含易燃成分的非自喷压力容器日用品,单体容器容积不超过 100 mL,每种限带 1 件。

3. 指甲油、去光剂累计不超过 50 mL。

4. 冷烫精、染发剂、摩丝、发胶、杀虫剂、空气清新剂等自喷压力容器,单体容器容积不超过 150 mL,每种限带 1 件,累计不超过 600 mL。

5. 安全火柴不超过 2 小盒,普通打火机不超过 2 个。

6. 标志清晰的充电宝、锂电池,单块额定能量不超过 100 W·h,含有锂电池的电动轮椅除外。

7. 法律、行政法规、规章规定的其他限制携带、运输的物品。

## 四、安检服务礼仪

1. 符合岗位规范

穿着规定制服,着装统一;职务标志佩戴一致。服装干净,衣扣拉链整齐,符合《铁路旅客运输服务质量规范》的要求。

2. 严格遵守工作规范

(1)引导旅客将携带品放置在安检机传送带上过机检查,如图 3-7 所示。

图 3-7 引导旅客安检

(2)引导游客通过安全门并接受手持金属探测器检查,如图 3-8 所示。

图 3-8 立岗与安检

(3)如果旅客比较多,应适当控制进入安检区的旅客人数,以保证安检的顺利进行。

(4)安检时,发现违禁品,应向旅客详细指出哪些物品属于违禁品,严禁带进站、带上车。最好不要当着其他旅客的面检查包内的违禁品,应把包拿到处置台开包检查。

3. 用语标准、规范,态度亲切自然

(1)声音要平和,并多使用"请""对不起""谢谢"等谦辞,就会赢得旅客的信任。

(2)检查过后向旅客表示感谢:"谢谢您的合作！祝您旅行愉快！再见。"

(3)对旅客的态度要亲切自然,不能蛮横粗野,更不能大喊大叫。

## 案例 3-2

### 安检是生命线

在安检工作岗位上,检查员小张检查一位旅客液态物品——饮料,按照规定旅客随身携带液态物品需亲自品尝,旅客按照要求品尝了一小口,就在旅客准备盖上瓶盖通过安检时,小张隐隐约约闻到一种特殊的味道,于是要求旅客重新把饮料拿出来,小张打开瓶子,经过仔细检查,发现饮料里掺有易燃物质汽油。

**点评:**安检员小张在检查物品时能够做到认真细致,一丝不苟,检查程序符合安全检查规则,这正是作为一名安检人员应该具有的工作作风。如果每一个安检人员都能像小张一样,认真履行自己的工作职责,再狡猾的犯罪分子也不可能把违禁物品带上公共交通工具。

## 阅读资料 3-3

### 铁路 12306 深耕服务,不断满足旅客出行需求

12306 网站具有车票预订、在线支付、改签、退票、订单查询、常用联系人管理、个人资料修改、密码修改等功能,于 2013 年 12 月 8 日正式上线试运行。

自正式运行以来,铁路 12306 深入落实创新驱动发展战略,深耕服务细节,服务范围不断扩大,功能不断完善,满足了旅客除购买车票外的更多需求。从常旅客会员到开办定期票、计次票,从网上订餐到铁路畅行码,从购买车票到空铁联运、铁水联运、同车接续、娱乐服务等,在不断打造多元化创新服务的过程中,既满足了旅客使用需求,又迎合了年轻用户个性化追求,使旅客出行体验更美好。

2024 年 12 月 15 日,铁路 12306 移动端务工人员预约购票服务上线,符合条件的旅客可通过专区预约购买 2025 年春运期间往返车票,2024 年 12 月 30 日,铁路 12306 进一步优化了购票信息预填服务,根据旅客设定自动为其提交订单,使购票更加便捷。

高峰时期每秒出票 1 000 多张,单日最高访问量超 500 亿次……铁路 12306 注册用户已超 7 亿人,是全球访问量最大、交易量最大的票务交易系统。

## 情境处置 3-2

5 月的某一天，一位男子带着一只身着红色工作服的导盲犬抵达某高速铁路车站安检口。安检员小张立即上前轻声询问需求，得知这位男子是视障人士，想要进站乘车。

小张立即启动“一人一犬”专属服务流程。首先，确认导盲犬证件齐全、状态稳定；然后小张手持安检仪，俯身半蹲，在该男子的辅助下，快速完成导盲犬安全检查。然后完成该男子的安全检查工作，并告知该旅客的候车室方向。导盲犬不是宠物，而是视障人士的眼睛。铁路部门倡导标准化服务，让无障碍出行成为社会共识。

## 问题思考

2025 年，媒体报道某航空公司航班因旅客充电宝冒烟紧急返航的新闻，清晰传递出一个警示：在飞机、动车组列车等封闭交通工具内，任何具有潜在危险的“小物件”，都可能成为威胁生命的“大隐患”。请思考：作为安检员，如何把好安全检查这道闸门？

______________________________________________

______________________________________________

______________________________________________

## 任务训练

### 一、任务训练目标

1. 掌握安检工作流程。
2. 掌握引导岗位服务礼仪。
3. 掌握处置岗位服务礼仪。

### 二、任务内容

1. 安检场景设计。
2. 引导岗位工作规范与服务礼仪训练。
3. 处置岗位工作规范与服务礼仪训练。

### 三、任务布置

1. 教师进行训练要求的介绍。
2. 组建安检服务礼仪学习小组，3～5 人组成。
3. 每小组自行选举 1 名同学担任小组长，负责任务实施。
4. 撰写场景设计报告，角色分工，每一个同学必须扮演一次安检员和一次旅客。
5. 课前练习。

## 四、任务执行

1. 在实训室或教室模拟高速铁路车站安检口，分小组进行演练。
2. 自我分析、评价完成任务过程中的成功和不足之处。
3. 小组对任务完成情况进行总结与反思。
4. 教师对学生任务完成情况进行点评。

## 效果评价

**安检服务礼仪训练评分表**

姓　名：　　　　　　　　地　点：　　　　　　　　时　间：

| 实训项目 | 实训考查要点 | 分值 | 小组评分 | 教师评分 | 最终得分 |
|---|---|---|---|---|---|
| 安检服务礼仪训练 | 1. 引导岗位服务规范 | 10 | | | |
| | 2. 手检岗位服务规范 | 10 | | | |
| | 3. 处置岗位服务规范 | 10 | | | |
| | 4. 着装规范 | 10 | | | |
| | 5. 用语标准、规范 | 10 | | | |
| | 6. 态度亲切、自然 | 10 | | | |
| | 7. 严谨认真 | 10 | | | |
| | 8. 具有安全意识 | 10 | | | |
| | 9. 具有沟通意识 | 10 | | | |
| | 10. 具有团队协作意识 | 10 | | | |
| 合　计 | | 100 | | | |

注：该表可根据实际设计的训练项目进行测评。

# 典型工作任务三　客服中心服务礼仪认知与训练

## 任务引入

### 打造人民铁路为人民的“爱心驿站”

——南京站“158”雷锋服务站

“158”雷锋服务站即“义务帮”之意，是上海局集团公司南京站、南京南站的候车大厅里设置的总服务台，主要提供旅游乘车的问讯，火车站的指引，为重点旅客（老、幼、病、残、孕等）候车、乘降、出站及联系120、求助站等提供帮助。该服务台正式成立于2000年，是全国铁路系统第一家志愿者服务站，是全国铁路系统和江苏省学雷锋先进典型。

自成立以来，“158”雷锋服务站服务重点旅客100多万人次，仅2000年以来就收到感谢信7 400多封，锦旗170多面，先后获得全国和省级荣誉表彰40多项，涌现出全国劳模等先进人物20多人，被旅客们誉为“爱心驿站”“温馨家园”。2015年5月，“158”雷锋服务站和南京站客运班组，被中共中央宣传部授予“时代楷模”称号，成为传承雷锋精神，弘扬社会主义核心价值观的全国先进典型。

**请思考：**

1. 随着服务文化的深入，企业、单位的前台接待服务内容早已不仅仅是一般的问讯和引导服务，而是融入了更多的客服内容。那么，车站问讯服务窗口可增添哪些服务内容？

2. 在车站的问讯服务中，在行为、语言方面应注意哪些礼仪？

## 知识准备

### 一、客服中心

一般车站都会设置问讯处，主要解答旅客在乘车前不清楚或不明白的事。随着高速铁路的发展，大型的高速铁路车站成了城市的交通枢纽，地铁站、公交车站，甚至机场等交通设施与高速铁路车站交会在一起。因此，车站的面积扩大，功能趋于复杂化、多样化。对旅客来说，醒目的标识成了行路的指南。尽管如此，人工服务依然必不可少。大型的车站一般会设置 12306 服务台，为旅客提供咨询、求助、投诉、信息查询、改签、遗失物品、常旅客、重点旅客等多项服务。

重点旅客指老、幼、病、残、孕旅客。特殊重点旅客指因年龄、行为、身体状况等原因，在旅行中依靠辅助器具才能行动等需特殊照顾的重点旅客。

此外，高速铁路车站还设置爱心服务站，设有重点旅客候车区、儿童娱乐候车区、哺乳室等，为重点旅客、特殊重点旅客提供候车、乘降、出站等帮助，如南京站、南京南站设置的“158”雷锋服务站（图 3-9），充分体现了铁路服务细致化、人性化的特点。

图 3-9 “158”雷锋服务站

### 二、问讯服务礼仪规范

1. 符合岗位规范

（1）上岗前，做好仪容仪表的自我检查，做到仪表整洁、仪容端庄，符合《铁路旅客运输服务质量规范》的要求。

（2）工作中保持站立服务，站姿端正，精神饱满，面带微笑，思想集中。

2. 态度热情

(1)热情接待每一位中外宾客的问讯,做到有问必答,用词准确、简洁明了。

(2)旅客问讯时,不打断其陈述;认真听清楚旅客问询的问题后加以解答;如遇旅客未讲清楚的地方,再问清楚问题的关键信息,然后解答。客运工作人员不得与旅客争辩,不得使用粗俗的言语,不可有鲁莽的举止。

(3)学会察言观色,善于利用体态语言表达情感,以便更好地与旅客交流。

3. 正确的引导姿势和礼貌用语

(1)旅客问讯时,面向旅客站立,目视旅客。如遇到旅客问询行走路线,需要使用正确的引导手势,指引旅客要去的方向,如图 3-10 所示。切忌伸出一个手指头,指指点点。

图 3-10　南京南站"158"雷锋服务站客运员为旅客引导

(2)在回答旅客的询问时,要尊重对方,使用礼貌用语。语音清晰、语调柔和、语速适中,给旅客舒适的感觉,缓解他们遇到问题的焦虑,体现高质量的服务水平。

(3)遇有失误时,向旅客表示歉意。最后,对旅客的配合与支持表示感谢。

## 案例 3-3

### 南京站"158"雷锋服务站的服务特色

经过几代工作人员的探索总结,南京站"158"形成了"4 个五"特色服务项目和"五字"亲情服务法。

"4 个五"服务项目为"五到位""五帮助""五免费""五感受"。"五到位"是基本服务,即随访到座位、送水到座位、剪票到座位、咨询到座位、解难到座位;"五帮助"是帮困服务,即帮助联网接续服务,帮助购买车票,帮助旅客上下车,帮助发邮信件,帮助拍发电报;"五免费"是解忧服务,即免费提供轮椅担架、免费提供针线药品、免费提供网络传真、免费提供应急充电、免费提供行李搬运;"五感受"是人性化服务,即让旅客走进车站有亲切感、等候乘车有舒适感、上下列车有安全感、接受服务有愉悦感、离开铁路有留恋感。

"五字"亲情服务法为:"哄、疼、忍、帮、抚",即遇到脾气倔强的年迈老人,要态度和蔼地哄劝;遇到活泼好动的小孩,要发自内心地疼爱;对心情不好的体弱病人,要晓之以理地忍让;遇到行动不便的残障旅客,要细心周到地帮助;遇到孕妇旅客,要倍加小心地安抚照顾。

**点评:**服务,说起来容易做起来难,需要耐心、恒心、爱心。对服务工作进行归纳总结,形成岗位规范和岗位实践,从而培养职工恪尽职守的工作态度、热爱旅客的职业情感、精益求精的业务技能,使社会主义核心价值观的职业要求在岗位上内化于心、外化于行。

## 案例 3-4

### 把旅客放在心中

北京南站候车大厅有个橘黄色的服务区,服务区内设有服务台、儿童游乐区、母婴哺乳室、候车座位等。这里就是润秋服务区。2008 年北京南站开通时,张润秋就当上了客运值班站长。2010 年 11 月,以张润秋为核心成员,北京南站成立了"润秋服务组",主要服务重点旅客、解答旅客问询。

润秋服务组自成立以来,已经走过了 14 个年头。这 14 年间,润秋服务组,从"一切为了旅客更好出行"的目标出发,通过无数次细小而温暖的付出,造就了平凡中的伟大。润秋服务组不仅在高铁服务领域树立了标杆,还通过不断创新和优化服务方式,赢得了广泛好评,成为中国高铁闪耀的"服务之星"。

张润秋至今难忘收到第一面锦旗的故事。那也是北京南站开通后收到的第一面锦旗。

当时北京南站开通不到 1 个月。有一天,张润秋正在值班站台值守,有位旅客匆匆走来,他刚刚乘坐京津城际列车到达北京,下车后发现没带皮包,可列车很快就要折返,他非常着急,匆忙来找工作人员帮忙。

此时,距列车检票放行仅有四五分钟时间。张润秋一边安抚旅客情绪,一边联系寻找。当对讲机中"找到了"的声音传来时,那名旅客悬着的心终于放了下来。此时,距旅客检票时间不到 1 分钟。

几天后,这位旅客特意到车站送来锦旗致谢。这件小事,让张润秋深刻地认识到:服务旅客要用心。

抢救临产的孕妇,帮离家出走的孩子找父母,看护离家出走的精神病人……14 年时间,张润秋做过的好事说不完,平凡岗位上,她的服务让南来北往的旅客深切感受到了新时代中国铁路的温度。

张润秋,1999 年参加工作,曾获得全国劳动模范、全国满意度服务明星、北京市劳动模范、北京青年五四奖章、全国铁路标杆班组长、全国铁路优秀共产党员标兵等荣誉。

**点评:**铁路重点旅客服务是社会文明进步的一个缩影,它体现了对弱势群体的尊重和关爱,是铁路部门温暖出行的一个重要体现。精准服务,让爱触手可及。

## 案例 3-5

**游佳:“蓉城之窗”亮丽名片**

来到成都东站,旅客可以看到这里有个“游佳服务岗”。不管遇到什么困难,只要到“游佳服务岗”找游佳,问题总能在第一时间得以解决。

“游佳服务岗”是以成都东站客运车间值班主任游佳的名字命名的旅客服务中心,是成都局打造的党内服务品牌。2011 年 9 月“游佳服务岗”创立以来,游佳带领姐妹们迎来送往,为不计其数的过往旅客送去了爱心,游佳已成为“蓉城之窗”——成都东站的亮丽名片。

作为党内服务品牌带头人,游佳在长期从事的客运服务工作中以爱心服务为主线,总结出“五心服务法”,即爱心导购,为需要购买车票的旅客提供导购服务;爱心预约,发放爱心联络卡,方便旅客提前预约爱心服务;爱心传递,使用爱心传递卡,为重点旅客实现站内无缝传递;爱心专区,为重点旅客提供专用候车区;爱心专口,为重点旅客提供专用进站口,让他们享受无微不至的精细化贴心服务。

“手机没电了,哪里能充电?”“我要换乘去成都站,咋走?”“我朋友的背包忘在动车上了,能找回来吗?”短短几分钟内,就有 10 多名旅客来“游佳服务岗”询问各种问题。游佳始终面带微笑,耐心解答,旅客的道谢声不绝于耳。

客运员江雪对记者说:“在游佳的言传身教下,我们这个服务团队把旅客当自己的亲人已经成了习惯。”

类似的故事每天都在“游佳服务岗”上演着。2014 年春运以来,“游佳服务岗”服务旅客 8 万余人,为重点旅客提供全程服务 2 000 余次,并收到来自旅客的感谢信 400 多封。

从事客运工作 14 年来,游佳先后获得火车头奖章及四川省群众性经济技术创新工程十佳窗口服务标兵、四川省建功立业标兵等荣誉。她已成为成都局广大青年职工的学习楷模。

**点评:**“游佳服务岗”多年来为旅客提供了亲切、耐心、细致的温馨服务,成为蓉城一张亮丽名片。铁路客运人员周到优质的服务和排忧解难的善举,既是衡量铁路企业温情温暖的温度计,也是引领铁路客运服务风范风貌的风向标,更彰显了“人民至上”的价值追求。

## 情境处置 3-3

3 月某天下午,某高速铁路车站候车室内,旅客郑先生来此地旅游时意外摔伤腰部,只能无助地躺在担架上,焦急万分地等待乘坐列车返回广州接受医治。候车室服务台工作人员小杨得知情况后,当即向客运值班员小孙汇报。她们迅速与列车长取得联系,提前沟通细节,请列车长做好接应准备。

列车到站,服务台小杨和客运值班员小孙协同医护人员,安全地将郑先生抬进商务座车厢，小心安置在座位上，随后与列车长办理交接。郑先生顺利回到广州接受治疗，恢复了健康。

## 问题思考

车站服务台是旅客服务的重要枢纽，其工作职责涵盖信息咨询、重点旅客服务、便民服务、应急协助等多个方面。作为服务台工作人员，必须提高哪些服务技能，才能灵活应对旅客多样化需求？

## 任务训练

### 一、任务训练目标

1. 掌握问讯服务礼仪。
2. 掌握引导服务礼仪。
3. 掌握重点旅客服务礼仪。

### 二、任务内容

1. 车站服务台场景设计。
2. 信息咨询与引导服务规范与礼仪训练，如站内检票口、售票处、卫生间、母婴室、餐饮区、无障碍设施等位置指引内容设计。
3. 查找资料，设计重点旅客接待场景与内容。

### 三、任务布置

1. 教师进行训练要求的介绍。
2. 组建服务台礼仪学习小组，3～5 人组成。
3. 每小组自行选举 1 名同学担任小组长，负责任务实施。
4. 撰写场景设计报告，角色分工，每一个同学必须扮演一次服务台工作人员和一次旅客。
5. 课前练习。

### 四、任务执行

1. 在实训室或教室模拟高速铁路车站服务台，分小组进行演练。
2. 自我分析、评价完成任务过程中的成功和不足之处。
3. 小组对任务完成情况进行总结与反思。
4. 教师对学生任务完成情况进行点评。

## 效果评价

客服中心服务礼仪训练评分表

姓　名：　　　　　　　　　　　　地　点：　　　　　　　　　　　　时　间：

| 实训项目 | 实训考查要点 | 分值 | 小组评分 | 教师评分 | 最终得分 |
|---|---|---|---|---|---|
| 客服中心服务礼仪训练 | 1. 耐心倾听、抓住问题重点 | 10 | | | |
| | 2. 信息回答准确、明了 | 10 | | | |
| | 3. 态度亲切、温和 | 10 | | | |
| | 4. 手势规范、优雅 | 10 | | | |
| | 5. 严格按照服务规范 | 10 | | | |
| | 6. 吃苦耐劳 | 10 | | | |
| | 7. 勇挑重担 | 10 | | | |
| | 8. 具有服务意识 | 10 | | | |
| | 9. 具有沟通意识 | 10 | | | |
| | 10. 具有团队协作意识 | 10 | | | |
| 合　计 | | 100 | | | |

注：该表可根据实际设计的训练项目进行测评。

# 典型工作任务四　检票服务礼仪认知与训练

## 任务引入

### 实名制快速验证闸机，既快又方便

2018 年 9 月 21 日，北京南站京津城际检票场启用了 10 条“实名制快速验证闸机通道”，成为全国首个启用该通道的车站。该通道集验票、验证、验人、检票四大功能于一身，旅客无须使用车票，只需刷身份证并刷脸就可完成“票、证、人”合一的全部验证，并且完成检票，直接乘车。

实名制快速验证闸机通道投入使用后，北京南站旅客检票速度明显加快。旅客无论是否提前取票都可刷身份证进站，过闸仅需 2 s 即可完成，旅客检票速率提升一倍。新通道检票还实现了检票记录功能，旅客检票进站后出站，再进站，系统会进行提示。

2020 年 1 月，北京南站京沪高速铁路完成了全部实名制检票闸机的更换。新型闸机具有更快的人、证识别速度，平均用时比之前的设备快 1 s 左右，除支持电子客票外，还支持护照等证件的识读功能。

2020 年 6 月 20 日，电子客票在全国推广实施后，全国有 2 400 个车站使用电子客票，北京南站实名制检票闸机进行升级，持中华人民共和国居民身份证、中华人民共和国港澳居民居住证、中华人民共和国台湾居民居住证、外国人永久居留身份证、中铁银通卡的旅客均可通过闸机；使用中华人民共和国护照、港澳居民来往内地通行证、台湾居民来往大陆通行证的旅客也可以通过闸机进行识别检票；在铁路 12306 移动端办理电子临时乘车身份证明的旅客，可以用动态二维码通过闸机进站乘车。

2024 年 12 月，北京南站对京津城际快速进站厅进行了扩能改造，增加了候车面积，并设置了安检仪 4 台、自动人脸识别闸机 15 台、半自助检票设备 3 台，有效提升京津城际快速进站厅的旅客承载能力。

**请思考：**

1. 当检票进入“刷脸”时代，铁路客运服务人员需要提供人工服务吗？

2. 在工作中，客运人员如何提高自己的服务意识和服务水平？

## 知识准备

### 一、检票服务

高速铁路检票分为自动检票和人工检票。

（1）持有效身份证件原件，通过闸机自动验票。大部分高速铁路车站闸机可以直接用中华人民共和国居民身份证验票通过。将身份证原件放到身份证刷卡区，待购票信息与人脸信息比对成功，闸机绿色指示灯亮起，表示已完成进站检票手续，闸机门打开，即可顺利通过，如图 3-11 所示。

（2）如果是用外国人护照购买的电子客票的旅客，需打开护照个人信息页放到检票闸机镜面处，待购票信息与人脸信息比对成功，闸机绿色指示灯亮起，表示已完成进站检票手续，闸机门打开，即可顺利通过。持有港澳居民来往内地通行证、台湾居民来往大陆通行证的旅客，也按同样的方式自助完成检票手续。

（3）在开通中铁银通卡、广深牡丹信用卡业务的线路，旅客可持中铁银通卡、广深牡丹信用卡通过自动检票机（闸机）办理检票。

（4）持学生优惠票、优待票、儿童优惠票等旅客还是需要到人工通道进行验票，如图 3-12 所示。持其他有效证件无法自动通过闸机的旅客，需要通过人工验票通道进行验票。在客流量大的时段，持有效身份证件原件也可以通过人工通道验票进站。

图 3-11　闸机检票

图 3-12　人工检票通道

人工检票是车站服务工作中依然重要的环节，这其中蕴含着服务艺术。检票时对旅客的尊重和礼貌，能反映出车站的文明水平。在服务岗位上，应该特别注重自己的言行和举止，自觉地树立良好的形象。

检票秩序如何是车站文明程度的标志，尤其是在客流量大而列车停站时间短时，更能反映出车站的服务水准。

## 二、检票服务礼仪

1. 符合服务规范

上岗前，做好仪容仪表的自我检查，着统一制服，做到仪表整洁、仪容端庄，符合《铁路旅客运输服务质量规范》的要求。

2. 严格遵循工作程序

(1)按时检票。检票员随时掌握列车的到站时间、停靠站台、候车地点和检票地点等运行情况，听通知到检票口进行检票。

(2)掌握好检票时间。一般情况下，高速动车组列车提前 10 min 左右检票，开车前 3 min 停止检票。停止检票时间是根据客流量和站场条件设置的，有的提前 5 min 停止检票。车站在进站口、检票口有提前停止检票时间的提示。

(3)维持好秩序。检票的前期组织工作对能否保持候车室的检票秩序是非常关键的，提前做好检票准备，这样可以避免忙中出错。

(4)核对车票信息。如果是电子客票，需要扫描旅客购票二维码进行检票或者利用读卡器扫描旅客身份证件进行检票；如果是持特殊证件，需要对特殊证件进行检验；如果旅客无法自助通过闸机检票，则针对不同情况进行处理，协助旅客验票进站，如图 3-13 所示。

图 3-13　协助旅客验票进站

(5)检票过程中做到干净利落、有条不紊，训练有素，精明干练。

3. 语气平和，态度亲切

(1)检票中说话的语气要平和，吐字要清楚，态度要和蔼。交还证件时你可以说："祝您旅途愉快！"或者说："请您走好，再见！"等等。如果等待检票的旅客人数比较多，你可以尽量加快速度，不必对每一名旅客都点头致意。

(2)如遇想上车补票而没有购票的旅客，要态度严肃、语气坚定地说："对不起，这位先生(女士)，请问您的车票呢?"或者说："对不起，先生(女士)，这趟车是对号入座，您必须凭票上车。"还可以说："先生(女士)，您先补票，再进站。"

(3)当看到不是本次列车的旅客来检票时，可以对他(她)说："对不起，先生(女士)，您乘的不是这趟车。"或者说："对不起，先生(女士)，现在检票的是××次，而您乘坐的是××次，请您到××候车室去检票。"检票中的语言运用是相当重要的，应该引起我们的注意。

(4)如果因车站工作的失误给旅客造成麻烦，或者是旅客对车站某些工作不满意时，要从车站和全局的角度考虑问题，仍要主动向旅客道歉，并想方设法为旅客解决困难。

(5)在处理问题时，最好不要让旅客在大庭广众之下诉说车站工作的缺点和不足之处，可以把他请到值班室，亲切而友好地与他交谈。

## 案例 3-6

### 落实便民利民举措，提升旅客出行体验

2024 年春运，全国铁路累计发送旅客 4.84 亿人次。春运期间，全国铁路增加客运服务力量，加强旅客出行全流程服务和城市交通、旅游接驳等关键环节组织协调，努力做好突发客流应急准备，确保旅客出行顺畅。

同时，铁路部门坚持普惠服务和差异化服务相结合，持续推进客运提质计划，如：做好静音车厢、候补购票、便捷换乘等服务。突出做好老幼病残孕重点旅客服务，提供绿色通道和爱心服务。优化完善线上线下适老化无障碍服务，保留人工检票、现金交易，让老年人、障碍人士和脱网人群出行更加顺畅。

**点评**：在信息化、自动化越来越多地出现在高速铁路站线情况下，铁路部门依然保留人工检票、现金交易等适老化无障碍服务，让老年人、障碍人士和脱网人群出行顺畅，体现了铁路部门不断落实便民利民举措，努力提升旅客出行体验的初心。

## 阅读资料 3-4

### 晕轮效应

晕轮效应最早是由美国著名心理学家爱德华·桑戴克于 20 世纪 20 年代提出的。他认为，人们对人的认知和判断往往只从局部出发，扩散而得出整体印象，也即常常以偏概全。一个人如果被标明是好的，他就会被一种积极肯定的光环笼罩，并被赋予一切都好的品质；如果一个人被标明是坏的，他就被一种消极否定的光环所笼罩，并被认为具有各种坏品质。这就好像刮风天气前夜月亮周围出现的圆环（月晕），其实，圆环不过是月亮光的扩大化而已。据此，桑戴克为这一心理现象起了一个恰如其分的名称“晕轮效应”，也称作“光环作用”。

## 阅读资料 3-5

### 忘记带身份证可以进站乘车吗?

高速铁路进站需要刷身份证才能进站，发现没带时不用着急，直接在网上申请临时乘车身份证明，完成后可直接扫码乘车。步骤如下：

1. 打开铁路 12306 App，注册，登录。然后点击右下角【我的】，找到【临时身份证明】，点击进入申请流程；也可以登录 12306 App，进入【首页】—【温馨服务】—【乘坐旅客列车临

时身份证明】。

2. 在【临时身份证明】板块申请临时乘车身份证明。

按界面提示输入自己的姓名、证件名称、证件号码等，等待公安机关进行审核。

3. 审核通过之后，会直接在界面生成临时身份证明二维码，并显示“审核通过”，进站时直接刷该二维码就可以通过身份审核、检票、出站等。该二维码只在 30 min 内有效，超过 30 min 则需要重新刷脸验证。如果机器无法识别该二维码，可以去人工检票窗口进站。

4. 临时身份证明有效期是 24 h，24 h 未使用则该次申请无效。一个月可申请 3 次乘车临时身份证明。

## 情境处置 3-4

5 月的某一天，某高速铁路站检票口一名男性旅客突然倒地。面对这种情况怎么办？

正在现场巡视的客运值班员小李、小王迅速上前，发现该旅客意识模糊、脉搏微弱。情况紧急，两人立即通知驻站医生赶赴现场，同时通过车站广播紧急寻医，拨打 120 急救电话。经驻站医生判断，该旅客需立即使用 AED（自动体外除颤器）。客运员小张迅速从服务台取来 AED 设备，铁路工作人员随即交替进行心肺复苏与 AED 除颤进行抢救，该旅客终于恢复心跳和呼吸。随后，120 急救人员抵达现场，铁路工作人员及时救助，为抢救赢得了宝贵时间。

## 问题思考

检票口是旅客聚集的地方，大客流时，如何让旅客顺利而快速通过闸机检票？

______________________________________________

______________________________________________

______________________________________________

## 任务训练

### 一、任务训练目标

1. 掌握检票口服务规范与礼仪。
2. 掌握大客流检票口人工通道服务礼仪。

### 二、任务内容

1. 车站检票口场景设计。
2. 大客流人工检票服务规范训练。

### 三、任务布置

1. 教师进行训练要求的介绍。
2. 组建检票服务礼仪学习小组，3～5 人组成。
3. 每小组自行选举 1 名同学担任小组长，负责任务实施。
4. 撰写场景设计报告，角色分工，每一个同学必须扮演一次检票口客运员和一次旅客。
5. 课前练习。

### 四、任务执行

1. 在实训室或教室模拟高速铁路车站检票口，分小组进行演练。
2. 自我分析、评价完成任务过程中的成功和不足之处。
3. 小组对任务完成情况进行总结与反思。
4. 教师对学生任务完成情况进行点评。

## 效果评价

**检票服务礼仪训练评分表**

姓　名：　　　　　　　　地　点：　　　　　　　　时　间：

| 实训项目 | 实训考查要点 | 分值 | 小组评分 | 教师评分 | 最终得分 |
|---|---|---|---|---|---|
| 检票服务礼仪训练 | 1. 秩序维持，做好检票准备工作 | 10 | | | |
| | 2. 工作态度认真 | 15 | | | |
| | 3. 核对车票信息时，干练快速 | 10 | | | |
| | 4. 语气平和，态度亲切 | 10 | | | |
| | 5. 语言规范、准确 | 10 | | | |
| | 6. 突发事件处理规范而迅捷 | 15 | | | |
| | 7. 具有沟通意识 | 15 | | | |
| | 8. 具有团队协作意识 | 15 | | | |
| 合　计 | | 100 | | | |

注：该表可根据实际设计的训练项目进行测评。

# 典型工作任务五　站台服务礼仪认知与训练

## 任务引入

**暑期客流大，安全提醒很重要**

有一天晚上 10:00 左右，某车站第 16 站台上，一名 4 岁男童不慎坠入列车与站台间的缝隙中，经现场工作人员及时处置，男孩很快获救，安然无恙。

网友上传的现场图片中，一名妇女趴在站台边缘，头部紧靠列车车体，左臂伸进车厢与站台间约 10 cm 的缝隙中，另有一名妇女半跪在站台边缘，两个人正焦急地向下张望。

根据现场调查，G80 次高速动车组列车抵达该站，并停靠于 16 站台，一名女子带着两名小孩下车。在他们通过站台的过程中，其中一名 4 岁男孩趁大人不注意，靠近站台边缘，不慎由车厢与站台间的缝隙坠下站台。

事件发生后，现场工作人员立即采取措施，但由于缝隙过小，无法在原处将孩子救出。随后，工作人员在该女子及好心旅客的协助下，一边安抚孩子，一边引导孩子通过车体下部的空间，走到两节车厢的连接处，并将孩子拉上站台。

经现场检查，男孩除衣服被站台下积水部分浸湿外，其他各处均安然无恙。在向现场工作人员表示感谢后，女子带着两名儿童离开现场。

车站方面表示，暑期客流量较大，选择铁路出行时，请旅客听从铁路工作人员的指挥，靠站台白线内侧行走，尤其是带小孩出行的旅客，务必要照看好儿童，避免此类事件再次发生。

**请思考：**

1. 站台服务有哪些服务规范？
2. 当出现客流量大的时候，站台工作人员特别需要注意哪些方面？

## 知识准备

### 一、站台服务

站台服务是车站服务的重点工作之一，旅客在等车和上车时容易混乱，特别是客流量大的时候。同时，由于站台上车来人往，容易发生安全事故，因此，站台服务要安全和礼仪相结合。

### 二、站台服务礼仪规范

1. 符合岗位规范

(1)上岗前，做好仪容仪表的自我检查，着统一服装，做到仪表整洁、仪容端庄，符合《铁路旅客运输服务质量规范》的要求。

(2)由于高速动车组列车停靠时间比较短，旅客在验票后往往会急急忙忙朝前赶，想急切地站到站台上等候列车的到来，对此，车站客运员要及时指引旅客到达列车即将停靠的站台。

(3)用对讲机将列车进、出站信息通知综控室值班员，旅客乘降完毕后用对讲机通知出站口客运员。在站台上迎接列车时，客运值班员要足靠安全标线，不侵入安全标线外，面向列车，双目迎接列车的到来，以列车进入站台开始到列车停靠站台为止。

(4)列车进站前，客运员要维持好站台的秩序。安排好旅客按地标排队等车。高速铁路车站站台上有明确的地标。地标有橘黄色、绿色、蓝色和紫色四种颜色，上面写有车厢号和指示车厢方向的箭头。地标信息在检票口和站台的信息屏上均有显示，如有旅客没有注意到地标信息，客运员应予以告知。

(5)当客运高峰时，如排队乘车发生个别旅客不遵守秩序，插队或拥挤时，要及时予以制止，以维护好站台的秩序，以防旅客上车时一片混乱。

(6)要时刻注意旅客的安全,个别旅客如站得离铁轨较近,要提醒他们站在安全标线以后,以防列车进站时出现安全事故。

(7)在规定的位置接发列车并与列车长办理业务交接。办理交接时行举手礼,右手五指并拢平展,向内上方举手至帽沿右侧边沿,小臂形成45°角。

(8)配合列车员引导旅客排队上车,防止事故的发生。

(9)列车离开车站时,要足靠安全标线,不侵入安全标线外,目送列车,至开出站台为止。

2. 站台服务礼仪要求

(1)立岗姿势要求挺胸、收腹,两脚跟并拢,脚尖略分开,双手自然垂直。

(2)上岗时要求不赤足穿鞋,不穿尖头鞋、拖鞋、露趾鞋,不留长指甲,不染彩色指甲,指甲无装饰物,男性工作人员不留胡须、长发,女性工作人员发不过肩。

(3)行走、站立姿态要端正。在工作中不背着手、叉着腰、抱着膀、手插衣兜或裤兜里。

(4)不高声喧哗、嬉笑打闹、勾肩搭背,不在旅客面前吃食物、吸烟、剔牙齿和出现其他不文明、不礼貌的动作。

(5)解答旅客询问时,面向旅客,做到有问必答,答必正确。

(6)清楚重点旅客情况,与其他岗位密切配合,为重点旅客提供相应的帮助,必要时将重点旅客送上车、送出站。

**案例 3-7**

**爱洒服务台**

2008年7月,李军入职中国铁路南昌局集团有限公司南昌站客运车间。由于勤奋好学,她很快成为"红土情"服务台的一名工作人员。南昌站是客运大站,植根这片红土地的"红土情"服务台,更是窗口的窗口。刚来到这个岗位,为尽快进入角色,李军上班细细观察同事的服务技巧,下班后反复记背客运规章制度、服务标准及列车时刻表,思考服务不同类型重点旅客的方法。光阴荏苒,在服务旅客上,李军不仅手脚勤,而且肯用心。她主动向南丁格尔奖获得者学习基础医学知识和急救技巧,获得了"红十字救护员"资格。

2014年春运期间,"红土情"服务台开通重点旅客预约服务。为了将这件事做得更好,李军每晚都要将次日需要服务的网络预约重点旅客信息记在小纸条上,标注好乘坐车次、到站时间和特殊要求,根据预约情况和交接班事项,合理规划好每位重点旅客的接送顺序,仔细琢磨他们的服务需求,精准提供出行"定制服务"。

旅客张先生由于视觉障碍行动不便,李军早早约好进站时间,一路护送他乘上K1524次列车后才放心离去。在她的带领下,"红土情"服务台已经成为南昌一张闪亮的名片。

这些年,李军结合服务台实际和多年工作经验,总结提炼出"七心"工作法,即微笑服务要从心、接待旅客要热心、解难帮困要真心、答疑解惑要耐心、换位思考更贴心、重点旅客需爱心、提供服务要诚心。如今,"七心"工作法已成为"红土情"服务台的服务标准。

从事铁路客运工作15年来,李军直接服务的旅客达6万人次,收到表扬信200多封、锦旗30余面。在"红土情"服务台的留言簿上,李军得到很多旅客的赞美。

2019年,李军被评为全国铁路劳动模范。不久,以其名字命名的劳模创新工作室正式成立,在她的带领下,大家坚持学技练功,收获累累成果。工作室先后培养出火车头奖章获得者、南昌局集团公司"十大平凡之星"、南昌局集团公司"客运提质之星"。在她的带领下,"红土情"服务台已经成为南昌一张闪亮的名片。

2023年,李军荣获"新时代·铁路榜样"称号。2024年1月,李军被授予2023年"最美铁路人"称号。

**点评:**"七心"工作法是铁路客运人员对重点旅客进行精准服务的经验总结,彰显了铁路人的责任意识、专业素养和奉献精神。

## 阅读资料 3-6

**角色知觉**

角色知觉是指一个人对于自己在某种环境中应该做出什么样行为反应的认识和理解。人们的角色知觉及其所作出的相应行为反应,是以个体对全体或他人对自己所扮演角色的期望行为模式为样板,以自己对于外界希望自己怎样做的感知和解释为基础的。在许多组织或企业中,设立学徒制、导师制、技职制的目的就是要让初学者在有经验员工或专家指导下,在工作实践中进行角色知觉,从而学会按照组织或他们的期望模式来采取恰当角色行动。

## 情境处置 3-5

6月某日上午,在某高速铁路车站站台,一位等候列车的女性旅客突发晕厥,倒地时头部被发夹划伤。怎么办?

站台客运员发现后,迅速通过对讲机呼叫值班站长与红十字救护员,并拨打120急救电话。红十字救护员到达现场后,立即对旅客进行伤情检查,并进行止血处理。经询问得知,该旅客因未及时进食导致低血糖发作。车站工作人员迅速取出备用的应急糖果,为其补充必需能量。待120急救人员抵达后,旅客被稳妥送医救治。

## 问题思考

站台是列车与车站交接的场所,大客流时,更是人来人往,容易发生意外。作为站台客运工作人员,要眼观六路、耳听八方,那么,应如何锻炼这方面的能力呢?

______________________________

______________________________

______________________________

## 任务训练

### 一、任务训练目标

1. 掌握站台服务规范与礼仪。
2. 掌握站台接车、送车规范与礼仪。
3. 掌握与列车长业务交接礼仪。

### 二、任务内容

1. 站台场景设计。
2. 站台接、送车规范与礼仪训练。
3. 站台与列车长业务交接礼仪训练。

### 三、任务布置

1. 教师进行训练要求的介绍。
2. 组建站台服务礼仪学习小组，3～5 人组成。
3. 每小组自行选举 1 名同学担任小组长，负责任务实施。
4. 撰写场景设计报告，角色分工，每一个同学必须扮演站台客运员，掌握站台接送车、与列车长业务交接等规范与礼仪。
5. 课前练习。

### 四、任务执行

1. 在实训室或教室模拟高速铁路车站站台，分小组进行演练。
2. 自我分析、评价完成任务过程中的成功和不足之处。
3. 小组对任务完成情况进行总结与反思。

## 效果评价

**站台服务礼仪训练评分表**

姓　名：　　　　　　　　　　地　点：　　　　　　　　　　时　间：

| 实训项目 | 实训考查要点 | 分值 | 小组评分 | 教师评分 | 最终得分 |
|---|---|---|---|---|---|
| 站台服务礼仪训练 | 1. 统一服装，做到仪表整洁、仪容端庄 | 10 | | | |
| | 2. 站台服务规范 | 10 | | | |
| | 3. 接车站姿与动作规范 | 10 | | | |
| | 4. 送车站姿与动作规范 | 10 | | | |
| | 5. 与列车长业务交接礼仪规范 | 10 | | | |
| | 6. 具有安全意识 | 15 | | | |

续上表

| 实训项目 | 实训考查要点 | 分值 | 小组评分 | 教师评分 | 最终得分 |
|---|---|---|---|---|---|
| 站台服务礼仪训练 | 7. 具有服务意识 | 15 | | | |
| | 8. 沟通技巧良好 | 10 | | | |
| | 9. 具有团队协作意识 | 10 | | | |
| 合　计 | | | | | |

注：该表可根据实际设计的训练项目进行测评。

# 典型工作任务六　出站服务礼仪认知与训练

## 任务引入

**丝滑出站，让旅客出行更顺畅，体验更美好**

春运期间，全国各大车站实时监测到达客流变化情况，畅通所有出站通道。加大电扶梯、站台、出站口等关键部位的盯控力度，加强安全疏导，引导旅客快速离站，会同地铁、公交、出租车公司、网约车平台等相关单位打通旅客返程“最后一公里”。

为让旅客在春运期间出行更顺畅、体验更美好，大型车站根据客流监测和车票预售等情况，补强关键岗位力量，在进站口、出站口、站台等处，积极引导旅客进出站、安全上下车；在安检、实名制验票处增设“急客”服务通道，提供优先安检、检票服务；在进站口位置，设置“12306预约旅客会合点”，方便预约重点服务的旅客与工作人员快速衔接，有效缩短旅客等候时间；在出站口，设置专人及时解答旅客问询，引导旅客快速离站。

**请思考：**

客运人员在出站口可以提供哪些服务？

## 知识准备

### 一、出 站 口

出站口是车站服务的最后一个环节，要有始有终服务旅客，出站口的服务礼仪不容忽视。当旅客下车后，出站口的卫生环境、工作人员的精神面貌、仪容仪表及验票的服务动作、语言，都会引起他的注意，都能给他带去不同的感受。大型高速铁路车站出口往往在地下一层，与地铁站、公交车站、出租车站点等相连接，如图3-14所示，旅客如果询问一些相关的乘车信息，应给予回答。另外，一般高速铁路车站是通过闸机出站，也有人工验票通道。如闸机遇到故障，需人工验票。

### 二、出站服务礼仪

(1)符合岗位规范。

上岗前，做好仪容仪表的自我检查，着统一服装，做到仪表整洁、仪容端庄，符合《铁路旅客运输服务质量规范》的要求。

图 3-14　上海虹桥站出站口

(2)出站检票人员提前到岗,检查自动检票机、柱式检票机、手持移动检票终端、出站屏状态和内容。

(3)引导旅客通过自助检票通道和人工检票通道检票出站,秩序良好,防止尾随。

(4)人工检票通道使用柱式检票机、手持移动检票终端等,读取身份证件信息或录入身份证件号核验旅客购票信息。

(5)出站口服务礼仪要求。

①着装整洁、精神饱满地站在岗位上,微笑向旅客致意,给旅客亲切和热情的感受,让他感到受人尊重。

②检票的过程中,要言谈举止高雅,态度亲切。

③主动接过旅客递来的身份证件或其他证件进行验证,让旅客快速通过闸机。

④如遇到漏票的现象,要态度平和地要求旅客进行补票。切不可与旅客争吵,或训斥旅客,令旅客难堪。

⑤验票时如遇到老人、妇女、儿童,要适当注意,协助他们尽快出站。

### 案例 3-8

**"服务明星"的"五心"服务**

张志坚是南宁局集团公司的名人、服务明星。近年来,他在客运服务实践中总结出了"五心"工作法:对老年人要关心、对外地旅客要热心、对小朋友要有爱心、对有诉求的旅客要耐心、对重点旅客要细心。

"出站的旅客请把车票拿在手上,请不要拥挤,注意安全。"看到出站心切的旅客争先恐后地往检票口拥来,张志坚迅速拿起扩音器温馨提醒。

一个简单的"请"字,让人感觉格外亲切。"去年车站规范文明服务用语后,我们坚持每天交班点名前诵读文明服务用语,让文明成为习惯,让习惯成为标准。"张志坚说。

"旅客不仅是我们的服务对象,更是朋友和亲人。我们要通过心与心的碰撞,激发出真诚的服务,以服务的魅力感染旅客,让旅客满意出行。"张志坚深有感触地说。

**点评:**服务,说起来容易做起来难。需要真心、用心、恒心、爱心。只有用心去做,才能发现服务中存在的不足之处,才能总结出服务的经验,才能坚持长久。

## 阅读资料 3-7

### 工作格言

1. 追求精心服务，铸亮精品工程，实现精彩人生。

2. 诚实、诚心、诚挚、诚恳地待人。

3. 诚心诚意办实事，尽心尽力解难事，坚持不懈做好事。

4. 时时谨记安全，处处用心服务。

5. 服务以人为本，诚信最具魅力。

6. 服务至上，效率争先。

7. 为你服务是我的职责，让你满意是我的追求。

8. 细节源于态度，细节体现素质。

9. 用心服务，用情服务，用智服务。

10. 用心服务，追求卓越。

11. 在为别人服务时，要把别人的事当作自己的事去做；在接受别人服务时，要像尊重自己一样尊重别人。

12. 真心待人，诚信服务。

## 情境处置 3-6

5 月的一天 22:00 左右，某车站客运员小陈在站台上巡视下车旅客。发现一位行动缓慢的老太太。他赶紧上前询问，原来，这位年逾八旬的老人独自一人从天津赶来锡城看病，孤身一人面对陌生的环境，老人的眼中满是不安与茫然。面对这样的老年旅客，应该怎么办？

了解情况后，小陈联系同事送来轮椅。同时，他接过老人身上的背包，推着老人从站台到出站口，一路护送老人前往地铁站台，并耐心解答老人的每一个疑问，安抚着老人紧张的情绪。小陈做出了表率。

## 问题思考

出站口是车站服务的最后一个环节，也是客运服务的关键节点之一。高速铁路车站往往是城市的交通枢纽，客运工作人员需要掌握哪些知识才能帮助旅客顺利抵达目的地？

______________________________________________

______________________________________________

______________________________________________

## 任务训练

### 一、任务训练目标

1. 掌握出站工作流程。
2. 掌握出站服务规范。

### 二、任务内容

1. 出站场景设计,出站工作流程与服务规范训练。
2. 出站口服务礼仪训练。

### 三、任务布置

1. 教师进行训练要求的介绍。
2. 组建出站服务礼仪学习小组,3～5 人组成。
3. 每小组自行选举 1 名同学担任小组长,负责任务实施。
4. 撰写场景设计报告,角色分工,每一个同学必须扮演一次客运员和一次旅客。
5. 课前练习。

### 四、任务执行

1. 在实训室或教室模拟车站出站口,分小组进行演练。
2. 自我分析、评价完成任务过程中的成功和不足之处。
3. 小组对任务完成情况进行总结与反思。
4. 教师对学生任务完成情况进行点评。

## 效果评价

**出站服务礼仪训练评分表**

姓　名：　　　　　　　　　　　地　点：　　　　　　　　　　　时　间：

| 实训项目 | 实训考查要点 | 分值 | 小组评分 | 教师评分 | 最终得分 |
|---|---|---|---|---|---|
| 出站服务礼仪训练 | 1. 统一服装,做到仪表整洁、仪容端庄 | 10 | | | |
| | 2. 言谈举止高雅 | 15 | | | |
| | 3. 态度亲切 | 10 | | | |
| | 4. 人工检票业务熟练 | 10 | | | |
| | 5. 处理漏票情况规范正确 | 10 | | | |
| | 6. 具有安全意识 | 15 | | | |
| | 7. 具有团队协作意识 | 15 | | | |
| | 8. 具有服务意识 | 15 | | | |
| 合　计 | | 100 | | | |

注:该表可根据实际设计的训练项目进行测评。

## 项目综合训练

# 实训 1　铁路客运车站服务感人案例汇报

### 1. 实训目标

通过实训，能够关注我国高速铁路车站的发展变化，了解客运服务的要求和实战事例，感知我国高速铁路客运工作人员的高度责任感和崇高的职业道德，从而培养热爱铁路和人民的情感。

### 2. 实训要求

(1)每个学生必须参加。

(2)每个小组收集 2～5 个案例。

(3)撰写的文案，每个不少于 500 字。

(4)每个小组 PPT 讲演或文案汇报不多于 5 min。

### 3. 实训内容

(1)资料收集：利用互联网收集我国高速铁路车站客运服务方面的案例，特别是春运和暑运高峰期的服务案例。

(2)分组：每个小组进行角色分工。

(3)合作内容：搜集资料、撰写文案、PPT 制作等。

(4)讲演或案例汇报。

### 4. 实训评价

**职业核心能力与道德素质评价表**

| 评价项目 | | 分值 | 小组评分 | 教师评分 | 最终得分 |
|---|---|---|---|---|---|
| 职业核心能力与道德素质 | 1. 自我学习 | 20 | | | |
| | 2. 信息处理 | 20 | | | |
| | 3. 解决问题 | 20 | | | |
| | 4. 与人合作 | 20 | | | |
| | 5. 学习态度 | 20 | | | |
| 合　计 | | 100 | | | |

# 实训 2　春运时期某高速铁路车站客服中心工作演练

### 1. 实训目标

每年农历腊月十五到次年正月二十五我国发生的一种大规模高交通运输压力的现象被称为“春运”。铁路作为我国运载量最大的交通运输方式，春运是检验其客运服务质量和管理水平的试金石。通过实训，应能掌握非正常客流时，高速铁路车站客服中心(问讯服务窗口)的工作规范和服务礼仪，从而培养较强的沟通意识和技巧。

**2. 实训要求**

(1)设计 4～5 个场景。

(2)撰写 4～5 个场景文案。

(3)课前进行角色演练。

(4)课堂分小组进行场景表演。

**3. 实训内容**

(1)资料收集：利用互联网收集某大型高速铁路车站客服中心(问讯服务窗口)提供的业务资料，进行场景设计。

(2)分组：每个小组进行角色分工。

(3)合作内容：进行台词设计。

(4)课前进行演练。

(5)课堂汇报演出。

**4. 实训评价**

**专业能力评价表**

| 评价项目 | | 分值 | 小组评分 | 教师评分 | 最终得分 |
|---|---|---|---|---|---|
| 专业能力 | 1. 业务熟练度 | 20 | | | |
| | 2. 沟通技巧 | 20 | | | |
| | 3. 形体语言 | 20 | | | |
| | 4. 语言表达 | 20 | | | |
| | 5. 情感态度 | 20 | | | |
| 合　计 | | 100 | | | |

# 项目四　动车组列车服务礼仪

## 学习目标

1. 知识目标
- 了解动车组列车列车服务的作用
- 掌握动车组列车列车员服务内容与礼仪要求
- 掌握动车组列车列车长服务内容与礼仪要求
- 掌握动车组列车安全员服务内容与礼仪要求

2. 能力目标
- 能规范作业
- 能主动进行服务
- 能驻点沟通旅客
- 能解决常规问题
- 能处置应急问题
- 能自主学习

3. 素质目标
- 具有良好职业道德与服务意识
- 具有良好法律意识与安全意识
- 具有良好沟通意识与沟通技巧
- 具有良好团队意识

## 项目描述

动车组列车服务质量是动车组列车乘务工作的一项重要指标，起着提高铁路形象，增强铁路客运产品竞争力的重要作用。随着社会经济的发展，人们对旅行服务的需求已逐渐从物质层面升华至心理层面。旅客不再仅仅追求基本的出行需求，而是愈发重视列车的服务质量。旅客期待在旅途中享受舒适与愉悦，体验人性化关怀。

高速铁路的快速发展，给旅行带来高效、便捷，也带来旅客对列车服务更高的期望与心理需要。为了提高动车组列车服务质量，铁路部门精心制定了一系列动车组列车服务质量规范，用于规范动车组列车乘务人员的作业标准，为旅客提供更加周到、细致的服务，确保每一次旅程都能成为旅客心中的美好回忆。

动车组列车乘务人员岗位通用服务礼仪标准有如下几点：

1. 基本服务标准

(1)表情自然,态度和蔼,用语文明,举止得体,庄重大方,文明服务,热情待客,杜绝“生、冷、硬、顶”服务态度。

(2)执行首问首诉负责制。对旅客服务做到“三要”“四心”“五主动”(对待旅客要文明礼貌,纠正违章要态度和蔼,处理问题要实事求是;接待旅客热心,解答问事耐心,接受意见虚心,工作认真细心;主动迎送旅客,主动扶老携幼,主动解决旅客困难,主动介绍旅行常识,主动征求旅客意见)。

(3)做到“全面服务,重点照顾”。对旅客不同需求提供相应服务,对重点旅客做到“三知三有”(知座席、知到站、知困难;有登记、有服务、有交接)。

(4)对不同种族、国籍、民族的旅客应一视同仁,尊重旅客的民族礼俗和宗教信仰。

(5)遇有工作失误时,应向旅客表示歉意并妥善处理。对旅客的帮助和支持,表示感谢。

2. 仪容仪表标准

(1)仪容整洁,着装统一,整齐规范。

(2)头发干净整齐、颜色自然,不理奇异发型、不剃光头。男性两侧鬓角不得超过耳垂底部,后部不长于衬衣领,不遮盖眉毛、耳朵,不烫发,不留胡须。女性发不过肩,刘海长不遮眉,短发不短于 7 cm。

(3)面部、双手保持清洁,身体外露部位无文身。指甲修剪整齐,长度不超过指尖 2 mm,不染彩色指甲,指甲无装饰物。女性淡妆上岗,口红、眼影颜色自然;眉毛修剪整齐,眉笔和眼线为黑色或深棕色;使用清香、淡雅型香水。工作中保持妆容美观,端庄大方。补妆及时,在洗手间或乘务间进行。不浓妆艳抹。

(4)乘务组换装统一,衣扣拉链整齐。着裙装时,丝袜统一,无破损。衬衣束在裙子或裤子内。统一系领带(领花),着路服夏装时可不佩戴领带。外露的皮带为黑色。佩戴的外露饰物款式简洁,限手表一只、戒指一枚,女性还可佩戴发夹、发网或头花及一副直径不超过 3 mm 的耳钉。不歪戴帽子,不挽袖子和卷裤脚,不敞胸露怀,不赤足穿鞋,不穿尖头鞋、拖鞋、露趾鞋,鞋的颜色为深色系,鞋跟高度不超过 3.5 cm,跟径不小于 3.5 cm。

(5)按规定佩戴职务标志,胸章牌(长方形职务标志)戴于左胸口袋上方正中,下边沿距口袋 1 cm 处(无口袋的戴于相应位置),包含单位、姓名、职务、工号等内容。臂章佩戴在上衣左袖肩下四指处。出退乘及办理站车交接时佩戴制帽;车厢内作业时可不戴制帽(列车长除外)。

(6)立岗姿势规范,精神饱满。站立时,挺胸收腹,两肩平衡,身体自然挺直,双臂自然下垂,手指并拢贴于裤线上,脚跟靠拢,脚尖略向外张呈“V”字形。女性可双手四指并拢,交叉相握,右手叠放在左手之上,自然垂于腹前;左脚靠在右脚内侧,夹角为 45°呈“丁”字形。

3. 服务语言标准

(1)亲切和蔼、语言文雅,语气柔和,声音适中,使用普通话,服务语言表达规范准确、简洁扼要,口齿清晰。对外籍旅客可使用外语服务。

(2)不讲服务忌语,使用“您好、请、谢谢、再见、对不起”等十字文明用语。

(3)对旅客称呼得体。统一称呼时为“旅客们”“各位旅客”“旅客朋友”,单独称呼为“先生”“女士”“小朋友”“同志”等。

(4)旅客问讯时，面向旅客站立(工作人员办理业务时除外)，目视旅客，有问必答，回答准确，解释耐心。遇有失误时，向旅客表示歉意。对旅客的配合与支持表示感谢。

4. 服务纪律标准

(1)坚守岗位，尽职尽责，严格执行规章制度和作业过程。

(2)不高声喧哗、嬉笑打闹、勾肩搭背，定时定点分批用乘务餐，其他时段不在旅客面前吃食物、吸烟、剔牙齿和出现其他不文明、不礼貌的动作，不对旅客评头论足，接班前和工作中不食用异味食品。餐车对旅客供餐时，不在餐车逗留、闲谈、陪客人就餐。

(3)清理卫生时，清扫工具不触碰旅客及携带物品。挪动旅客物品时，征得旅客同意。需要踩踏座席、铺位时，戴鞋套或使用垫布。占用洗脸间洗漱时，礼让旅客。清洁卫生间时，作业人员戴保洁专用手套。需要旅客配合时应轻声礼貌。

(4)夜间作业、行走、交谈、开关门要轻。进包房先敲门，离开时，应倒退出包房。

(5)维护秩序时要说服动员，不准推、拉旅客。

(6)不侮辱、刁难和以粗野语言对待旅客；不利用职务之便索贿、受贿、敲诈勒索；不以车以票谋私；不擅离职守，不对旅客敷衍搪塞；不包庇袒护、推卸职务过失。

(7)作业过程中规范使用手机。

(8)当班期间禁止饮酒、赌博、聚岗聊天、擅离岗位或与旅客冲突。

动车组列车服务礼仪学习分为五个任务：始发站准备作业服务礼仪认知与训练、始发站作业服务礼仪认知与训练、途中作业服务礼仪认知与训练、终到(折返)站作业服务礼仪认知与训练、退乘作业服务礼仪认知与训练。

## 项目思维导图

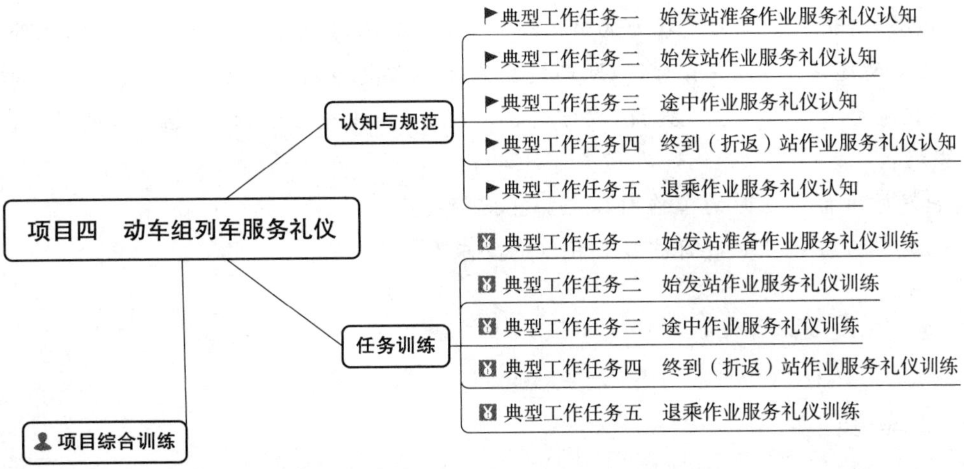

# 典型工作任务一　始发站准备作业服务礼仪认知与训练

## 任务引入

**动车组列车列车长和她的“兵”**

大年初三，上午8:15，新客站。漂亮的流线型CRH380A型动车组列车旁，齐刷刷走来一队“娘子军”——淡紫色旅行箱、紫色套装、印花方巾、精致的妆容……这就是动车组列车长李车长和她的“兵”。新年里，她们最大的心愿就是让更多高速铁路旅客感受到体贴细致的服务。

匆匆跨进车门，脱去大衣、安放好行李箱、戴上对讲机，李车长开始给车厢进行全面体检，包括电茶炉，要保证亮灯让旅客喝上热水；残疾人厕所按规定要铺好一次性坐垫；洗手间旁的婴儿护理台，要检查是否夹带垃圾，厕所是否整理干净；灭火器、逃生锤是否安放合格；座位前的网兜内是否有垃圾等。

短短半小时，8节车厢体检完毕，“8点45分了，旅客该上车了。”李车长抬手看一眼手表，向车厢门口走去。

“您好，欢迎乘车！”“老人家，当心脚下。”面带亲切的微笑，每上来一位旅客，李车长和列车员都双手交叠在前、微微向前30°鞠躬。动车组列车员标准的航空式服务让不少旅客眼前一亮。

9:01，动车组列车准时从上海站出发，速度逐渐加快。

铁路在发展，旅客对列车服务的要求也更高。为了服务高速铁路，李车长等人接受了为期近半年的集中培训，从礼仪、语言一直到心理学课程、医疗救护知识等方面。相对以往端茶倒水、扫地铺床的列车服务提出了新的挑战。

与传统列车服务不同的是，高速铁路更注重细节关怀，她们与旅客的交流采用“三明治方式”，比如看到有旅客在车厢连接处的过道徘徊，神情犹豫，她们就要主动上前询问是否需要帮助，是要找厕所还是找开水；有时候，她们提醒旅客不要将包挂在椅背上，如果旅客又挂上了，她们会委婉地再次提醒。也就是说，要学会察言观色，提供全方位的、体贴细致的服务。

**请思考：**

1. 始发站准备作业时的工作内容主要包括哪些？
2. 始发站准备作业时有哪些服务礼仪的要求？

## 知识准备

### 一、列 车 员

动车组列车列车员要求敬业爱岗、遵章守纪、服从指挥、团结协作，具有符合动车组列车列车员工作性质要求的相关业务知识技能，取得列车员岗位培训合格证书和中级及以上职业资格证书，具备上岗资格，从事列车乘务工作1年以上。

动车组列车列车员的岗位职责包括贯彻执行有关安全生产及旅客运输的规章制度、命令、指示；负责列车车厢内旅客安全、服务工作；负责检查运行中车厢内安全设备的状态和列车服务备品配置情况；负责监督检查列车保洁、整备情况；配合列车长处置车内非正常情况；及时准确填写本岗位各类记录与表格；对列车其他工作人员违章违纪行为有权制止和劝阻等内容。

一般来说，动车组列车列车员在始发站准备作业时有以下服务内容和礼仪要求：

始发准备作业时，要求列车员按规定穿着统一制服，佩戴职务标志，做到仪容仪表整洁、规范（女淡妆上岗），着装得体；列队整齐，乘务包统一，资料携带齐全，携带设备状态良好；准时到指定地点列队点名，参加出乘会，整理仪容仪表，接受列车长命令，确认担当乘务情况；检查设备性能，并在列车进站前 20 min 随列车长统一列队在站台接车。

接车后，做好车容车貌的补整；检查服务备品、免费读物、服务指南摆放、缺损情况；确认车厢显示屏信息内容，广播乘务员做好广播音量调试工作；补票机、补票包随身携带，做到包不离人、人不离包、包随人走等内容。

## 二、列 车 长

动车组列车列车长要求具有高中（职高、中专）及以上文化程度，敬业爱岗、遵章守纪、服从指挥、团结协作，从事列车乘务工作 2 年以上，具有符合动车组列车列车长工作性质要求的相关业务知识技能，取得列车长岗位培训合格证书和中级及以上职业资格证书，具备妥善处理突发情况的能力。

动车组列车列车长的岗位职责包括贯彻执行有关安全生产及旅客运输的规章制度、命令、指示；落实上级布置的各项工作；负责列车"六乘一体"的协调、管理；组织召开客运乘务组出、退乘会；负责对列车安全服务设备设施的检查、记录及报修；负责检查验收列车保洁、整备质量，监督检查列车餐营工作质量；负责办理列车上的各项客运业务；负责班组基础管理和建设，督促乘务组人员按照标准作业，落实考核制度；负责受理旅客投诉，帮助旅客解决困难，收集旅客对列车服务工作的意见及建议；负责列车非正常情况和突发事件的应急处理；及时准确填写本岗位各类记录与表格；对列车客运相关工作人员的违章违纪行为有权纠正和考核，对列车其他工作人员的违章违纪行为有权制止和劝阻等内容。

一般来说，动车组列车列车长在始发站准备作业时有以下服务内容和礼仪要求：

始发准备作业时，要求列车长按规定穿着统一制服，佩戴职务标志，做到仪容仪表整洁、规范（女淡妆上岗），着装得体；按时到车队报到，接受命令指示，确认担当乘务情况，填写"乘务日志"，领取有关设备及票据；准时到指定地点列队点名，召开出乘会，布置乘务任务，检查乘务员仪容仪表、着装、标志和相关证件，传达命令、指示；携带客运业务资料及 GSM-R 手持终端（或 PDA）、移动补票机、无线对讲机等设备，于列车进站前 20 min 组织乘务组在站台接车。

接车后，检查各工种、各车厢相关备品的摆放情况；检查列车上水、吸污情况，做好与车站的交接；检查广播设备，音量适宜；检查车厢垃圾袋注水情况；检查商务座始发准备情况等内容。

在始发准备作业时，列车长要出乘准时，按规定检查人员的着装标志，仪容仪表规范；资料要携带齐全，任务明确，设备状态良好；布置工作重点突出，措施具体，达到人人清楚；出乘时要列队整齐，乘务箱（包）统一，接车准时。

## 三、安 全 员

动车组列车安全员主要负责维护列车上的秩序，制止威胁列车正常运营的行为，保护旅客和乘务人员人身财产安全，是列车应急联动机制的主要参与者和中坚力量。

动车组列车安全员的岗位职责主要包括巡视车厢，维护列车运营秩序；落实列车安全防范宣传措施；开展消防安全宣传、检查；根据需要查验旅客票证人一致性；对行为异常人员和可疑物品进行安全检查；制止非工作人员进入列车限制区域；制止列车上发生的扰乱秩序行为；调解一般旅客纠纷；对可能伤害本人及他人的人员予以控制；妥善处置发现的危险，违禁物品；应对突发事件，组织应急逃生；防范和制止其他影响旅客列车运行秩序、危害人身安全和财产安全的行为等内容。

一般来说，动车组列车安全员在始发站准备作业时有以下服务内容和礼仪要求：

始发准备作业时，要求安全员按规定穿着统一制服，佩戴职务标志，做到仪容仪表整洁、规范（女淡妆上岗），着装得体；与列车长校对手表时间，调试对讲机，确保设备状态良好，计时统一准确；准时到指定地点列队点名，参加出乘会，整理仪容仪表，接受列车长命令，确认担当乘务情况；检查携带警用备品、客运备品，各类备品齐全，作用良好；带好多功能腰带、橡胶棒（伸缩警棍）、约束带、对讲机、上岗证、健康证、红十字证，并在列车进站前 20 min 随列车长统一列队在站台接车。

接车后，重点检查列车灭火器材，阴暗角落、厕所垃圾桶，列车应急设备（安全梯、防护网、过渡板）配置、定位情况；检查车内设备设施使用状态情况，主要对车内灭火器、列车应急锤等安全重点设施使用状态和铅封情况进行检查，做到检查细致、提前防范；全面巡视车厢，检查是否有无关人员、无主物品，发现可疑人员及物品迅速反馈、妥善处置等内容。

### 案例 4-1

**高速铁路客运乘务员集中培训，备战春运，展现优质服务礼仪**

随着 2024 年春运的临近，各大高速铁路客运段纷纷开展乘务员集中培训，以提升服务品质，确保春运期间为旅客提供优质的服务体验。

在重庆西站，动车组乘务员们正在进行紧张而有序的服务礼仪培训。培训内容涵盖基础业务、形体礼仪、妆容等多个方面，旨在提升乘务员的专业素养和服务水平。培训中，乘务员们认真学习，积极互动，力求将最规范、最靓丽、最阳光的服务形象展示给旅客。

除了重庆，齐齐哈尔客运段也组织休班列车长、列车员及车队干部进行了服务礼仪培训。培训邀请了经验丰富的专业老师，现场示范标准化着装、文明用语、文明礼遇他人、文明坐姿站姿及客运相关礼仪等，引导乘务人员牢固树立标准化意识和文明服务意识。

在沈阳客运段，乘务员们同样接受了全方位的服务礼仪培训。培训内容包括形体姿态、手势、微笑、妆容及文明用语等方面，力求让每一位乘务员都能以最佳状态迎接春运的到来。

这些服务礼仪培训不仅提升了乘务员们的专业素养和服务水平，也展示了高速铁路客运段对旅客出行体验的高度重视。

## 阅读资料 4-1

### 旅客温暖才是铁路为“人民”内涵

近年来，中国铁路客运服务水平不断提高。为了减少和消除旅客到车站排队、站队买票的不方便与辛苦，中国铁路全面推行了互联网售票与电话订票的“无线”服务方式；为了最大限度地发挥铁路的运能，缓解“一票难求”，春运期间加开大量的临客；为了不让旅客再受“黄牛”的“剥削”，从票源上“还”票于民，保障旅客的利益，他们实行了车票实名制；在春运中，为了让旅客走得好、走得了，铁路人（如结婚 18 年盼望着过完整年的铁路客运职工，病夫昏迷仍坚持出乘的列车员）坚守岗位；为做好对老幼病残孕等重点旅客的服务，开设“孕妇角”“母婴港湾”，以及帮助旅客“追回”失物，照顾失明旅客平安返家……这一件件被媒体相继“曝光”的发生在旅客回家、出行的铁路上的温馨而感人的真实例子，让旅客对铁路有了新的认识；对铁路人真情服务有了更加直观的感性认识。

“爱心天使”，这是失明旅客刘先生在 2 000 余公里的回家路中四次下跪，哽咽拜谢帮助他的铁路职工的最真诚的心声，这称呼同样也温暖和感动着车厢里的所有旅客。其实，每一个看到这个故事的旅客都被感动了。

铁路人“以服务为宗旨，待旅客如亲人”的服务理念，被这一个个温情的故事诠释得淋漓尽致。今天，“母婴港湾”让我们看到了铁路基层客运服务部门的又一个细致、周到而有特色的服务。还有什么举措和行为，更能说明“人民铁路为人民”呢？让旅客时刻感受温暖，时刻受到贴心服务，就是旅客心里的人民铁路！

## 阅读资料 4-2

### 中国高速铁路动车组列车服务获国际赞誉

近日，中国高速铁路动车组列车服务在国际上获得了广泛关注和赞誉。作为中国高速铁路“走出去”的标志性项目，雅万高速铁路的成功运营和服务质量，成为展示中国高速铁路服务品质的重要窗口。

据印尼媒体报道，雅万高速铁路自通车以来，不仅大幅缩短了雅加达与万隆之间的旅行时间，更为当地民众带来了前所未有的出行体验。中国高速铁路以其先进的技术、严格的管理和优质的服务，赢得了印尼民众的一致好评。

雅万高速铁路的成功运营，得益于中国铁路部门对服务质量的严格把控。从乘务员的礼仪培训到列车设施的升级改造，从智能化服务的推广到安全管理的加强，中国铁路部门在各个方面都做到了精益求精。这种追求卓越、注重细节的精神，让中国高速铁路在国际上树立了良好的口碑。

此外，中国铁路部门还积极与“一带一路”合作伙伴开展合作，共同推动铁路基础设施建设和运营水平的提升。通过与当地企业的合作，中国铁路部门不仅将先进的技术和管理经验带到了当地，还促进了当地经济的发展和社会的进步。

中国高速铁路动车组列车服务的成功，不仅展示了中国高速铁路的硬实力，也彰显了中国铁路部门对服务品质的高度重视和不断追求。未来，中国高速铁路将继续以卓越的服务品质、先进的技术和管理经验，为国内外旅客提供更加优质、便捷、舒适的出行体验。

## 情境处置 4-1

清晨 5:15，呼和浩特东站站台。列车长组织乘务组召开班前会，检查全员仪容仪表(制服熨烫平整、职务标识佩戴规范)，部署当日重点工作，并通过案例抽问强化应急处置能力。随后，她带领乘务员登车，逐项检查车厢设备设施、应急备品、广播系统及卫生状况，确保旅客环境安全舒适。

同一时段，安全员进入司机室，对制动系统、车门状态、火警装置等关键设备进行自检，实时向列车长通报"设备运行正常"。当列车员发现某座位阅读灯故障时，立即上报："1 车 3A 设备异常"，列车长迅速协调安全员优先检修，并指示列车员临时引导旅客使用替代光源，全程用语规范、闭环沟通。

发车前 10 分钟，全员以标准站姿(挺胸收腹、面带微笑)于车门口迎客。列车长统合各岗位汇报，确认全列备品、安全设备就绪后，下达指令："G2492 次始发准备完成，迎接旅客！"

## 问题思考

当列车员在始发前检查中发现设备故障(如 3A 座位阅读灯损坏)，需联动安全员处理时，列车员应如何规范上报问题？列车长需基于哪些因素判断处置优先级？若故障修复需延至发车后(旅客已登乘)，乘务组如何向旅客解释并采取临时服务补偿措施，避免触碰"服务礼仪红线"？

________________________________________

________________________________________

________________________________________

## 任务训练

### 一、任务训练目标

1. 掌握列车员、列车长和安全员在始发站准备作业时的工作内容。
2. 掌握列车员、列车长和安全员在始发站准备作业时的服务礼仪。

### 二、任务内容

1. 模拟某次列车的始发站准备作业场景。
2. 列车员、列车长和安全员在始发站准备作业时的工作内容和服务礼仪训练。

### 三、任务布置

1. 教师进行训练要求的介绍。
2. 组建始发站准备作业服务礼仪学习小组，3～5 人组成。
3. 每小组自行选举 1 名同学担任小组长，负责任务实施。
4. 撰写场景设计报告、角色分工，每一个同学必须扮演一次列车员、一次列车长和一次安全员。
5. 课前练习。

### 四、任务执行

1. 在实训室或教室模拟某次列车的始发站准备作业场景，分小组进行演练。
2. 自我分析、评价完成任务过程中的成功和不足之处。
3. 小组对任务完成情况进行总结与反思。
4. 教师对学生任务完成情况进行点评。

## 效果评价

**始发站准备作业服务礼仪训练评分表**

姓　名：　　　　　　　　地　点：　　　　　　　　时　间：

| 实训项目 | 实训考查要点 | 分值 | 小组评分 | 教师评分 | 最终得分 |
|---|---|---|---|---|---|
| 始发站准备作业服务礼仪训练 | 1. 着装规范 | 10 | | | |
| | 2. 作业流程规范 | 10 | | | |
| | 3. 作业内容完整 | 10 | | | |
| | 4. 主动热情 | 10 | | | |
| | 5. 态度和蔼 | 10 | | | |
| | 6. 面带笑容 | 10 | | | |
| | 7. 表达清楚 | 10 | | | |
| | 8. 具有沟通协调意识 | 10 | | | |
| | 9. 具有团队协作意识 | 10 | | | |
| | 10. 应急处置得当 | 10 | | | |
| 合　计 | | 100 | | | |

注：该表可根据实际设计的训练项目进行测评。

## 典型工作任务二　始发站作业服务礼仪认知与训练

## 任务引入

**高速铁路客运乘务员：美丽的行走**

“看，比空姐还漂亮呢！”每天从郑州发往外地的动车组列车上，都有一群年轻的乘务员在动车组列车上行走，微笑服务。

“是啊，真是好看！”在艳羡、赞美声中，她们坚守的却是平凡而又辛苦的岗位，是既需要优雅又需要极高责任心的阵地。

五一前夕，我们走上动车组列车，走近这些和郑州高速铁路一起成长的美丽劳动者。

脚底板走出老茧子。

这是一份美丽的工作。

她们身着玫红色修身外套、白色衬衣、灰斜条的一步裙、黑色的高跟鞋。每列动车组列车出发前，这群苗条端庄的女乘务员都会拉着同样的拉杆箱，列队整齐地走入等候在钢轨上的动车组列车，开始出车准备，飒爽的英姿吸引了无数旅客的目光。

这是一份高度紧张而又周密细致的工作。她们每次都要例行巡视车厢，检查车内设施设备：灭火器、破窗锤、列车食品、“红十字”救护箱……

旅客放行后，她们笑迎来客、调整行李、保持车厢通畅整洁……

列车行进中，她们全程站立或行走巡视自己负责的车厢，时刻关注是否有旅客需要帮助……

所有这一切，是郑州客运段高速铁路一队的姑娘们每次出乘时必须尽到的职责。“从郑州到北京短短三个小时内，我需要不停地在车厢内巡视，解决遇到的问题，等到折返郑州退乘，我大概要走 30 多千米的路程。”4 月 18 日，26 岁的京郑组列车长细声细语地说。

相对于列车长，每名列车员各自负责 4 节车厢，每趟车需要走 20 多千米。行走的服务，这是郑州客运段高速铁路一队强调的服务主旨。

时速近 300 km 的动车组列车上举手投足都要仪态万方，要做到这一点并不简单。当旅客们或休息或读书的时候，乘务员们正稳稳当当地走在过道上，左右检视，时刻提供服务。“我们穿着高跟鞋还要走得优雅，其实全靠双脚使劲抓着地板。”23 岁的列车长说，“一天下来脚都肿了。”

“我们乘务员每个人的脚底板都有脚茧，这都是职业病了。”另一名列车长说。

郑州动车组列车乘务员们用自己的行动，诠释着“人民铁路为人民”的宗旨，展现着新时代铁路人的风采。在未来的日子里，她们将继续以饱满的热情和专业的服务，为旅客们提供更加安全、舒适、便捷的出行体验。她们行走在动车组列车上，成为一道亮丽的风景。

**请思考：**

1. 始发站作业时的工作内容主要包括哪些？
2. 始发站作业时有哪些服务礼仪的要求？

## 知识准备

### 一、列 车 员

一般来说，动车组列车列车员在始发站作业时有以下服务内容和礼仪要求：

1. 始发站整备

始发站整备作业要求列车员对列车保洁整备质量进行检查验收，并向列车长汇报检查情况。检查认真，记录翔实，交接清楚。

2. 始发站放客时作业

始发站放客时作业要求列车员迎接旅客上车，面带微笑，点头示意，致欢迎词；立岗及时、引导有序、安排妥善，及时将一等座和二等座之间的感应隔离门调至自动状态；在指定车厢边门处（站台）立岗，引导重点旅客就位，指引旅客放置行李；确认旅客乘降完毕后，向列车长及时汇报；车门关闭后，在车门处面向站台方向行注目礼，直至列车起动离开站台。

## 二、列车长

一般来说，动车组列车列车长在始发站作业时有以下服务内容和礼仪要求：

1. 始发站整备

始发站整备作业要求列车长在列车进站停稳后，调试 GSM-R 终端和无线对讲机，与司机校对准确时间及车次；组织列车员细致检查列车服务设施设备及上水情况、验收车厢卫生，办理交接清楚、做好翔实记录。

2. 始发站放客时作业

始发站放客时作业要求列车长在指定站台位置处立岗，做好重点旅客引导；与车站客运工作人员办理业务交接，掌握乘车人数；确认旅客乘降完毕后通知司机（或随车机械师）关闭车门。遇动车组列车重联运行时，两名列车长互相确认旅客乘降完毕后，由运行前方第一组的列车长负责通知司机（或随车机械师）关闭车门。做到确认准确、用语规范，不提前关门。车门关闭后，在车门处面向站台方向行注目礼，直至列车起动离开站台。

始发站放客时作业，要求列车长及时立岗，引导有序，安排妥善、交接清楚，通知及时、确认旅客乘降完毕细致、及时，如图 4-1 所示。

图 4-1 列车长站台立岗

## 三、安全员

一般来说，动车组列车安全员在始发站作业时有以下服务内容和礼仪要求：

始发站作业要求安全员听从列车长通知做好放客准备工作，到规定车厢立岗，准备迎接旅客上车；迎接旅客上车，面带微笑，点头示意，致欢迎词；在指定车厢边门处（站台）立岗，引导重点旅客就位，指引旅客放置行李；确认旅客乘降完毕后，向列车长及时汇报；车门关闭后，在车门处面向站台立岗；列车开车前 10 min，巡视全列车厢，巡视完毕后回立岗车厢立岗。

### 案例 4-2

**上海客运段打造动车组列车列车员队伍**

为了提高客运服务质量，提升高速铁路品牌效应，上海客运段多措并举打造适应高速铁路时代的列车员队伍。60 名动车组列车员举起右拳郑重承诺：用我们的青春铸就高速铁路一流服务品牌！

魔鬼训练，造就服务天使。上海客运段聘请专业老师讲授“现代服务礼仪”“交际英语”“化妆技巧与实践”“医护急救”等十几门课程。在动车组列车车队健身房里，无论是清晨还是深夜，总有人在咬着筷子练微笑，背靠墙壁练站姿，对着镜子练手势，听着录音机练发音。

劳模领路，孕育创新种子。训练再严，也只是练技能，而做好服务更需要优良的服务心态和创新意识。上海客运段摄制“共和国铁路楷模”何颖、上海市劳模陆伟丽等人的先进事迹，刻成光盘发到各车队，让职工学习。

该段升级了《乘务人员星级管理暨标准化岗位创建实施办法》，每半年进行一次星级评选，星级乘务员共设一星、二星、三星和明星四级，每月有100元至300元的奖励。除了激励办法，这个段还对各类分配办法、约束办法等进行了升级转型。目前，全段掀起了“比学赶超，争当先进”的热潮。

**点评：**列车员，也称列车乘务员，是在列车上专门为旅客提供服务的工作人员。列车员的服务礼仪规范和作业标准，不仅关系到广大旅客的旅途安全与舒适，也是铁路职工良好精神风貌的具体体现。因此，在列车值乘过程中，需要认真贯彻国铁集团、各铁路局集团公司的作业标准，注意总结工作经验，加强科学管理，不断促进乘务工作规范化，服务质量标准化及市场要求品牌化，逐步形成一整套具有铁路特色的客运作业标准。

## 阅读资料 4-3

### 中国高速铁路只有速度够硬？

随着中国高速铁路的快速崛起，除了日益精进的高速铁路技术之外，暖心的出行服务也让旅客切身感受到了中国高速铁路的高质量和人性化服务，展现以人为本的民生情怀，很多小伙伴都在网上分享了自己的真实经历。

翻开历史的画卷，古往今来，关于尊老爱幼的故事不胜枚举，不管是遥远的古代还是当今社会，尊老爱幼都是人类共同的话题。就在前段时间，陈女士带着自己的孩子搭乘动车组列车，孩子忽然感觉身体不适，陈女士身边没有携带任何药物，顿时就慌了。这时餐车工作人员王艺正好经过，得知孩子的情况之后，王艺马上给陈女士找来了退热贴，王艺的热心举动深深打动了陈女士，事后陈女士还亲自给王艺打了表扬电话，为辛苦的高速铁路工作人员点赞！

每个人都有自己的童年，也都有年老的一天，童年生活由于父母的爱而变得美好，年老的时候由于后辈的爱而充满温情。之前，在烟台开往青岛的动车组列车上，一位大爷用轮椅推着一位腿脚不利索的大妈乘车，由于两位老人行李太多，走着不方便，列车上的乘务员们同心合力，一起帮助老人，推轮椅、拿行李、一起帮助他们到座位上，并且给他们倒上了新鲜的柠檬水，乘务员如亲人般的贴心，让两位老人非常感动。

说到高速铁路乘务员的细致与暖心，一位安徽小哥最有体会了。前段时间，一位安徽小哥在搭乘动车组列车途中，不小心扯断了背包带子，他只好一路抱着书包。如此小小的举动引起了列车乘务员的注意，细心的乘务员上前询问小哥后，立即从爱心箱里拿了针线包帮助小哥缝补背包带子，如此贴心的服务，让小哥倍感温暖。

中国高速铁路只有速度够硬？不，动车组列车乘务员的暖心服务不仅向社会传递了人与人之间相互关爱的能量，更体现了铁路部门从细微处彰显他们真心为旅客服务的宗旨。在全面改善旅客的出行环境的同时，一直不断提供人性化服务，让广大旅客的出行更顺畅、平安、有序和温馨，这正是以人为本的民生情怀。

## 阅读资料 4-4

### 中国高速铁路动车组列车服务在印尼广受好评

印度尼西亚的雅万高速铁路项目，作为中国“一带一路”倡议下的重要合作项目，自开通以来便以其卓越的动车组列车服务赢得了国际社会的广泛赞誉。

据印尼媒体报道，雅万高速铁路作为印尼乃至东南亚的首条高速铁路，其最高运营时速达到了 350 km，极大缩短了雅加达与万隆两城之间的旅行时间，由原先的 3 个多小时缩短至40 多分钟，为沿线城市和民众带来了极大的便利。

雅万高速铁路全线采用中国技术、中国标准，其列控系统、车辆制造、轨道铺设等方面均展现了中国高速铁路的先进性和可靠性。在运行过程中，雅万高速铁路动车组列车服务团队始终以旅客为中心，提供周到细致的服务，确保旅客的舒适度和满意度。

此外，雅万高速铁路还积极引入智能化技术，提升服务质量。例如，通过智能调度系统，实现列车的精准调度和高效运行；通过智能客服系统，为旅客提供便捷的咨询和投诉渠道。这些智能化技术的应用，不仅提升了服务质量，也提高了运营效率。

雅万高速铁路的成功运营，不仅为印尼民众带来了便捷高效的出行体验，也为中国高速铁路“走出去”树立了典范。未来，中国高速铁路将继续以卓越的服务品质、先进的技术和管理经验，为更多国家和地区提供高质量的铁路交通服务。

## 情境处置 4-2

早上 7:00，深圳北站 G72 次列车发车前 30 min。列车长巡视车厢时，发现 5 号车厢连接处有两位旅客携带近 1 m 高的未托运木雕试图上车。列车员立即上前，以标准站姿(距离 1.5 m)和引导手势礼貌劝阻：“您好，大型行李需存放至指定位置，我协助您办理。”同时安全员迅速评估通道宽度与应急设备遮挡风险，通过对讲机通报：“5 车连接处安全通道受阻，建议引导至大件行李区。”列车长快速决策：

(1)指示列车员引导旅客补办行李安置(全程保持微笑，主动协助搬运)。

(2)通知安全员检查通道设施状态。

(3)自己留守现场安抚旅客：“感谢理解，这是为确保您和其他旅客的安全通道畅通。”

以上整个事件 2 min 内完成处置，全程未引发争执且通道恢复畅通。

## 问题思考

当列车员劝阻旅客携带超规行李时，如何将生硬的规则条文转化为旅客可接受的利益关切话语？若旅客声称“上次乘车都能带”，列车长应如何回应既维护规则权威又不激化矛盾？安全员在后台提出“安全通道风险”的专业判断后，现场沟通中是否应直接向旅客引用此表述？什么情况下需突破“微笑服务”原则，转为严肃安全警示？

## 任务训练

### 一、任务训练目标

1. 掌握列车员、列车长和安全员在始发站作业时的工作内容。
2. 掌握列车员、列车长和安全员在始发站作业时的服务礼仪。

### 二、任务内容

1. 模拟某次列车的始发站作业场景。
2. 列车员、列车长和安全员在始发站作业时的工作内容和服务礼仪训练。

### 三、任务布置

1. 教师进行训练要求的介绍。
2. 组建始发站作业服务礼仪学习小组，3～5 人组成。
3. 每小组自行选举 1 名同学担任小组长，负责任务实施。
4. 撰写场景设计报告，角色分工，每一个同学必须扮演一次列车员、一次列车长和一次安全员。
5. 课前练习。

### 四、任务执行

1. 在实训室或教室模拟某次列车的始发站作业场景，分小组进行演练。
2. 自我分析、评价完成任务过程中的成功和不足之处。
3. 小组对任务完成情况进行总结与反思。
4. 教师对学生任务完成情况进行点评。

## 效果评价

**始发站作业服务礼仪训练评分表**

姓　名：　　　　　　　　　地　点：　　　　　　　　　时　间：

| 实训项目 | 实训考查要点 | 分值 | 小组评分 | 教师评分 | 最终得分 |
|---|---|---|---|---|---|
| 始发站作业服务礼仪训练 | 1. 着装规范 | 10 | | | |
| | 2. 作业流程规范 | 10 | | | |
| | 3. 作业内容完整 | 10 | | | |
| | 4. 主动热情 | 10 | | | |
| | 5. 态度和蔼 | 10 | | | |
| | 6. 面带笑容 | 10 | | | |
| | 7. 表达清楚 | 10 | | | |
| | 8. 具有沟通协调意识 | 10 | | | |
| | 9. 具有团队协作意识 | 10 | | | |
| | 10. 应急处置得当 | 10 | | | |
| 合　计 | | 100 | | | |

注：该表可根据实际设计的训练项目进行测评。

# 典型工作任务三　途中作业服务礼仪认知与训练

## 任务引入

### “一波三折”的回家路

2月4日15:07，由北京西开往重庆北的G571次列车西安北站开车前，旅客王先生找到列车长，称他从北京西上车前，因身体不适就自行服用了一些感冒药，现在感觉四肢无力，并反映说自己以前肺部有过疾病。听完旅客的描述，考虑到列车还未开车，列车长建议旅客下车治疗。但王先生归家心切，于是拒绝了列车长的好意。

通过列车广播寻医，一名自称来自西北工业大学医院的超声室医生刘医生给王先生测量体温38.5 ℃，王先生使用退烧贴后，列车长嘱咐列车员做好重点关注和服务。列车在到达汉中站前，列车员小孙发现王先生脸色不对劲，列车即将进站，小孙只能用对讲机告知列车长旅客的情况。在停站时，列车再次广播寻医，而刘医生已经在汉中站下车了，所幸来自华西医院呼吸科的于医生从10号车厢赶过来。经他测量诊断，王先生的体温从38.5 ℃上升到39.5 ℃，列车长对王先生进行劝说，再次建议王先生下车治疗，但王先生依然坚持回重庆再说。

面对持续上升的体温和王先生执拗的态度，列车长一边配合医生对王先生进行一番物理降温，并再三建议旅客下车治疗，也告知了继续拖延可能带来的严重后果。终于，王先生被说动，同意在下一站下车治疗。在征求到旅客同意后，列车长立即联系客调，请求在广元站需要

120救治。17:17,列车到达广元站,看着站台上等候的医务人员,列车长揪着的心终于得到了缓解。

**请思考:**

1. 途中作业时的工作内容主要包括哪些?

2. 途中作业时有哪些服务礼仪的要求?

## 知识准备

### 一、列 车 员

一般来说,动车组列车列车员在途中作业时有以下服务内容和礼仪要求:

1. 开车后作业

开车后作业要求列车员行注目礼至列车出站;及时巡视车厢,检查行李摆放是否平稳;仔细查验车票并办理相关业务;卧车做好旅客乘车登记,掌握旅客去向;检查途中保洁作业质量;掌握重点旅客动态;遇有列车晚点,做好旅客安抚和解释工作。

整个作业过程要求核对席位仔细,态度和蔼;登记及时,记录准确,解答问询耐心,解释安抚及时,减少对旅客的干扰。

2. 中途停站作业

中途停站作业要求列车员到站立岗及时、引导有序,到站前提前通报旅客做好下车准备,在车门内向站台方向车门处立岗,行注目礼目迎进站;在指定车厢边门处(站台)立岗,引导重点旅客到位,指引旅客放置行李;确认旅客乘降完毕后,向列车长汇报;卧车更换中途下车旅客的卧具,做到卧具一客一换,卧车登记及时,记录准确;车门关闭后,在车门处面向站台立岗。

### 二、列 车 长

一般来说,动车组列车列车长在途中作业时有以下服务内容和礼仪要求:

1. 开车后作业

开车后作业要求列车长行注目礼至列车出站;巡视车厢,检查行李摆放情况;根据剩余席位信息,核对空余席位,组织查验车票;督促检查途中保洁作业质量,如实填写验收记录;检查列车餐营工作情况,制止违规经营行为;掌握重点旅客动态,落实"首问首诉"负责制;发现设备故障,通知随车机械师及时处理;遇有列车晚点超过15 min,及时向司机了解原因,通过广播向旅客致歉并说明情况。

开车后作业时,列车长要求广播按时播报,音量适中;行李物品摆放平稳,通道保持畅通;减少对旅客的干扰;保洁和餐营工作检查仔细,质量达标;重点旅客重点照顾,服务旅客耐心周到;及时督促随车机械师修复设备故障,确保设备作用良好;耐心解答问询,广播致歉及时。

2. 中途停站作业

中途停站作业要求列车长到站前5 min广播通报站名、到开时刻,开车后5 min内广播预告前方停车站、到开时刻;在指定站台位置处立岗,做好重点旅客引导;与车站客运值班员办理业务交接,确认旅客乘降完毕后通知司机(或随车机械师)关闭车门。

中途停站作业时,列车长要求广播按时播报,内容准确,音量适中;到站立岗及时、引导有序，安排妥善；确认旅客乘降完毕准确，通知及时。

## 三、安 全 员

一般来说，动车组列车安全员在途中作业时有以下服务内容和礼仪要求：

1. 开车后作业

开车后作业要求安全员行注目礼至列车出站；及时巡视车厢，落实车厢各项安全制度；仔细查验车票并办理相关业务；卧车做好旅客乘车登记，掌握旅客去向；检查途中保洁作业质量；掌握重点旅客动态；遇有列车晚点，做好旅客安抚和解释工作；检查车内安全设备（图 4-2）、服务设施，发现问题及时向列车长报告，并悬挂“暂停使用牌”；核查可疑物品，巡视途中注意无人看管行李，如无人认领，在确保安全的情况下慎重检查；途中重点对列车灭火器、安全锤、紧急停车按钮、紧急呼叫按钮、紧急开门按钮、过渡板、安全梯、防护网、应急喇叭等安全设备进行检查，防止不法分子恶意破坏；检查可疑人物，如碰到神色异常、慌张的旅客，主动上前进行盘查身份证车票等相关信息（查验票证是否相符），如发现可疑情况检查随身行李；“三品”查堵，利用口头宣传的形式向旅客解说“三品”的危险性，特殊时节加大开包率的检查；协助列车长处理旅客纠纷，途中如遇到旅客纠纷情况，立即通知列车长，并协助列车长做好劝阻调节工作，影响列车运行秩序、危害人身安全和财产安全的行为，控制好相关当事人交由前方站派出所做具体处理；巡视车厢后，安全员回到指定车厢进行车容整理（图 4-3）、业务处理等作业。

图 4-2　检查车内安全设备

图 4-3　车容整理作业

2. 中途停站作业

中途停站作业要求安全员到站立岗及时、引导有序，到站前提前通报旅客做好下车准备，在车门内向站台方向车门处立岗，行注目礼目迎进站；在指定车厢边门处（站台）立岗，引导重点旅客到位，指引旅客放置行李；确认旅客乘降完毕后，向列车长汇报；车门关闭后，在车门处面向站台立岗。

## 案例 4-3

### 上海客运段沪京高速铁路车队

上海客运段沪京高速铁路车队是一支负责京沪高速铁路动车组列车运营服务的专业团队。作为连接北京和上海这两座重要城市的高速铁路动车组列车服务提供者，该车队在提供高效、舒适和安全的旅行体验方面发挥着重要作用。车队自 2011 年 5 月 5 日成立以来，一直秉承原“东方号”列车的经典文化底蕴，结合京沪两地独特的文化环境，主动拓展工作思路，组织专人对“东方号”服务工作进行了深入总结，牢牢把握动车组列车服务流程中的关键要素和关键时刻，创新形成了以微笑(smile)、快速(speed)、标准(standard)、特别(special)和满意(satisfy)为主要内容的“5S”特色服务法，并逐一赋予具体的服务新内容，为提升服务软实力提供了有效的载体。根据列车开行后的旅客需求，车队不断总结品牌建设经验，创新服务内涵，先后推出了 VIP 旅客称呼姓氏温馨服务；网络购票旅客座席查询、导乘服务等一系列服务举措。同时，车队定期开展“十佳高铁服务明星”“十佳高铁列车长”评选，服务理念大讨论等活动，使干部职工把服务意识、窗口意识内化于心、外化于行。

此外，车队还不断探索和创新服务模式，如试点“静音车厢”，引导旅客养成文明乘车习惯等，以提升旅客的乘车体验。他们注重细节服务，为旅客提供贴心的关怀和帮助，使旅客在旅途中感受到家的温暖和舒适。作为京沪高速铁路的重要服务力量，上海客运段沪京高速铁路车队一直致力于为旅客提供优质的旅行服务。他们的努力得到了广大旅客的认可和赞誉，成为京沪高速铁路上的一道亮丽风景线。

**点评：**服务，说起来容易做起来难，需要坚持、坚守。对服务工作进行归纳总结，形成岗位规范和岗位实践，从而培养职工恪尽职守的工作态度、热爱旅客的职业情感、精益求精的业务技能，这一切均蕴含着人民铁路为人民的初心追求。

## 阅读资料 4-5

### 有一种传承叫初心不变
### ——中国铁路广州局集团有限公司广九客运段广九车队工作掠影

一百年，一条铁路，连接粤港两地，见证历史变迁。

一趟列车，穿越罗湖界桥，助力时代巨变。

担当广州至香港九龙广九直通车值乘任务的中国铁路广州局集团有限公司广九客运段广九车队的一代代乘务员们，不忘初心、牢记使命，始终传承着“心中有国、心中有责、心中有德、心中有爱”的精神，践行“拒腐蚀、永不沾”的承诺，不断提升服务水平，照亮前行路，温暖旅客心。

广州至香港九龙铁路于1911年全线通车，至现在已有110多年的历史。

广九客运段广九车队是一支有着光荣传统的车队，它的前身是1959年成立的广深二组，担当广州至深圳间客运列车乘务工作，以其优质的服务，被誉为“铁路线上好八连”，乘务员刘秋容等先进典型还受到当时党和国家领导人的亲切接见。

从1979年开始，广深二组改名为广九二组，担当广九直通车乘务工作，到20世纪末，改名为现在的广九车队，职工105名。

广九车队不断跨越时代，传承“四有”精神，不断开拓创新，推出多项首创性服务：第一个供应列车自助餐，第一个开设列车早茶市，第一个在列车上实行普通话、英语、粤语服务，第一个在列车上开展免税商品销售服务，第一个在列车上推出无干扰服务……广九车队始终走在全国铁路客运服务的前列。

入眼的是繁华，入心的是信念。40多年前，英姿飒爽的广九乘务员带来一股清风；如今，车队依然担当重任，永不言歇。一批批广九乘务员薪火相传，砥砺前行，带着广九直通车的服务和精神，走上城际列车，走上高速铁路动车组列车，走上开往香港的高速铁路动车组列车，将广九精神发扬光大，始终在交通强国、铁路先行的新征程中作表率、当先锋，焕发出新时代新的生命力，力争为粤港澳大湾区建设作出新的贡献！

## 情境处置 4-3

列车驶离车站10 min后，列车员巡视至5号车厢时发现一位老年旅客面色苍白、呼吸急促，立即用对讲机呼叫：“列车长！5车12B座旅客疑似心梗，请求支援！”同时疏散周围旅客保持通风，取出药箱备用。列车长启动应急预案：①通过GSM-R终端联系前方石家庄站调度，请求120进站待命；②广播寻医（“各位旅客，5号车厢有旅客突发急症，请医务人员速至协助。”）③通知安全员携带自动体外除颤器赶赴现场。安全员抵达后迅速设置临时隔离区，检查旅客随身药物（发现其携带硝酸甘油），协助其舌下含服，并持续监测脉搏。此时一名医护身份旅客响应广播到场，指导乘务组将患者调整为平卧位，头部垫高避免窒息。列车员全程半蹲守护，用湿毛巾擦拭患者额头降温，轻声安抚：“救护车已在石家庄站等您，我们全程陪着您！”。14:40列车停靠石家庄站，安全员率先开启专用通道，列车长与120急救人员交接病史及用药记录，列车员协助提拿行李并护送下车，完成“车上—站台—救护车”无缝移交。

## 问题思考

当旅行途中列车员发现旅客突发急病时，在广播寻医时仅说明“急症”而不暴露具体病名，此举虽保护隐私，但若旅客隐瞒病史导致医护误判，应如何调整话语兼顾信息准确性与隐私尊重？安全员为患者舌下含服硝酸甘油属于专业医疗操作，若操作前未完整口述步骤（如“现在为您含服缓解心脏药物”）是否违反服务礼仪中的“透明沟通”原则？隔离区设置在车厢连接处虽减少围观，但可能加剧旅客“被隔离”的焦虑感，如何通过语言安抚，以平衡旅客安全与尊严？

## 任务训练

### 一、任务训练目标

1. 掌握列车员、列车长和安全员在途中作业时的工作内容。
2. 掌握列车员、列车长和安全员在途中作业时的服务礼仪。

### 二、任务内容

1. 模拟某次列车的途中作业场景。
2. 列车员、列车长和安全员在途中作业时的工作内容和服务礼仪训练。

### 三、任务布置

1. 教师进行训练要求的介绍。
2. 组建途中作业服务礼仪学习小组，3～5 人组成。
3. 每小组自行选举 1 名同学担任小组长，负责任务实施。
4. 撰写场景设计报告，角色分工，每一个同学必须扮演一次列车员、一次列车长和一次安全员。
5. 课前练习。

### 四、任务执行

1. 在实训室或教室模拟某次列车的途中作业场景，分小组进行演练。
2. 自我分析、评价完成任务过程中的成功和不足之处。
3. 小组对任务完成情况进行总结与反思。
4. 教师对学生任务完成情况进行点评。

## 效果评价

**途中作业服务礼仪训练评分表**

姓　名：　　　　　　　地　点：　　　　　　　时　间：

| 实训项目 | 实训考查要点 | 分值 | 小组评分 | 教师评分 | 最终得分 |
|---|---|---|---|---|---|
| 途中作业服务礼仪训练 | 1. 着装规范 | 10 | | | |
| | 2. 作业流程规范 | 10 | | | |
| | 3. 作业内容完整 | 10 | | | |
| | 4. 主动热情 | 10 | | | |

续上表

| 实训项目 | 实训考查要点 | 分值 | 小组评分 | 教师评分 | 最终得分 |
|---|---|---|---|---|---|
| 途中作业服务礼仪训练 | 5. 态度和蔼 | 10 | | | |
| | 6. 面带笑容 | 10 | | | |
| | 7. 表达清楚 | 10 | | | |
| | 8. 具有沟通协调意识 | 10 | | | |
| | 9. 具有团队协作意识 | 10 | | | |
| | 10. 应急处置得当 | 10 | | | |
| 合　计 | | 100 | | | |

注:该表可根据实际设计的训练项目进行测评。

## 典型工作任务四　终到(折返)站作业服务礼仪认知与训练

### 任务引入

**千叮万嘱中的关怀**

2月3日,88岁的高龄退伍军人刘先生独自乘坐G571次从北京回成都。北京西站始发开车后,列车员小雷在巡视车厢时发现了他。在问询时了解到,他是独自一人乘车回成都女儿家。小雷在他的座位旁挂上爱心卡,便于做好重点服务。

一路上,老人总是望着窗外,神情落寞的样子让小雷有些难受。在帮老人接送开水或者搀扶他去洗手间的时候,她总会用自己的健谈来让老人参与到对话中。刘先生本是北京人,十五岁离开家乡当兵,后来定居成都,到现在已经六十多年。因为心里时常念着自己的故乡,回北京后在妹妹家待了一个多月,发现自己竟不习惯北方的气候,于是决定独自回成都。

终到成都东站后,得知老人的女儿在东广场出站口等待着老人,小雷在列车到站前便早早地回到老人的车厢,帮老人把行李搬到车门口,搀扶着老人下车朝电梯口处走去,并不断地嘱咐着老人"不要和其他旅客挤""一定要等人流少了你再上电梯"。老人一边点头一边喋喋地说着"谢谢"。因为还要落实退乘作业,只能将他送到电梯口后,小雷小跑回到车厢,在车门口处,她转头看见老人还在电梯口处一直朝她挥手。

**请思考:**

1. 终到(折返)站作业时的工作内容主要包括哪些?
2. 终到(折返)站作业时有哪些服务礼仪的要求?

### 知识准备

#### 一、列 车 员

一般来说,动车组列车列车员在终到(折返)站作业时有以下服务内容和礼仪要求:

1. 组织旅客下车

组织旅客下车作业要求列车员到站前提前通报旅客做好下车准备；到站后在指定车厢边门处（站台）立岗，与旅客道别，协助重点旅客下车（图 4-4）；旅客下车完毕，巡视检查车厢（图 4-5），发现旅客遗失物品，及时报告上交列车长。

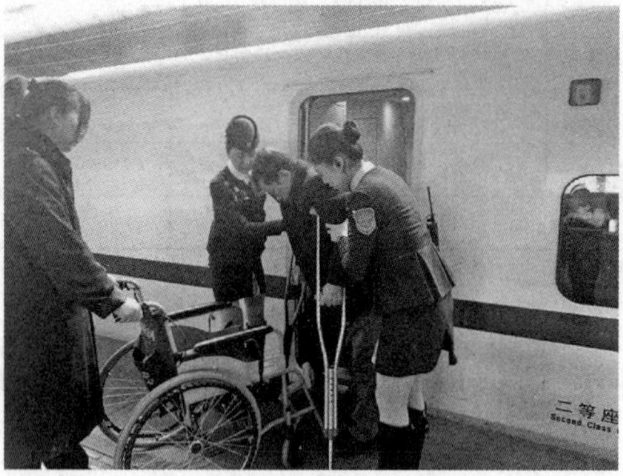

图 4-4　协助重点旅客下车

图 4-5　退乘前巡视检查车厢

整个作业过程要求立岗标准，主动热情，举止规范、动作迅速，检查仔细。

2. 交接作业

交接作业要求列车员清点备品卧具要准确，和接班班组办理好交接，交接清楚，手续完备。交接完毕后，交班乘务组列队在指定位置处站台面向列车立岗，目送列车出站。

## 二、列 车 长

一般来说，动车组列车列车长在终到（折返）站作业时有以下服务内容和礼仪要求：

1. 组织旅客下车

组织旅客下车作业要求列车长在列车终到前 5 min 播放欢送词；列车到站后，在指定站台位置处立岗，与旅客道别，协助重点旅客下车；旅客下车完毕，巡视检查全列车厢。

组织旅客下车作业中，要求列车长按时播报广播，音量适中；立岗标准，举止规范、主动热情；巡视动作迅速，检查仔细。

2. 交接作业

交接作业要求列车长与车站客运值班员办理业务交接；遇交接班时，交接班列车长在指定站台位置处交接；交接完毕后，交班乘务组列队在指定位置处站台面向列车立岗，目送列车出站，如图 4-6 所示。

交接作业中，列车长要求交接迅速，内容清楚、手续完备。

## 三、安 全 员

一般来说，动车组列车安全员在终到（折返）站作业时有以下服务内容和礼仪要求：

1. 组织旅客下车

组织旅客下车作业要求安全员在指定车厢边门处（站台）立岗，与旅客道别，协助重点旅客下车；旅客下车完毕，巡视检查车厢，发现旅客遗失物品，及时报告上交列车长。

图 4-6　乘务组站台立岗，目送列车出站（入库）

整个作业过程要求立岗标准，主动热情，举止规范、动作迅速，检查仔细。

2. 交接作业

交接作业要求安全员和接班班组办理好交接，交接清楚，手续完备。交接完毕后，交班乘务组列队在指定位置处站台面向列车立岗，目送列车出站。

## 案例 4-4

**动车组列车服务全面升级，提升旅客出行体验**

近日，随着旅客出行需求的不断增长，动车组列车服务也迎来了全面升级。从服务礼仪到设施配置，再到智能化技术的应用，一系列创新举措的推出，旨在进一步提升旅客的出行体验。

在服务礼仪方面，各大高速铁路客运段纷纷加强了对乘务员的培训，确保他们在为旅客提供服务时能够遵循规范、礼貌周到。从微笑服务到礼貌用语，从妥善处理旅客投诉到提供个性化服务，乘务员们都在努力为旅客创造更加舒适、温馨的出行环境。

在设施配置方面，动车组列车不断引入新技术、新设备，提升旅客的乘车舒适度。例如，一些列车配备了更加宽敞的座椅、可调节的阅读灯和电源插座等，满足旅客在旅途中阅读、办公和娱乐的需求。同时，车厢内的空气质量也得到了有效改善，为旅客提供更加清新的乘车环境。

在智能化技术应用方面，动车组列车也取得了显著进展。通过引入人工智能、大数据等技术手段，列车实现了更加精准的客流预测、更加智能的调度管理和更加便捷的信息查询服务。旅客可以通过手机 App 或列车上的智能设备，实时查询列车运行信息、座位预订情况等，享受更加便捷、高效的出行服务。

此外，高速铁路客运段还加强了与旅游、餐饮等行业的合作，为旅客提供更加多样化的服务选择。例如，一些列车上设置了特色餐饮区、旅游纪念品销售区等，满足旅客在旅途中的多样化需求。

**点评**：动车组列车服务的全面升级，不仅提升了旅客的出行体验，也展示了中国高速铁路客运服务的专业性和创新性。未来，随着技术的不断进步和服务理念的不断更新，动车组列车将继续为旅客提供更加优质、便捷、舒适的出行服务。

## 阅读资料 4-6

**两种速度同惊喜**

20:40，座无虚席的D237次列车满载着旅客的愉悦与期待驶离北京南站，奔向400多千米外的济南西站。

“回程乘坐时速250 km的动车组列车，我的京沪高铁之旅算是圆满了！”旅客田先生高兴地说。

20多分钟前，他刚刚乘坐京沪高速铁路济南西站始发的G148次列车抵达北京南站，对列车上充满科技感、人性化的设施倍感新奇。从列车员手中接过矿泉水，他感慨道：“和G148次列车一样，D237次列车的服务同样是高品质、高水平。”

济南客运段高速动车队列车长安文静说，虽然她们已经在动车组列车上工作5年了，但仍在不久前接受了“拔高培训”，包括熟悉新型车设备、突发事件处理、优化服务内容等。

速度有差别、服务无差别。时速300 km也好，时速250 km也好，在旅客眼中都是京沪动车组列车，都要用最好的服务诠释这条让全世界瞩目的高速铁路。

## 情境处置 4-4

列车到站后，旅客下客完毕，列车员清查车厢时在7车12F座席发现无主黑色双肩包（内含笔记本计算机、合同文件），立即通报：“列车长！7车12F座席遗留贵重行李，包外侧有‘李*明’姓名贴。”列车长同步启动三线处置：①通过GSM-R系统联系车站控台广播寻人；②指示列车员全程录像开包核查身份线索（发现合同甲方电话）；③通知站台安全员监控可疑物品风险。安全员使用防爆探测仪初检无风险后，指导列车员将包移交至失物招领处。

## 问题思考

当列车员发现旅客遗失物品时应该如何处置？当列车员开包核查旅客遗失物品时如何做到隐私保护与处置效率的平衡？

## 任务训练

### 一、任务训练目标

1. 掌握列车员、列车长和安全员在终到(折返)站作业时的工作内容。
2. 掌握列车员、列车长和安全员在终到(折返)站作业时的服务礼仪。

### 二、任务内容

1. 模拟某次列车的终到(折返)站作业场景。
2. 列车员、列车长和安全员在终到(折返)站作业时的工作内容和服务礼仪训练。

### 三、任务布置

1. 教师进行训练要求的介绍。
2. 组建终到(折返)站作业服务礼仪学习小组,3～5 人组成。
3. 每小组自行选举 1 名同学担任小组长,负责任务实施。
4. 撰写场景设计报告,角色分工,每一个同学必须扮演一次列车员、一次列车长和一次安全员。
5. 课前练习。

### 四、任务执行

1. 在实训室或教室模拟某次列车的终到(折返)站作业场景,分小组进行演练。
2. 自我分析、评价完成任务过程中的成功和不足之处。
3. 小组对任务完成情况进行总结与反思。
4. 教师对学生任务完成情况进行点评。

## 效果评价

**终到(折返)站作业服务礼仪训练评分表**

姓　名:　　　　　　　　　　地　点:　　　　　　　　　　时　间:

| 实训项目 | 实训考查要点 | 分值 | 小组评分 | 教师评分 | 最终得分 |
|---|---|---|---|---|---|
| 终到(折返)站作业服务礼仪训练 | 1. 着装规范 | 10 | | | |
| | 2. 作业流程规范 | 10 | | | |
| | 3. 作业内容完整 | 10 | | | |
| | 4. 主动热情 | 10 | | | |
| | 5. 态度和蔼 | 10 | | | |
| | 6. 面带笑容 | 10 | | | |
| | 7. 表达清楚 | 10 | | | |
| | 8. 具有沟通协调意识 | 10 | | | |

续上表

| 实训项目 | 实训考查要点 | 分值 | 小组评分 | 教师评分 | 最终得分 |
|---|---|---|---|---|---|
| 终到(折返)站作业服务礼仪训练 | 9. 具有团队协作意识 | 10 | | | |
| | 10. 应急处置得当 | 10 | | | |
| 合　计 | | 100 | | | |

注:该表可根据实际设计的训练项目进行测评。

# 典型工作任务五　退乘作业服务礼仪认知与训练

## 任务引入

### 包头客运段推出“4＋1”作业法

为不断完善“服务旅客创先争优”长效机制,努力推进“服务旅客创先争优”常态化,包头客运段推出了“4＋1”作业法,即列队行进、定位接车、召开小班会、垃圾成线加听哨声作业。

出、退乘排队点名、列队行进。库内行走时两人成行、三人成列。途中交接班、就餐时,按车厢顺序依次列队行进、返回等。列车长带队进站接车,乘务员按照车厢对应停靠位置,立正等待,定位接车。出乘时,由列车长组织召开乘务会,传达上级命令、指示,安排工作计划。退乘后,召开小班会,提醒不足。车厢内的垃圾一律装袋、封口,在指定投放站投放。听哨声作业是包头客运段结合自身实际,创立的新的作业标准。始发站放行前,由列车值班员吹哨指挥作业。乘务员听到第一声哨响,顺序擦拭车门手把杆、车体黄线、方向牌、后部车门手把杆。第二声哨响,统一沿白线返回,面向车门站立。第三声哨响,两步登车、锁闭车门。

“4＋1”作业法规范了作业标准,提升了管理品质,有效推动了“服务旅客创先争优”常态化。

**请思考:**

1. 退乘作业时的工作内容主要包括哪些?
2. 退乘作业时有哪些服务礼仪的要求?

## 知识准备

### 一、列 车 员

一般来说,动车组列车列车员在退乘作业时有以下服务内容和礼仪要求:

退乘作业要求列车员必须由列车长带领,严格按固定径路集体出站退乘,通过线路时,应走天桥、地道,无天桥、地道时应走平交道,不横越线路,不钻爬车底,不跨越车钩,不与运行中的机车车辆抢行。通过平交道时,必须做到“一站、二看、三通过”,并落实“手比、眼看、口呼”有形化措施。需要缴款时,指派专人到规定地点缴款。需要住宿的班组,按指定线路行走,集体入住公寓休息。参加退乘会,听取列车长当趟乘务工作总结,认真做好笔记。

## 二、列 车 长

一般来说，动车组列车列车长在退乘作业时有以下服务内容和礼仪要求：

退乘作业要求列车长召开退乘会，总结工作完成情况，填写“乘务日志”；带领乘务组列队出站退乘，退乘时必须严格按固定径路行走，通过线路时，应走天桥、地道，无天桥、地道时应走平交道，不横越线路，不钻爬车底，不跨越车钩，不与运行中的机车车辆抢行，如图4-7所示。通过平交道时，必须做到“一站、二看、三通过”，并落实“手比、眼看、口呼”有形化措施。需要缴款时，指派专人到规定地点缴款。需要住宿的班组，组织全体乘务员在公寓休息。到客运段值班室报到，汇报工作完成情况，递交“乘务日志”等报表，上交有关设备，接受命令指示。

图4-7　乘务组列队出站退乘

退乘作业中，列车长要求做到总结重点突出，“乘务日志”记录翔实；队列整齐；交款及时，有专人护送，账款相符；设备交接清楚，手续完备。

## 三、安 全 员

一般来说，动车组列车安全员在退乘作业时有以下服务内容和礼仪要求：

退乘作业要求安全员必须由列车长带领，列队出站退乘，严格按固定径路行走，通过线路时，应走天桥、地道，无天桥、地道时应走平交道，不横越线路，不钻爬车底，不跨越车钩，不与运行中的机车车辆抢行。通过平交道时，必须做到“一站、二看、三通过”，并落实“手比、眼看、口呼”有形化措施。巡乘制列车终到后陪同班组缴款。需要住宿的班组，集体入住公寓休息。退乘时将安全员装备清点、入柜锁闭。参加退乘会，听取列车长当趟乘务工作总结，认真做好笔记。

### 案例 4-5

**开阔视野、更新理念，不断提高为民服务**

某年9月12日下午，福州客运段组织乘务员来到厦门航空福州分公司，学习和了解厦门航空公司先进的服务理念、优质的服务技巧和经验，实地观摩厦门航空服务文化阵地、服务设施等，观摩应急演练和服务礼仪示范，切身感受厦门航空优质服务水平和浓厚服务氛围，促进动车组列车乘务员开阔视野、更新理念，不断提高为民服务。

**点评**：随着铁路的发展，铁路管理与服务也随着旅客的需求发生很多的变化。很多铁路客运服务人员都向各大航空公司看齐，学习先进的服务理念和优质的服务技能就是跟进服务的措施之一。

## 阅读资料 4-7

**动车组列车服务再升级，旅客出行更便捷舒适**

随着高速铁路网络的日益完善，动车组列车服务也在不断创新和升级，以满足广大旅客日益增长的美好出行需求。

近日，某高速铁路客运段推出了一系列服务新举措，旨在提升旅客的出行体验。首先，在列车上增设了智能导览系统，旅客可以通过手机或列车上的显示屏，实时查询列车运行信息、站点停靠时间等，方便旅客合理安排行程。

其次，该客运段还加强了列车餐饮服务的品质管理。不仅推出了多种口味的餐食供旅客选择，还严格把控食材采购、加工等环节，确保食品安全卫生。同时，列车上还提供了多样化的饮品和小吃，满足旅客在旅途中的不同需求。

此外，为了提高旅客的乘车舒适度，该客运段还对列车座椅进行了升级改造。新座椅不仅更加宽敞舒适，还配备了可调节的头枕和腰靠，让旅客在旅途中能够享受到更加舒适的坐姿。同时，列车上还配备了 USB 充电口和 Wi-Fi 等设施，方便旅客在旅途中使用电子设备。

在应对突发情况方面，该客运段也做了充分准备。列车上配备了急救箱和常用药品，并定期组织乘务员进行急救培训，确保在旅客遇到突发情况时能够及时得到救助。

这些服务新举措的推出，得到了广大旅客的一致好评。旅客们纷纷表示，动车组列车服务越来越人性化、智能化，让他们的出行更加便捷舒适。

未来，动车组列车服务还将继续创新和升级，为旅客提供更加优质、高效、便捷的出行体验。

## 情境处置 4-5

旅客下车完毕，列车长在 5 号车厢召开站立式退乘会。乘务组按岗位序列呈弧形列队，制服肩章对齐，手持“乘务日志”准备汇报。列车长通报本趟服务数据(正点率 100%、遗失物品 3 件已移交)，肯定列车员发现急救药盒时优先联系医疗站的专业处置，同时提出优化项：“3 车呼唤铃响应超时 2 s，下趟需提前 2 min 巡检设备”。随后组织列队退乘：组员沿站台盲道内沿 1.5 m 列横队，箱包统一右侧竖向放置(拉杆缩回)，列车长自身示范 45°转体礼致谢保洁人员；

行进时安全员戴反光臂章压队防护，跨越平交道举手示意车流；登通勤车时执行“岗位倒序上车”，列车长主动为司机递水：“刘师傅辛苦，水温 60 ℃请慢用。”途中列车长同步服务闭环：“药盒已签收，旅客致电 12306 表扬。”并结合台风预警追加团队关怀：“明日停运信息已发群，各位返程注意安全。”

## 问题思考

在退乘环节中，列车长如何通过“外在纪律性”（如制服肩章对齐）与“内在情感联结”（如退乘会肯定用语）的双重作用，提升乘务组的职业认同感与团队归属感？若乘务组含新入职员工，标准化动作对新成员融入团队有何积极影响？

______________________________________________

______________________________________________

______________________________________________

## 任务训练

### 一、任务训练目标

1. 掌握列车员、列车长和安全员在退乘作业时的工作内容。
2. 掌握列车员、列车长和安全员在退乘作业时的服务礼仪。

### 二、任务内容

1. 模拟某次列车的退乘作业场景。
2. 列车员、列车长和安全员在退乘作业时的工作内容和服务礼仪训练。

### 三、任务布置

1. 教师进行训练要求的介绍。
2. 组建退乘作业服务礼仪学习小组，3～5 人组成。
3. 每小组自行选举 1 名同学担任小组长，负责任务实施。
4. 撰写场景设计报告，角色分工，每一个同学必须扮演一次列车员、一次列车长和一次安全员。
5. 课前练习。

### 四、任务执行

1. 在实训室或教室模拟某次列车的退乘作业场景，分小组进行演练。
2. 自我分析、评价完成任务过程中的成功和不足之处。
3. 小组对任务完成情况进行总结与反思。
4. 教师对学生任务完成情况进行点评。

## 效果评价

**退乘作业服务礼仪训练评分表**

姓　名：　　　　　　　　　　　　　　地　点：　　　　　　　　　　　　　　时　间：

| 实训项目 | 实训考查要点 | 分值 | 小组评分 | 教师评分 | 最终得分 |
|---|---|---|---|---|---|
| 退乘作业服务礼仪训练 | 1. 着装规范 | 10 | | | |
| | 2. 作业流程规范 | 10 | | | |
| | 3. 作业内容完整 | 10 | | | |
| | 4. 主动热情 | 10 | | | |
| | 5. 态度和蔼 | 10 | | | |
| | 6. 面带笑容 | 10 | | | |
| | 7. 表达清楚 | 10 | | | |
| | 8. 具有沟通协调意识 | 10 | | | |
| | 9. 具有团队协作意识 | 10 | | | |
| | 10. 应急处置得当 | 10 | | | |
| 合　计 | | 100 | | | |

注：该表可根据实际设计的训练项目进行测评。

## 项目综合训练

# 实训1　动车组列车服务感人案例汇报

### 1. 实训目标

通过实训，能够关注我国动车组列车服务的发展变化，了解客运服务的要求和实战事例，感知我国高速铁路客运工作人员的高度责任感和崇高的职业道德，从而培养热爱铁路和人民的情感，促进职业道德和社会责任感的提升。

### 2. 实训要求

(1)每个学生必须参加。

(2)每个小组收集 2～5 个案例。

(3)撰写的文案，每个不少于 500 字。

(4)每个小组 PPT 讲演或文案汇报不多于 5 min。

### 3. 实训内容

(1)资料收集：利用互联网收集我国动车组列车客运服务方面的案例，特别是春运和暑运高峰期的服务案例。

(2)分组:每个小组进行角色分工。
(3)合作内容:搜集资料、撰写文案、PPT 制作等。
(4)讲演或案例汇报。

### 4. 实训评价

**职业核心能力与道德素质评价表**

| 评价项目 | | 分值 | 小组评分 | 教师评分 | 最终得分 |
|---|---|---|---|---|---|
| 职业核心能力与道德素质 | 1. 自我学习 | 20 | | | |
| | 2. 信息处理 | 20 | | | |
| | 3. 解决问题 | 20 | | | |
| | 4. 与人合作 | 20 | | | |
| | 5. 学习态度 | 20 | | | |
| 合　计 | | 100 | | | |

## 实训 2　春运时期某动车组列车重点旅客服务演练

### 1. 实训目标

春运时期,动车组列车面临大量旅客的出行需求,特别是重点旅客(如老年人、孕妇、残障人士、带小孩的旅客等)需要更加细致和专业的服务。通过实训,能够熟练掌握针对重点旅客的服务技能,提升工作人员的服务意识,优化服务流程,增强应急处理能力,并加强团队协作;确保每位重点旅客在春运期间都能享受到安全、舒适、便捷的出行体验,提高旅客满意度,展现铁路服务的专业与温暖。

### 2. 实训要求

(1)设计 4～5 个场景。
(2)撰写 4～5 个场景文案。
(3)课前进行角色演练。
(4)课堂分小组进行场景表演。

### 3. 实训内容

(1)资料收集:利用互联网收集动车组列车重点旅客服务相关的业务资料,进行场景设计。
(2)分组:每个小组进行角色分工。
(3)合作内容:进行台词设计。
(4)课前进行演练。
(5)课堂汇报演出。

### 4. 实训评价

**专业能力评价表**

| 评价项目 | | 分值 | 小组评分 | 教师评分 | 最终得分 |
|---|---|---|---|---|---|
| 专业能力 | 1. 业务熟练度 | 20 | | | |
| | 2. 沟通技巧 | 20 | | | |
| | 3. 形体语言 | 20 | | | |
| | 4. 语言表达 | 20 | | | |
| | 5. 情感态度 | 20 | | | |
| 合　计 | | 100 | | | |

# 项目五　社交基础礼仪

## 学习目标

1. 知识目标
- 掌握客户会面礼节的基本流程
- 掌握客户接待中需要遵守的礼仪规范和要求
- 了解中国的传统礼俗与禁忌
- 了解外国礼俗与禁忌

2. 能力目标
- 能统筹安排会务工作
- 能进行团队协作
- 能随机应变处理突发事件
- 能按礼仪规范做好接待工作

3. 素质目标
- 具有学习礼仪提高素养意识
- 具有良好职业道德与服务意识
- 具有运用礼仪坚持知与行的原则
- 具有宽以待人与严于律己的作风

## 项目描述

铁路客运服务人员在客运服务岗位上，每天面对大量旅客，接待是一项中心工作。随着全球化和国际经济贸易往来的增加，越来越多的中国人迈出国门的同时，我国铁路运输线上也出现了一些新鲜的面孔。来自世界不同国家和地区的旅客搭乘铁路出行，将铁路作为重要的交通工具。铁路的硬件设施日趋完备，铁路客运服务人员应该具备基本的礼仪，出色地完成接待工作。

礼俗风情是某一国家、民族长期形成的，具有相对稳定性的礼节、人情、风尚、行为习惯、心理倾向等的总和，是一个民族区别于另一个民族的重要特征。礼俗风情是一个历史范畴，随着社会的变迁、经济和文化的发展，还会出现新的内容与形式。各国、各民族和各地区由于不同的文化背景、礼仪传统和行为习惯，形成的礼俗风情存在很大的差异，因此在客运服务接待中必须了解和掌握，以此作为入境随俗的依据，从而成功地与交际对象建立良好的关系。客运服务接待礼仪对于满足不同国籍的旅客需求，提升服务质量，展示铁路形象具有重要意义。

"社交基础礼仪"学习分为三个任务:会面礼仪认知与训练,涉外服务礼仪认知与训练,中外礼俗、禁忌认知与训练。

## 项目思维导图

- 项目五　社交基础礼仪
  - 认知与规范
    - ▶典型工作任务一　会面礼仪认知
    - ▶典型工作任务二　涉外服务礼仪认知
    - ▶典型工作任务三　中外礼俗、禁忌认知
  - 任务训练
    - 典型工作任务一　会面礼仪训练
    - 典型工作任务二　涉外服务礼仪训练
    - 典型工作任务三　中外礼俗、禁忌训练
  - 综合训练

# 典型工作任务一　会面礼仪认知与训练

## 任务引入

张女士是商务工作者,由于业务成绩出色,随团到中东地区某国家考察。抵达目的地后,受到东道主的热情接待,并举行宴会招待。席间,为表达敬意,主人向每位客人一一递上一杯当地特产饮料。轮到张女士接饮料时,一向习惯于"左撇子"的张女士不假思索,便伸出左手去接,主人见此情景脸色骤变,不但没有将饮料递到张女士的手中,而且非常生气地将饮料重重地放在餐桌上,并不再理睬张女士。

**请思考:**

张女士用左手接主人递来的东西有什么不妥之处?应如何处理?

## 知识准备

在铁路客运服务中,也有主客双方会面的接待工作。接待来访客户的礼仪表现,不仅关系接待人员自身的形象,还关系到铁路企业的形象。所以,会面礼仪不容忽视。

### 一、客户服务礼仪原则

1. 微笑服务的原则

与客户会面,首先要主动打招呼,面带微笑,态度热情;说话温和、委婉、诚恳。

2. 宾客至上的原则

"宾客至上"作为工作的原则,以客户需求为核心,通过人性化、专业化的服务提升客户体验感。处理某些问题时要以客户利益为重,不能过多地强调自己的困难,更不能以个人的情绪对待或左右客户。列车乘务员主动热情服务旅客如图 5-1 所示。

图 5-1　列车乘务员主动热情服务旅客

3. 首问责任制原则

接受客户咨询或要求的人，就是“首问者”，即任何一位客人提出的问题必须“到我为止”，由“我”来完成后续处理程序，不推诿不拖沓。在接待客户时，如果有电话或新客户来访，应尽量让别人接待，以避免中断正在进行的接待。

4. 换位思考，为旅客解决问题

以客户为中心，从客户的角度去思考问题和解决问题，为客户提供优质服务。对一时不能解决的问题应向客户说明拟处理的方法和程序。对能够解决的问题应当场答复，尽量不让客户等待。

## 二、介绍礼仪

首先要分清介绍的顺序，遵循“尊者居后”的顺序原则。主方先做介绍，介绍的内容要完整。

当主人向自己介绍别人时，一定要站起，致以谢意；要主动向对方说清自己的姓名及职业等，同时注意在第一次介绍中记住对方姓名，免得谈话时不好称呼；对一些自己不认识的长者或领导同志，要主动站起来，先自我介绍，让对方了解自己。

1. 自我介绍

自我介绍要寻找适当的机会，先示意，根据不同的交往目的，注意介绍内容的繁简；要分场合，把握时间和态度，必须镇定而充满信心。自我介绍一般划分为：应酬式自我介绍、交流式自我介绍、工作式自我介绍、问答式自我介绍、礼仪式自我介绍。

(1)应酬式自我介绍适用于某些公共场合和一般性的社交场合，如旅行途中、宴会厅里、舞场之上、通电话时。主要是进行一般接触的交往对象，属于泛泛之交，介绍内容最简洁。

(2)交流式自我介绍适用于社交活动中，希望与交往对象进一步交流与沟通。它大体应包括介绍者的姓名、工作、籍贯、学历、兴趣及与交往对象的某些熟人的关系。

(3)工作式自我介绍适用于工作场合，应工作而交际、应工作而交友，介绍内容包括本人姓名、供职单位及其部门、职务或从事的具体工作等。

(4)问答式自我介绍，一般适用于应试、应聘和公务交往，在普通交际应酬场合，也时有所见。问答式的自我介绍的内容讲究问什么答什么，有问必答。

(5)礼仪式自我介绍适用于讲座、报告、演出、庆典、仪式等一些正规而隆重的场合，介绍内容包括姓名、单位、职务等，同时还应加入一些适当的谦辞、敬辞。

2. 他人介绍

介绍是交际之桥，通过第三者从中沟通，从而使交往双方相互认识，建立联系，增进友谊。

他人介绍应遵循“尊者居后”的顺序原则，即应把身份、地位较低的一方介绍给相对而言身份、地位较为尊贵的一方，以表示对尊者的敬重之意。在口头表达时，得体的做法是，先称呼受尊敬的一方，再将被介绍者介绍出来。

(1)把男士介绍给女士。

(2)把晚辈介绍给长辈。

(3)把家人介绍给朋友、同事。

(4)把职位低者介绍给职位高者。

(5)把主人介绍给客人。

3. 集体介绍

集体介绍是指为两个或两个以上的人所做的介绍。在这种情况下，介绍的顺序应遵循以下原则。

(1)先少数人，后多数人。若被介绍的双方地位身份不相上下或者难以确定高低，应当让人数较少的一方礼让人数较多的一方。先介绍人数较少的一方或者个人，后介绍人数较多的一方或多数人。

(2)尊者居后。若被介绍者在身份、地位上存在明显差异，则较为尊贵者即便人数较少，依然是后被介绍。

(3)整体介绍。在被介绍的对象较多而又无须一一介绍的情况下，可采取笼统的方法进行集体介绍。

(4)人数较多各方的介绍。被介绍的有多方，就需对被介绍的各方进行位次排列。常用的排列依据有：以距离介绍者的远近为准，以被介绍单位的规模为准，以其负责人身份为准等。

### 三、握 手 礼

社交礼仪中，每个人都不可回避的一个礼节是相见礼节，即见面礼。握手是现代社会大多数国家相见时最常用的礼节，广泛运用于政要、商要和普通百姓之间。

握手礼已经是我国最通行的相见礼节，从交际礼仪的角度来讲，行握手礼时要注意：

(1) 主要适用于三大场合：见面或者告别；表示祝贺或者慰问；表示尊重。

(2) 伸手的前后顺序。握手时标准的伸手顺序，应该是位高者居前，就是地位高的人先伸手。例如，男人和女人握手一般是女人先伸手，晚辈和长辈握手一般是长辈先伸手，上级和下级握手，一般是上级先伸手，老师和学生握手，一般是老师先伸手。

(3) 握手的手位。标准化的手位应该是，手掌与地面垂直，手尖应稍稍向下。

(4) 握手时的力度与时间。握力在 20 N 左右，停留 3～5 s、最长不长于 30 s。

### 四、名片礼仪

初次见面时，名片是最好的宣传自己的手段，可以让对方迅速、准确地认识自己，也为今后的交往打下良好的基础。

1. 递送名片的次序

(1)地位低者先向地位高者递送。

(2)男士先向女士递送。

(3)对方不止一人时,应先将名片递送给职位高者或年长者。

(4)若分不清对方职位高低,宜先从自己对面左侧的人开始,逐次递送名片。

2. 接受客人名片时的注意事项

(1)原则上,接受客人名片时用双手。接受名片的同时,可有意识地重复对方名片上的头衔或者职务等,以表达荣幸、感谢之意。

(2)接受名片时,若遇到不会读的字,当场要立即确认,一般递名片时会习惯性地同时报名,所以要注意聆听,如果对方刚报完名不久,你马上问:“这个字该怎么念呢?”对方一定会相当失望。如果对方没有念出名字,这时就必须问一句“请教这个字该怎么念好呢?”以确认读法。

(3)接受客人的名片时,看也不看就直接收起来,或者随意放置在桌子上,是对对方的不尊重。应该认真地看了以后,妥善地收好,不能遗落在现场。

3. 制作名片的注意事项

(1) 头衔不宜过多,否则有炫耀之嫌。

(2) 尺寸不宜过大,否则不方便对方存放。

(3) 尺寸不宜过小,否则不方便对方阅读。

(4) 香味不宜太浓,宜既保守又个性化。

(5) 名片应存放得当,残缺褶皱的名片不用。

## 五、行路礼仪

视频

铁路公共场所行路礼仪

在旅客接待过程中,给旅客引路时要经过走廊、楼梯、电梯等场所,要注意以下的礼仪细节。

### (一)引　导

1. 走廊引导

在走廊内引导旅客时,客运服务人员应走在旅客左前方,在距离旅客两三步之前,让旅客走在内侧面。带路时要边留意旅客的步伐,边引导,可说:“请往这边走。”走到拐弯处要暂停,以手指示方向,并向旅客说:“请这边走。”不能自顾自地走在前方,而忽略了后方的客人。

2. 楼梯的引导

上下楼梯,坚持“右上右下”的原则,以方便对面上下楼梯的他人,如果楼梯较宽,并排行走最多不要超过两人,请对方先行。

在引导旅客上楼时,应该让旅客走在前面,客运服务人员走在后面;若是下楼时,应该由客运服务人员走在前面,旅客在后面;上下楼梯时,客运服务人员应该注意旅客的安全;国际惯例是女士在前,但如果遇到女士穿裙装的情况下,男士应在前,免得女士尴尬。

3. 开门

引导旅客至门口时,应先敲门,再开门。如果门是向外开的,应用手按住门,让旅客先进;如果门往内开,则自己先进,按住门后再请旅客进入。一般应右手开门,再转到左手扶住门,面对旅客，请旅客进入后再关门。无论房门是推开式还是拉开式，都必须将其完全敞开。

**(二)电梯礼仪**

引导旅客乘坐电梯时，分两种情况：

1. 有专门的电梯员

应该让旅客先进电梯，引导人员后进电梯。到达楼层后，让旅客先出，引导员后出，快步跟上，继续引导。

2. 没有专门的电梯员

客运服务人员应该先进电梯，按下楼层按钮后，示意旅客进入或说："请上电梯。"到达时，客运服务人员按"开"的按钮后，说："请下电梯。"示意旅客先走出电梯。

如果引导员自己不乘坐电梯，引导旅客进入电梯后，应转身朝向来客，在电梯门关闭之前向客人鞠躬致意，并提醒客人记住所到楼层。

## 六、位次礼仪

位次，一般是指人们或其使用之物在人际交往中，彼此之间各自所处的具体位置的尊卑顺序。位次问题关系到一个人是否被尊重。按照一般的交往规则，职位高者坐在上位，职位低者坐在下位；而哪里是上位，哪里是下位，这就是位次规范所要解决的问题。

**(一)搭乘位次礼仪**(以双排五座小轿车为例)

1. 车主亲自驾车

如果客人乘坐的是主人的私家车，一般情况下要坐在副驾驶座上，便于和主人交流，也是对主人的一种尊重。

2. 专职司机驾车

最尊贵的客人应坐在第二排最右边的座位。

根据乘车的基本常识，副驾驶座是车上最不安全的座位。因此，按惯例，在社交场合，该座位不宜请妇女或儿童就座。而在公务活动中，双排五座轿车上的副驾驶座，则被称为随员座，专供秘书、翻译、警卫、陪同等随从人员就座。

对于座位重要性，要因人而异，因时而异，最标准的做法是客人坐在哪里，哪里就是上座。

**(二)会议位次礼仪**

1. 会议室位次

小型会议一般不专门设立主席台，具体座次安排可以有三种形式：自由择座、面门设座、依景设座。一般来说座位安排是：

(1)接近入口处为下座，对面是上座，如图 5-2 所示，如会议桌纵向摆放，则以面向门方向为准，左侧为客方，右侧为主方，如图 5-3 所示。

(2)有椅子与沙发两种座位，沙发是上座。

(3)西式房间，有壁炉或装饰壁画在前的是上座。

2. 主席台位次

会议主席台必须排座次、放名签，以便领导对号入座，避免上台之后互相谦让。

(1)当领导人数为奇数时，1 号领导居中，2 号领导排在 1 号领导左边，3 号领导排右边，其他依次排列，如图 5-4 所示。

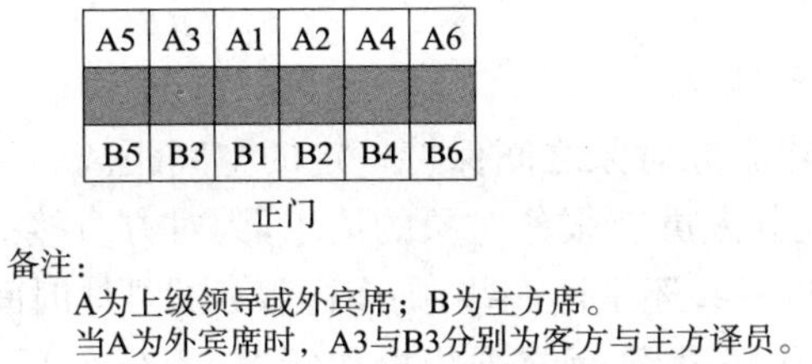


图 5-2　会议室位次(一)

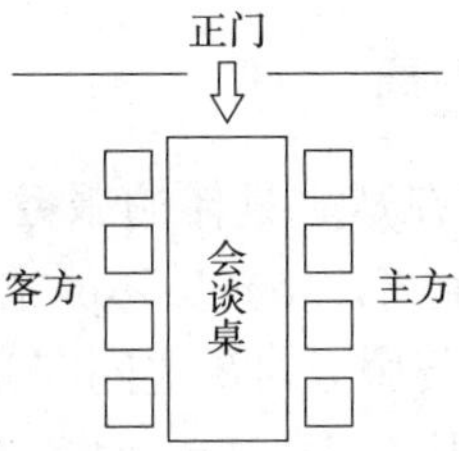


图 5-3　会议室位次(二)

(2)当领导人数为偶数时，1 号领导、2 号领导同时居中，2 号领导排在 1 号领导左边，3 号领导排右边，其他依次排列。

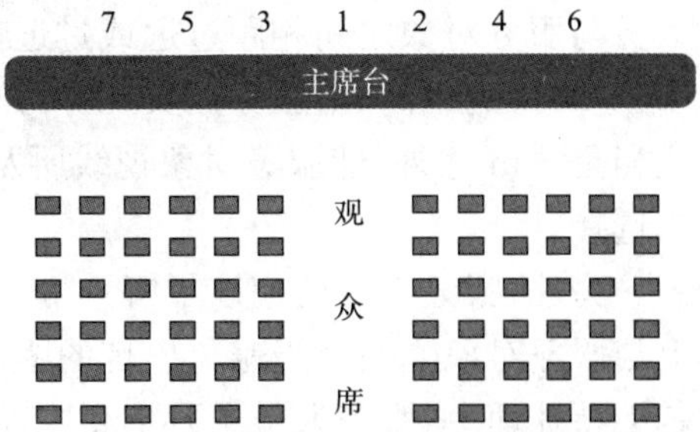


图 5-4　主席台位次

**(三)餐宴位次礼仪**

宴请席位安排主要遵循以下方法：

1. 有多张餐桌的宴席桌次排列

(1)面门为上。

(2)右高左低。

(3)中座为尊。

(4)观景为佳。

(5)临墙为好。

有多张餐桌的宴席桌次如图 5-5 所示。

2. 同一张餐桌位次安排

安排桌次时应遵守“面门定位”“以右为尊”“以远为上”等规则。席位中最重要的是主宾位，在主位的右手边；主人与主宾的身份应对等，如图 5-6 所示。

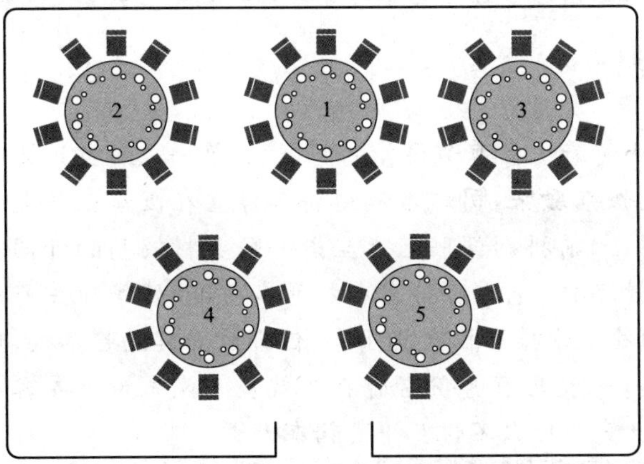


图 5-5　宴席桌次

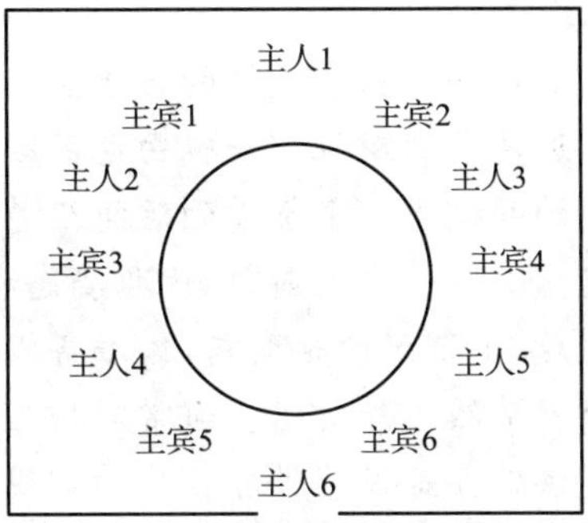


图 5-6　宴席位次

**(四)合影位次礼仪**

国内合影时的排位，一般讲究“居前为上”“居中为上”“以左为上”。在合影时，国内的习惯做法通常是主方人员居右，客方人员居左，即“以左为尊”。

## 七、服务距离

服务人员在从事具体的服务工作时，要与服务对象之间保持一定的空间距离。

(1)服务距离：0.5～1.5 m，主要适用于服务人员应服务对象的请求，为对方直接提供服务。至于服务人员与服务对象之间究竟是要相距近一些还是远一些，则应视服务的具体时间而定。

(2)展示距离：1～3 m，服务人员需要在服务对象面前进行操作示范，以便使后者对于服务项目有更直观、更充分、更细致的了解。

(3)引导距离：左前方 1 m 左右，指服务人员为服务对象带路时距服务对象的距离。服务人员与服务对象之间相距过远或过近都是不允许的。

(4)待命距离，指服务人员在等待顾客传唤自己为其提供服务时，与对方之间保持的距离。应当是 3 m 之外，即服务对象视线所及之处，也在于不影响服务对象对服务项目的浏览、斟酌或选择。

另外，服务人员还应该了解一下自己在工作岗位上的禁忌距离，是指服务人员在工作岗位上与服务对象之间应当避免出现的距离，即小于 0.5 m。这种距离，多见于关系亲密者之间，若无特殊理由，服务人员千万不要主动予以采用。

### 案例 5-1

一个大学生在实习期间，实习单位让他到 A 公司去推销按摩椅，他到 A 公司以后，见人就介绍我是××，××学校毕业，我的特长爱好是××××，我为什么来你们公司推销，说了很长一串，东西没有卖出去，还遭人白眼。他非常纳闷，不知道什么地方做得不妥。

**点评：**在进行产品推销时时，切忌喧宾夺主，自我评价要掌握分寸。

### 阅读资料 5-1

在一个秋高气爽的日子里，迎宾员小贺着一身剪裁得体的新制衣，第一次独立地走上了迎宾员的岗位。一辆白色高级轿车向饭店驶来，司机准确地将车停靠在饭店豪华大转门的雨棚下。小贺看到后排坐着两位男士，前排副驾驶座上坐着一位身材较高的外国女宾。小贺一步上前，以优雅姿态和职业性动作，先为后排客人打开车门，做好护顶关好车门后，小贺迅速走向前门，准备以同样的礼仪迎接那位女宾下车，但那位女宾满脸不悦，使小贺茫然不知所措。通常后排座为上座，一般凡有身份者皆在此就座。优先为重要客人提供服务是饭店服务程序的常规，这位女宾为什么不悦？小贺错在哪里？

## 问题思考

迎来送往、会晤访问、庆典仪式等是社会交往中常见的活动形式，活动主办方的接待水平直接传达着主办方的态度素养和礼仪细节。请问一场招聘面试会组织工作应从哪些方面开展？接待服务中需要注意哪些会面礼仪原则？

## 任务训练

### 一、任务训练目标

1. 掌握会议接待工作流程。
2. 掌握会面礼操作规范。

### 二、任务内容

1. 会议现场设计，工作流程与服务规范训练。
2. 针对不同宾客进行接站与送站服务礼仪的训练。

### 三、任务布置

1. 教师进行训练要求的介绍。
2. 组建会议接待礼仪学习小组，3～5 人组成。
3. 每小组自行选举 1 名同学担任小组长，负责任务实施。
4. 撰写场景设计报告、角色分工，每一个同学必须扮演一次主方和一次客方。
5. 课前练习。

### 四、任务执行

1. 在实训室或教室模拟会议接待现场，分小组进行演练。
2. 自我分析、评价完成任务过程中的成功和不足之处。
3. 小组对任务完成情况进行总结与反思。
4. 教师对学生任务完成情况进行点评。

## 效果评价

**会面礼仪训练评分表**

姓　名：　　　　　　　　　　地　点：　　　　　　　　　　时　间：

| 实训项目 | 实训考查要点 | 分值 | 小组评分 | 教师评分 | 最终得分 |
|---|---|---|---|---|---|
| 会面礼仪训练 | 1. 着装规范 | 10 | | | |
| | 2. 接待流程正确 | 10 | | | |
| | 3. 介绍礼规范 | 10 | | | |
| | 4. 握手礼规范 | 10 | | | |
| | 5. 引导仪礼规范 | 10 | | | |

续上表

| 实训项目 | 实训考查要点 | 分值 | 小组评分 | 教师评分 | 最终得分 |
| --- | --- | --- | --- | --- | --- |
| 会面礼仪训练 | 6. 陪乘位次无误 | 10 | | | |
| | 7. 会场位次正确 | 10 | | | |
| | 8. 态度主动热情 | 10 | | | |
| | 9. 服务距离得当 | 10 | | | |
| | 10. 具有沟通协调意识 | 10 | | | |
| 合　计 | | 100 | | | |

注:该表可根据实际设计的训练项目进行测评。

## 典型工作任务二　涉外服务礼仪认知与训练

### 任务引入

一位英国老妇到中国游览观光,对接待她的导游小姐评价颇高,认为她服务态度好,语言水平也很高,便夸奖导游小姐说:"你的英语讲得好极了!"小姐马上回应说:"我的英语讲得不好。"英国老妇一听生气了,"英语是我的母语,难道我不知道英语该怎么说?"老妇生气的原因无疑是导游小姐忽视东西方礼仪的差异所致。

**请思考:**

在这件事情上,体现了中西方在待人接物时,有什么差异?

### 知识准备

#### 一、涉外礼仪基本原则

外事礼仪,顾名思义就是在涉外活动中应该遵循的礼仪规范。由于涉及不同国家和民族的仪式、礼俗,外事礼仪规范的内容错综复杂,禁忌也非常多,有些甚至与中国传统的礼仪规范完全相反。"外事无小事",外事礼仪往往高标准、严要求,甚至具有一定的政治性。客运服务人员如果与外宾交往,必须了解和掌握涉外交往的基本原则和规范。

**(一)诚实守信**

外国人特别注重信誉。客运服务人员在外事接待活动中,必须认真严格地遵守自己的所有承诺,说话务必要算数,许诺一定要兑现,约会必须要如约而至,尤其要恪守时间方面的约定。它事关信誉与形象,失实与失约的失礼行为,往往是使自己所做的工作走向失败的开端。

为此要做到以下三点:

1. 谨慎许诺

一切从自己的实践能力及客观可能性出发,切勿草率从事,轻易承诺,凡承诺和约定必须慎之又慎,一定要字斟句酌,考虑周全。

2. 如约而行

承诺一旦作出，就必须要兑现，要如约而行，应尽可能地避免对已有的约定任意进行修正变动，随心所欲地乱做解释。做到“言必信，行必果”，只有这样才能赢得外宾的好感与信任。

3. 为失约致歉

如果由于遭受不可抗力，致使自己单方面失约，或是有约难行，需要尽早向有关各方通报，如实地解释，并且还要郑重其事地向外宾致以歉意，并主动承担给外宾造成的损失。

**(二)不必过谦**

在待人接物时，西方人讲究一是一，二是二；而东方人讲究的是谦虚，凡事不张扬。实际上，在外事接待时，过于自谦并非益事，它常常会引起他人的疑惑和不满，不利于涉外交际的顺利进行。

遵守不过谦的原则会使人感到自己为人诚实，充满自信。因为过分的自谦、客套，只能给人以虚伪、做作的感觉。在涉外交往中，特别是在面临如下情况时，更要敢于、善于充分地从正面肯定自己。

1. 当面对赞美时

当外宾赞美自己的相貌、衣着、手艺、工作、技术等时，一定要落落大方高兴地道一声“谢谢!”而不应加以否认和自我贬低，说什么“哪里，哪里!”接受外宾的赞美是对其本人的接纳和承认，是自己自信和见过世面的表现。

2. 当赴宴、馈赠时

宴请外宾时，不必说“今天没什么好菜，随便吃一点”，当送礼给外宾时，也不要说“礼品很不像样子，真不好意思拿出手来”之类的话，而应得体大方地说“这是本地最有特色的菜”“这是我特意为您挑选的礼物”等。反过来，在接受外宾的赴宴邀请或接受外宾送的礼物时，也不应过于谦虚地没完没了地说“真不敢当”“受之有愧”之类的话，它会使宴请和送礼者感到难堪。及时表示谢意是此时得体的做法。

3. 当做客、拜访时

到外国人家做客、拜访时，对主人准备的小饮不要推辞不用。如果主人问：“喝点什么，茶还是咖啡”。你可以任选一种。若桌上备有小吃，可适当取用。若主人问是否加糖或加牛奶，则可按自己的喜好谢绝或选择其中一种。

4. 当交往应酬时

当自己同外宾交往应酬时，一旦涉及自己正在忙什么、干什么的时候，无论如何都不要说自己是“瞎忙”“混日子”“什么正经事都没有干”，否则会被对方认为自己是不务正业之人。

**(三)讲究次序**

涉外交际中，对出席活动的国家、团体、人士的位次按某些规则和惯例进行排列，这种排列的先后次序被称为礼宾次序。

1. 礼宾次序的依据

在国际交往中，礼宾次序主要按宾客的身份与职位高低，依次排列。在多边活动中，有时可按姓氏的顺序排列；有时可按参加国的字母顺序(一般以英文字母为准)排列；有时则可按代表团组成日期的先后排列；有时则可按代表团抵达活动地点的时间先后排列，等等。

2. 礼宾次序的具体要求

在外事接待中，凡确定礼宾次序必须从其总的原则出发，这一总的原则就是“以右为尊”，即一般以右为大、为长、为尊；以左为小、为次、为卑。

**（四）尊重隐私**

所谓隐私，就是指一个人出于个人尊严和其他某些方面的考虑，不愿意公开、不希望外人了解或是打听的个人秘密、私人事宜。在外事接待中，人们普遍讲究尊重个人隐私，并且将尊重个人隐私与否，视作一个人在待人接物方面有没有教养，能不能尊重和体谅交际对象的重要标志之一。

客运服务人员在与外宾打交道中，首先要避免与对方交谈时涉及个人隐私，要做到“八不问”。

1. 不问年龄

外国人，尤其是英美人对年龄都十分敏感，希望自己永远年轻，对“老”字则讳莫如深，对年龄守口如瓶。打听外宾的年龄，属于不礼貌的行为。

2. 不问收入

收入、银行存款、汽车型号、服饰品牌等可以反映个人经济状况的问题也不宜提及。

3. 不问婚姻

中国人的习惯，是对亲友、晚辈的恋爱、婚姻、家庭生活时时牵挂在心，但外国人视为纯粹的个人隐私。向他人询问婚姻状况是不礼貌的。

4. 不问工作

在我国，人们相见会询问对方“您正在忙些什么？”“怎么好久不见你了？”等问题，其实这只是些问题，回答不回答并不重要。但你若拿这些问题问外国人，他们会觉得你不是好奇心过盛，不懂得尊重别人，就是别有用心。

5. 不问学历

初次见面，中国人之间往往喜欢打听一下交往对象的“出处”，打探一下对方的“背景”，然而外国人大都将此项内容视为自己的“底牌”，不愿意轻易让人摸去。外国人甚至认为大有可能是别有用心。

6. 不问住址

对于家庭住址、私宅电话，中国人在人际交往中，都是愿意告之于人的，是不保密的。但在外国，却恰恰相反，外国人大都视自己的私人居所为私生活领地，非常忌讳别人无端干扰其宁静。西方人一般不给他人自己的住址，除非想邀请对方上门做客。

7. 不问信仰

在国际交往中，由于人们所处的社会制度、政治体系和意识形态多有不同，所以要实现交往的顺利、合作的成功，就必须不以社会制度画线，尊重对方的信仰自由，还是避而不谈为好。

8. 不问健康

中国人彼此相见，人们会问候“身体好吗？”如果已知对方曾经一度身体欠安，还会问“病好了没有？”如果彼此双方关系密切的话，还会询问“吃了些什么药？”可能还会向对方推荐名医或偏方。可是在外国，人们非常反感其他人对自己的健康状况关注过多，会觉得不自在。

**(五)女士优先**

“女士优先”主要是指成年异性间进行社交活动时的一个礼仪规范和礼仪原则。其含义是:在社交场合,成年男子自觉地去尊重、照顾、体谅、关心、保护女性,并且想方设法为女士排忧解难,体现出绅士风度。

1. 行走

在车厢内行走时,如果是男女并排走,则男士应当自觉地请女士走在内侧或者请女士先行。当男士与女士“狭路相逢”时应礼让。当男士与女士走到车门边时,男士应赶紧上前几步,打开门,让女士先进,自己随后。

2. 乘车

陪伴女士乘坐列车时,男士应帮助女士放置好较重行李后再对号入座。乘出租车时,男士应首先走近汽车,把右侧的车门打开,让女士先坐进去。当男士自己驾驶汽车时,应主动开车门,协助女士上下车。

3. 见面

在见到男、女旅客后,应当先行向女旅客问好,然后方可问候男旅客。介绍时,通常先把男士介绍给女士。握手时,只有当女士伸过手来之后,男士才能与之相握。

4. 上下楼

在上楼梯时,女士在前,下楼梯时,男士先下。如果是乘电梯上下楼,进电梯时,男士应请女士先进去,然后自己再进入电梯。在电梯里,男士负责按电钮,礼貌地询问女士所上的楼层。

5. 进餐厅

如果男士已预订餐桌,则应走在前面为女士引路。在餐桌旁,男士应协助女士就座。坐定后,男士应把菜单递给女士,餐毕由男士付账。

## 二、涉外服务礼仪

1. 涉外服务人员职业守则

(1)忠于祖国,维护国家和民族尊严。

(2)严格执行党的外事方针、政策,严守国家机密。

(3)不背着组织与外国机构和外国人私自交往,不得利用职权工作关系谋取私利,反对各种不良倾向和不正之风。

(4)谦虚谨慎,不卑不亢,讲究文明礼貌。

2. 涉外服务人员素质要求

(1)熟悉有关客运规章,掌握外语。

从事外事接待的客运服务人员,应该掌握一门外语,在涉外服务中方便向旅客介绍乘车注意事项。随着自费旅游者的增多,许多外宾无人陪同,语言不通,购票、乘车、饮食等有不便之处,一些简单的外语,可以准确地解答外宾的问询,解除外宾的忧虑。

(2)着装、举止、行为规范。

涉外接待中,服务人员要着规定的制服,有礼貌并时刻准备提供服务。任何服装都应做到清洁、整齐、挺直。上衣应熨平整,下装熨出裤线。衣领、袖口要干净,皮鞋应上油擦亮。男士在任何情况下均不应穿短裤参加涉外活动。女士夏天可光脚穿凉鞋;穿袜子时,袜口不要露在衣、裙之外。与外宾谈话时,眼睛平视前方,不要左顾右盼,也不要打断外宾的话,也不要看时间和表，以免引起外宾的误会。对于外宾提出的要求，不要轻易许诺，应许之事要办到。外宾之间谈话，不要趋前旁听，要尊重外宾的风俗习惯和宗教信仰。与外宾交往时，不要接触对方身体。对服饰、举止特殊的外宾，不得议论、嘲笑、模仿、评论，要多一点文明修养，少一点好奇和围观。不得向外宾索取小费，不得对某些国家的旅客给予特别的优势。

### 三、涉外交际礼仪

在交际场合中，一般是在相互介绍和会面时握手；遇见朋友先打招呼，然后相互握手，寒暄致意；关系亲切的则边握手边问候，甚至两人双手长时间握在一起；在一般情况下，握一下即可，不必用力。但年轻者对年长者、身份低者对身份高者时应稍稍欠身，双手握住对方的手，以示尊敬。男子与妇女握手时，应只轻轻握一下妇女的手指部分。

涉外交往中，在与外籍旅客谈话时表情要自然，语言和气亲切，表达得体。谈话时可适当做些手势，但动作不要过大，更不要手舞足蹈，也不要用手指点人。谈话时的距离要适中，太远太近均不适合，不要拖拖拉拉、拍拍打打。

参加各种涉外活动，进入室内场所均应摘去帽子和手套，脱掉大衣、风雨衣等送入存衣处。西方妇女的纱手套、纱面罩、帽子、披肩、短外套等，作为服装的一部分允许在室内穿戴。在室内外，一般不要戴黑色眼镜。有眼疾须戴有色眼镜时，应向客人或主人说明，并在握手、交谈时将眼镜摘下，离别时再戴上。

男子一般不参加妇女圈内的议论。与妇女谈话更要谦让、谨慎。不宜询问妇女的年龄和婚姻状况，不要说对方的身材、健康、收入及私生活方面的话题。不要与妇女开玩笑，更不要无休止地攀谈以免引起对方和他人的反感。

#### 案例 5-2

约翰是一位新西兰人，他对守时赴约要求极其严格，而他的雇员认为他不知什么是轻重缓急。一天，有个广告代理商与他约好来谈一个广告设计问题。由于司机不熟悉路线而且又遇交通堵塞，代理商迟到了半个小时。当广告代理商匆忙赶来时，约翰却没有与代理商谈论广告之事，反而起身离开了办公室。

**点评：**新西兰人认为时间就像金钱一样，很容易从指间溜走，守时是对别人的一种尊重。所以，在对外交往中要注意不同的文化礼俗，做好充分准备。

#### 阅读资料 5-2

云南省的一家外贸公司与印度某商贸公司新近做成一笔生意，为表示合作愉快，加强两公司今后的联系，努力成为密切的商业伙伴，中方决定向印方赠送一批具有地方特色的工艺品——皮质相框。中方向当地的一家工艺品厂订制了这批货，这家工艺品厂也如期保质保量地完成。当赠送的日子快要临近时，这家外贸公司的一位曾经去过印度的职员突然发现这批皮质相框是用牛皮做的，这在奉牛为神明的印度是绝对不允许的，很难想象如果将这批礼品赠送给印方会产生什么样的后果,幸好及时发现,才使中国的这家外贸公司没有犯下错误,造成损失。他们又让工艺品厂又赶制了一批新的相框,这次在原材料的选择上特地考察了一番,最后在将礼品送给对方时,对方相当满意。

## 问题思考

国际商务中,信任是合作的基石,符合对方文化习惯的礼仪能快速拉近距离。请思考:为什么了解和掌握涉外服务礼仪是个人职业素养的体现,更是促进国际交流、构建和谐关系的关键?

______________________________

______________________________

______________________________

## 任务训练

### 一、任务训练目标

1. 掌握涉外交往的基本原则。
2. 掌握涉外服务礼仪规范。
3. 掌握涉外交际礼仪规范。

### 二、任务内容

1. 涉外礼仪场景设计。
2. 涉外文化礼仪训练。
3. 涉外沟通礼仪训练。

### 三、任务布置

1. 教师进行训练要求的介绍。
2. 组建涉外服务礼仪学习小组,3～5 人组成。
3. 每小组自行选举 1 名同学担任小组长,负责任务实施。
4. 撰写场景设计报告,角色分工,每一个同学必须扮演一次外国人员和一次国内服务人员。
5. 课前练习。

### 四、任务执行

1. 在实训室或教室模拟涉外服务场所,分小组进行演练。
2. 自我分析、评价完成任务过程中的成功和不足之处。

3. 对任务完成情况进行总结与反思。

4. 教师对学生任务完成情况进行点评。

## 效果评价

**涉外服务礼仪训练评分表**

姓　名：　　　　　　　　　　　　地　点：　　　　　　　　　　　　时　间：

| 实训项目 | 实训考查要点 | 分值 | 小组评分 | 教师评分 | 最终得分 |
|---|---|---|---|---|---|
| 涉外服务礼仪训练 | 1. 着装规范 | 10 | | | |
| | 2. 态度严谨 | 10 | | | |
| | 3. 文化礼仪规范 | 10 | | | |
| | 4. 座次尊卑礼仪规范 | 10 | | | |
| | 5. 有声语言规范 | 10 | | | |
| | 6. 肢体语言规范 | 10 | | | |
| | 7. 名片礼仪规范 | 10 | | | |
| | 8. 馈赠礼仪规范 | 10 | | | |
| | 9. 见面礼仪规范 | 10 | | | |
| | 10. 具有团队协作意识 | 10 | | | |
| 合　计 | | 100 | | | |

注：该表可根据实际设计的训练项目进行测评。

# 典型工作任务三　中外礼俗、禁忌认知与训练

## 任务引入

美国的一家公司要来石华公司实地考察，准备签订一笔合同。客人的航班将在上午10:00到达机场。为了表达重视和诚意，刘经理让秘书小王去买一束玫瑰花。王秘书为了讨个吉利数字，向花店老板要了18朵红玫瑰包成漂亮的一束。刘经理到了机场迎接到了美国客人，当王秘书送上鲜花时，客人却面露不悦脸色。

**请思考：**

1. 石华公司小王在接待美国客人时，究竟犯了什么错误，导致客人不满呢？

2. 如何化解工作中发生的这些错误呢？

## 知识准备

### 一、我国礼俗与禁忌

我国是一个多民族的国家，在几千年的发展过程中，不少民族都拥有自己独特的风俗习惯

和形象特征。

**(一)我国汉族风俗礼仪**

1. 汉服礼仪

服饰既是人类物质文明的结晶，又具有精神文明的含义，从古至今，人类服饰除因时代而异(如汉朝的汉服、唐朝的唐装等)外，不同场合不同的等级尊卑穿着不同的服饰也代表了中国不同的礼仪服饰，如祭礼服、朝会服、从戎服、吊丧服、婚礼服等，可见我国礼仪服饰文化博大精深。

汉服，我国汉族的传统服饰，也可称为汉装、华服，是从黄帝即位(约公元前 2698 年)至明末这四千多年中，以华夏礼仪文化为中心，通过历代王朝推崇周礼、象天法地而形成千年不变的礼仪衣冠体系。

汉服的种类有很多，如今常被汉服复兴者们穿着的汉服款式有：曲裾、直裾、齐胸襦裙、襦裙、圆领袍衫、褙子、朱子深衣、玄端等，表现了作为一种悠久的民族服饰应有的多样性。虽然汉服历来款式丰富，但汉服的基本形制(或样式)“交领右衽，不用扣子，而用绳带系结”的特点却是千古未变的。

2. 汉族餐饮礼仪

汉族主食以稻米、小麦为主，辅以蔬菜、肉食和豆制品，茶和酒是汉族的传统饮料。稻米的吃法以米饭为主，另有粥、米粉、米糕、汤圆、粽子、年糕等各种不同的食品；小麦则有馒头、面条、花卷、包子、饺子、馄饨、油条、春卷、炸糕、煎饼等吃法。汉族讲究并善于烹饪，不同地区的汉族以炒、烧、煎、煮、蒸、烤和凉拌等烹饪方式，形成了不同的地方风味。汉族菜一般被分为川、粤、闽、皖、鲁、湘、浙、苏等八大菜系。

我国是茶的故乡，制茶、饮茶已有几千年历史，名品荟萃，主要品种有绿茶、红茶、乌龙茶、花茶、白茶、黄茶。中国茶艺在世界享有盛誉，在唐代就传入日本，形成日本茶道。汉族人饮茶，注重一个“品”字。凡来了客人，沏茶、敬茶的礼仪是必不可少的。当有客来访，可征求意见，选用最合来客口味和最佳茶具待客。以茶敬客时，对茶叶适当拼配也是必要的。主人在陪伴客人饮茶时，要注意客人杯、壶中的茶水残留量，一般用茶杯泡茶，如已喝去一半，就要添加开水，随喝随添，使茶水浓度基本保持前后一致，水温适宜。在饮茶时也可适当佐以茶食、糖果、菜肴等，达到调节口味和点心之功效。

在汉族的重要节日中，酒是不可或缺的必备品。汉族有句俗话，无酒不成宴。酒可以助兴，可以增加欢乐的气氛，至今还在不少地区流行的饮酒时的“猜拳”“酒令”“酒曲”等活动，既是一种饮酒礼俗，又是一种民族游艺和民间智慧，它具有活跃气氛，消除酒力，显示和锻炼智力等多种功能。有些饮酒活动形成独特的文化礼俗，如汉族中广泛流传的除夕饮屠苏酒、端午节饮雄黄酒、重阳节饮菊花酒等，蕴含着汉族人民深厚的自然天道和人文观念，至今仍为人们称道。酒是汉族在日常生活和各种社会活动中传达感情、增强联系的一种媒介。在汉族许多地区，姑娘出嫁临行前要饮别亲酒，新郎新娘入洞房要饮交杯酒，等等。

3. 汉族礼俗禁忌

(1)春节。

在我国，春节是最隆重的传统佳节。在外的游子都要不远千山万水赶回家来，和家人围坐在一起包饺子过年。用饺子象征团聚合欢。为了给节日增添气氛，每家每户要在吃年夜饭前扫尘、贴春联、贴窗花。大年初一，人们穿上新衣相互送上祝福，长辈给晚辈压岁钱，预示着平平安安度过一岁。

春节是个喜庆的节日，忌说“死、鬼、杀、病”等不吉利的话，认为新年的第一天说不吉利的字眼，会使这一年的生活变得不吉利。春节忌讳一般有：

①忌骂孩子。

②忌打扫。

③忌洗衣服，忌切菜。

④忌已婚女子初一回娘家。

⑤忌吃鱼头、鱼尾。

⑥忌讨债、借东西。

(2)元宵节。

农历正月十五是元宵节，也是我国主要的传统节日，因为这是新年的第一个月圆夜。“元宵”作为食品，又称作“汤圆”，有团圆美满之意。

(3)端午节。

端午节为每年农历五月初五，是我国四大传统节日之一。端午礼俗主要有食粽子与赛龙舟。食粽子的礼俗，千百年来在中国盛行不衰；赛龙舟在中国南方沿海一带十分盛行，传出国外后深受各国人民喜爱并形成了国际比赛。

(4)中秋节。

八月十五是我国传统的中秋节，一切活动均围绕着月亮这一主题。月饼是我国民间的传统食俗。古往今来，人们把月饼当作吉祥、团圆的象征。每逢中秋，皓月当空，阖家团圆，品饼赏月，其乐融融。民俗专家介绍说，中秋节又称“团圆节”。

**(二)我国少数民族礼俗**

1. 部分少数民族服饰礼仪

蒙古族的传统服饰主要由首饰、长袍、腰带和靴子四个主要部分构成。妇女头上的装饰多用玛瑙、珍珠、金银等制成。牧区女子多用红绿等色长绸缠头。

回族男子喜欢戴无檐小帽，以白色、圆顶居多，穿白衬衫外套黑坎肩。从 20 世纪 50 年代起，妇女时兴戴白色仿护士帽，老年妇女仍外罩盖头，现在也有用素色纱巾包头的。

藏族服饰颇具特色，农区男子穿右开襟氆氇长袍，脚着皮靴或“松巴鞋”；农区和城镇的妇女冬春穿长袖长袍，夏秋为无袖长袍，腰前系有彩色横条围裙，即“邦垫”，姑娘则不系。牧区男女服饰基本相同，均穿光板羊皮袍。女子头饰比较讲究，少女梳一条发辫，成年则分成两条。

维吾尔族喜欢戴帽，尤以四楞小花帽最具特色。男子传统服装为宽袖、无领、无扣，中扎一布带的棉质长袍袷袢。妇女则着色彩艳丽的连衣裙，外套对襟背心，并配有耳环、手镯、项链等装饰品。

壮族男子多穿青布对襟上衣，有的以布帕缠头；妇女多穿无领、左衽上衣，下着宽裤或褶裙。

2. 部分少数民族餐饮礼仪

蒙古族饮食品种多样，牧民的饮食多以牛、羊肉及奶食、炒米为主，辅以粮食、蔬菜；农民以粮食为主，辅以肉食、奶食和蔬菜；普遍喜爱喝奶茶、马奶酒、酸奶子，手抓肉为招待贵客的特色食品。

回族饮食以米、面为主，吃牛、羊、鸡、鱼肉等。逢年过节炸“油香”“馓子”等食品。

藏族传统主食和饮料为糌粑、酥油茶和青稞酒，牧区还有肉食和奶制品。

维吾尔族传统菜肴自成体系，以烤、煮、焖为主要烹调方法，以烤羊肉串、锅烤肉、烤全羊最具代表性，烤馕、抓饭是最常见饭食，还有烤包子、薄皮包子、炸馓子等。

壮族主食以大米、玉米为主，喜食腌制酸食，以生鱼片为佳肴。

3. 部分少数民族礼俗禁忌

蒙古族认为火神或灶神是驱妖辟邪的圣洁物，忌火上烤脚、烤鞋袜，不得跨越或踢火，不得往火上摔东西、扔脏物，也不得用到碰火。认为水是纯洁之神，忌在河中沐浴，更不许洗女人衣服或向河流中扔脏物。

回族禁忌食用猪、马、驴、骡、狗、猫、鼠、鹰、乌鸦、蛇等动物，用火器击毙和自死的畜禽及动物血。

藏族忌吃驴肉、马肉和狗肉，有些地方也不吃鱼肉、飞禽等。婚丧嫁娶、民俗节庆、拜会尊长、迎送宾客等场合，通常都要献上象征纯洁、吉祥的白色哈达。

维吾尔族忌食猪、狗、驴、骡之肉和自死的禽畜肉及动物血。

壮族给老人端茶饭，忌用单手。农历正月初一不得杀生。妇女生小孩头三天或头七天，外人不得进入其房间；妇女生小孩未满月，不能到别人家串门。

## 二、外国礼俗与禁忌

### (一)部分亚洲国家的礼俗与禁忌

1. 日本礼俗与禁忌

(1)服饰礼仪。

日本人在交际应酬中对穿着打扮十分注意。在商务交往、政务活动及对外的场合，通常要穿西式服装。而在民间交往中，他们有时也会穿着自己的国服。日本的国服名为和服，它是大和民族的一种传统服装。和服的基本特点，在于它是由一块布料缝制而成，并且没有什么线条。它领口很大，袖子宽短，腰身广阔。穿和服的时候，一般都要脚穿木屐或草屐，并且配以布袜。日本妇女在穿和服时，通常还必须腰系彩带，腰后加上一个小软托，并且手中打伞。唯其如此，才能产生一种特殊的和谐美。过去，在等级森严的日本，和服的色彩、图案、款式、面料乃至穿着方法，无一不与穿着者的地位、身份相关，因此人们在穿和服时，一点儿也不敢马虎大意。而今，随着社会的进步，人们对此已不甚讲究了。

(2)餐饮礼仪。

在饮食方面，日本菜可以说是自成一体，世人一般称之为和食或日本料理。

有人将和食的主要特色归纳为“五味”“五色”“五法”。所谓“五味”，是指日本人在不同的季节里，饮食的口味有不同的侧重，通常讲究春苦、夏酸、秋滋、冬甜，此外还好食涩味。所谓“五色”，是指和食注重外形，讲究色彩搭配要令人赏心悦目，并且在不同的季节也有不同的侧重，一般的要求是绿春、朱夏、白秋、玄冬，再就是黄色的广泛运用。所谓“五法”，则是指和食的烹饪方法主要有蒸、烧、煮、炸、生五种。

日本人的饮食禁忌不是很多。他们主要是不吃肥猪肉和猪的内脏，也有一些人不喜欢松花蛋、羊肉和鸭肉。

日本人非常爱喝酒，男士下班后先去酒馆喝一顿几乎成了“例行公事”。在日本，斟酒讲究满杯。多喝几杯，甚至喝得酩酊大醉，人们也会见怪不怪。日本人所喜饮的酒是清酒。

在日本，人们普遍爱好饮茶，久而久之，形成了讲究“和、敬、清、寂”四规的茶道。茶道具有参禅的意味，其重心在于陶冶人们的情趣。它不仅要求幽雅的饮茶环境，还有一整套有关点茶、泡茶、献茶、饮茶的具体方法。

日本人在用餐时，要摆上一张矮桌，然后男士盘腿而坐，女士则跪坐而食。日本人吃饭是用筷子的，但他们所用的筷子不是平头的，而是尖头。在用筷子时，日本人有“忌八筷”之说：

其一，忌舔筷，即不准用舌头舔筷子。

其二，忌迷筷，即不准拿着筷子在饭菜上晃来晃去，举棋不定。

其三，忌移筷，即不准夹了一种菜接着又去夹另一种菜，而不去吃饭。

其四，忌扭筷，即不准将筷子头反过去，吞在口里。

其五，忌插筷，即不准将筷子插在饭菜里，或者把它当作叉子，叉起饭菜吃。

其六，忌掏筷，即不准用筷子在饭菜里扒来扒去，挑东西吃。

其七，忌跨筷，即不准将筷子跨放在碗、盘之上。

其八，忌别筷，即不准用筷子当牙签用。

日本人在宴客时，大都忌讳将饭盛得过满，并且不允许一勺盛一碗饭。作为客人，则不能仅吃一碗饭。哪怕是象征性的，也要再添一次饭。否则，就会被视为宾主无缘。

(3)礼俗禁忌。

日本人对荷花非常反感，因为荷花在日本仅用于丧葬活动。菊花在日本是皇室的标志，不能作为礼物赠送。盆花和带有泥土的花被认为隐含“扎根”之意，因此，不要将其送给日本的病人。在日本，探望病人时送山茶花、仙客来花、白色的花和淡黄色的花，也是不受欢迎的。

日本人很喜欢鹤和乌龟，认为二者都是长寿、吉祥的代表。但是，日本人对金色的猫，以及狐狸、獾极为反感，认为它们是“晦气”“贪婪”“狡诈”的化身。

一般来说，日本人大都喜爱白色和黄色。他们讨厌的彩色主要是绿色和紫色。在日本，绿色与紫色都具有不祥与悲伤的意味。

日本人有敬重“7”这一数字的礼俗，将“4”与“9”视为不吉。因为“4”在日文里的发音与“死”相似，而“9”的发音则与“苦”相近。

日本人很爱给人送小礼物，但下列物品不应包括在内：梳子、圆珠笔、T 恤、火柴、广告帽等。在包装礼品时，不要扎蝴蝶结。

即使自己是吸烟者，日本人也不愿意让别人给自己敬烟。同时，他们也绝对不会给别人敬烟。

同他人相对时，日本人觉得注视对方双眼是失礼的。因此，他们绝不会直勾勾地盯视对方，而通常只会看着对方的双肩或脖子。

日本人用右手的拇指与食指合成一个圆圈时，不是表示“OK”的意思，而是表示“钱”。

2. 韩国礼俗与禁忌

(1)服饰礼仪。

韩国人非常看重自己留给交往对象的印象。为了维护个人形象，他们对社交场合的穿着打扮十分在意。

韩国人在交际应酬中通常穿西式服装，着装讲究朴素、整洁，并且较为庄重、保守。例如，在商务活动中，韩国男子大都会穿深色的西服套装，而韩国妇女的着装则绝对不会过于前卫。在韩国，邋里邋遢、衣冠不整的人，和着装过露、过透的人一样，都是让人看不起的。

在某些特定的场合，尤其是在逢年过节的时候，韩国人往往会穿本民族的传统服装，这种情况在乡村和老年人身上尤为多见。在休闲时，年轻人的衣着则较为新潮。

韩国人的传统服装是：男子上身穿袄，下身穿宽大的长裆裤，外面有时还会加上一件坎肩，甚至再披上一件长袍。过去，韩国男子外出时还喜欢头戴一顶斗笠。韩国妇女则大都上穿短袄，下着齐胸长裙。

在韩国，参加社交活动时光脚穿鞋子，是一种失礼的行为。其实，在社交活动中穿袜子还有一个好处，即进屋之际需要脱鞋时不至于尴尬。进屋之前需要脱鞋时，韩国人是不准将鞋尖直对房间之内的，否则会令对方极度不满。

(2)餐饮礼仪。

韩国人的饮食以辣和酸为主要特点。韩国人的主食是米饭和冷面。他们爱吃的菜肴，则主要有泡菜、烤牛肉、烧狗肉、人参鸡等。总体而言，韩国菜的品种不太多，其中的绝大多数都比较清淡。

韩国男子通常酒量都不错，对烧酒、清酒、啤酒往往来者不拒。韩国妇女则多不饮酒。平日，韩国人喝得较多的是茶和咖啡。韩国人通常不喝粥，并且不喜欢喝清汤，他们认为只有穷人才会如此。

在用餐的时候，韩国人使用筷子。为了环保，韩国的餐馆里往往只向用餐者提供铁筷子。关于筷子，韩国人的讲究是，与长辈同桌就餐时不许先动筷子，不可用筷子对别人指指点点，在用餐完毕后要将筷子整齐地放在餐桌的桌面上。吃饭的时候不宜边吃边谈，吃东西时嘴里响声大作也是非常丢人的。

韩国人在自己家中设宴招待来宾时，宾主一般都是围在一张矮腿方桌周围，盘腿席地而坐。在这种情况下，切勿用手摸脚或悄悄脱袜子，将双腿直伸开来或双腿叉开也是不允许的。

(3)礼俗与禁忌。

韩国人大都珍爱白色，并且对熊和虎十分崇拜。由于发音与“死”相同的缘故，韩国人对“4”这一数字十分厌恶。受西方风俗影响，也有不少韩国人不喜欢“13”这个数字。与韩国人交谈时，发音与“死”相似的“私”“师”“事”等几个词最好不要使用。在韩国，不宜谈论的话题有政治腐败、经济危机、意识形态、南北分裂、韩美关系、韩日关系等。韩国人的民族自尊心很强，他们反对崇洋媚外，倡导使用国货。在韩国，一身外国名牌的人往往会被人看不起。需要向韩国人馈赠礼品时，宜选择鲜花、酒类或工艺品。在接受礼品时，韩国人大都不习惯当场打开其外包装。

尽管在主流社会，韩国人已十分西化，但在韩国民间仍讲究“男尊女卑”。进入房间时，女人不可走在男人前面。进入房间后，女人须帮助男人脱下外套。男女一同就座时，女人应自动坐在下座，并且不得坐得高于男人。与此同时，尊重长辈在韩国被视为做人的基本修养。

3. 新加坡礼俗与禁忌

(1)服饰礼仪。

新加坡人的国服，是一种以胡姬花作为图案的服装。在国家庆典及其他一些隆重的场合，新加坡人经常会穿着自己的国服。

在政务活动和商务交往中，新加坡人的着装讲究郑重其事。男子一般要穿白色长袖衬衫和深色西裤，并且打上领带；女子则须穿套装或深色长裙。在对外交往中，新加坡人则大多按照国际惯例穿深色的西装或套裙。

在日常生活中，不同民族的新加坡人的穿着打扮往往各具其民族特色。华人的日常着装多为长衫、长裤、连衣裙或旗袍，马来人最爱穿"巴汝"、纱笼。

在新加坡的许多公共场所，穿着过分随便者，比如穿牛仔装、沙滩装、低胸装、露背装、露肚脐装的人，往往被禁止入内。

(2)餐饮礼仪。

由于新加坡人多为华人，而新加坡华人绝大多数祖籍为广东、福建、海南等地，因此他们在饮食习惯上与中国人大同小异，偏好中餐。因为籍贯方面的缘故，新加坡华人在口味上喜欢清淡，偏爱甜味，爱吃米饭和海鲜，不太喜欢面食，粤菜、闽菜和上海菜都很受欢迎。

在设宴款待新加坡人时，务必在安排菜单方面要注意因民族而异。必须谨记，马来人忌食猪肉、狗肉、自死之物和动物的血，不饮酒。在用餐时，马来人习惯用右手直接抓取食物，但他们忌用左手抓取食物，对其他人的这种做法，他们也是难以容忍的。

新加坡人，特别是新加坡华人，大都喜欢饮茶。当客人到来时，新加坡人通常会以茶相待。每逢春节来临之际，新加坡人经常还会在清茶中加入橄榄之后饮用，称之为"元宝茶"。他们认为，喝这种茶可以令人"财运亨通"。新加坡华人还喜欢饮用加入一定配方的中药后制成的补酒。

(3)礼俗与禁忌。

新加坡人非常喜欢鲜花，尤其是自己的国花。通常情况下，新加坡人会在装饰华美、花草繁多的环境中会客、宴请或休息。新加坡人在人际交往中崇尚清爽卫生。对于蓬头垢面、衣冠不整的人，新加坡人大都会侧目而视。

在色彩方面，绝大多数的新加坡人都非常喜欢红色。他们认为，艳丽夺目的红色是庄严、热烈、喜庆、吉祥的象征，而且还具有激励人们奋发向上的作用。黑色、紫色不为新加坡人所欢迎，他们认为黑色、紫色代表着不吉利。另外，新加坡人普遍喜欢白色，视之为纯洁与美德的象征。新加坡的国旗，就是由红色和白色两种颜色构成的。

就数字而言，新加坡人不喜欢"4"与"7"。因为在华语中，"4"的发音与"死"相仿，而"7"则被视为一个消极的数字。在新加坡华人看来，"3"表示"升"，"6"表示"顺"，"8"表示"发"，"9"表示"久"，都是吉祥的数字。

在日常生活中，新加坡华人对传统民俗非常讲究，吉祥字、吉祥画在他们的周围随处可见。最受他们喜爱的吉祥字有"囍""福""吉""鱼"等。最受他们欢迎的吉祥画，则有表示"平安"的"苹果"，表示"和平"的"荷花"，表示"力量"的"竹子"，表示"幸运"的"蝙蝠"，等等。

与新加坡人攀谈时，要多使用谦辞、敬语。与此同时，对于话题的选择务必加以注意。最受新加坡人青睐的话题有运动、旅游、传统文化及有关经济建设方面的成就。对于新加坡国内的政治、宗教、民族问题，执政党的方针政策，领导人的选拔，以及新加坡与邻国的关系问题，最好不要涉及。

新加坡的华人大都很讲"面子"，并且"乡土观念"极强。与其交往时，千万不要不给对方"面子"。要是能用"家乡话"与其进行交谈，则必会大受欢迎。

在新加坡，人们普遍讲究社会公德。政府通过采用"法"与"罚"这两大法宝，去促使人们提高社会公德意识。例如，在新加坡，人们不准嚼口香糖，过马路时不能闯红灯，在公共场合不准吸烟、吐痰和随地乱扔废弃物品，否则必受处罚，需要交纳高额的罚金，搞不好还会吃官司，甚至受鞭刑。

4. 印度礼俗与禁忌

(1)服饰礼仪。

印度人的着装讲究朴素、整洁。在一般场合，印度男子的着装往往是上身穿一件"吉尔达"，即一种宽松的圆领长衫，下身则穿一条"陀地"，即一种以一块白布缠绕在下身、垂至脚面的围裤。在极其正规的活动中，他们则习惯在"吉尔达"之外，再加上一件外套。

印度妇女最具民族特色的服装是纱丽。它实际上是一大块丝制长巾，披在内衣之外，好似一件长袍。其具体穿法是：从腰部一直围到脚跟，使之形成筒裙状；然后将其末端下摆披搭在肩头，自成活褶。印度妇女所穿的纱丽色彩鲜艳、图案精美，非常漂亮。

出门在外时，尤其是在正式场合，印度人大都讲究不露出头顶。为此，妇女要头披纱巾，男子则根据宗教信仰的不同而各有特色：印度教教徒要戴白色船形帽，伊斯兰教教徒要戴伊斯兰小帽，锡克教教徒则要在头上包裹一块头巾。

印度的妇女大多习惯在自己的前额上以红色点一个"吉祥痣"。过去，它用于表示妇女已婚，而今则主要用于装扮。纱丽与"吉祥痣"，是印度妇女穿着打扮上的两个独特之处。

(2)餐饮礼仪。

印度人的主食是大米和面食。他们在烹调时喜欢加入各种香料，尤其是咖喱粉等辛辣香料。印度食素的人特别多，而且社会地位越高的人越忌荤食。有许多印度人不吃蛇肉、竹笋、蘑菇和木耳，还有不少印度人甚至不吃鸡蛋。绝大多数印度人不吸烟。

平时，印度人不太爱喝汤，也不怎么喜欢饮酒。有许多印度人认为，白开水是世界上最佳的饮料。印度人用餐的时候，习惯用右手抓食。

在请客的时候，印度人往往会请在座者中最有钱的人或者最受欢迎的人付账。

(3)礼俗与禁忌。

有多种动物在印度被神化。除了被定为国鸟的蓝孔雀外，最受印度人崇拜的动物是牛。敬牛、爱牛、不打牛、不杀牛、不使用牛皮制品，在印度也已成为一种普遍的社会风气。与欧美人爱狗一样，印度人爱牛也绝对不容非议。

在印度的某些部族里，眼镜蛇被看作是"神的朋友"而被顶礼膜拜。除此之外，猫、狗、鼠等动物在印度也都各有其崇拜者。一般的印度人不喜龟、鹤及其图案。

许多虔诚的印度教教徒，有早睡早起的习惯。在一年之中，他们必须封斋一次，每次三天左右。在此期间，他们白天不可以进食。印度教教徒还认为"入河沐浴，可消罪过"，故他们经常要下河，尤其是进入被视为"圣河"的恒河沐浴。按他们的说法，在恒河沐浴后，孩子可以长命百岁，新婚夫妇可以永结同心，老人则可以安然进入天国。因此，在恒河沐浴，与居瓦拉纳西、敬湿婆神、结交圣人一道，被印度教教徒当作"人生四大乐趣"。

在印度，当众吹口哨是失礼之举。在印度南部的一些地方，人们以摇头表示同意。左手接触别人或摸别人的头，在印度通常是不被允许的。

印度人忌讳白色，忌讳弯月图案，忌讳送人百合花。"1""3""7"这三个数字，均被视为不吉利。

同印度人交谈时，对宗教与民族矛盾、印巴冲突、克什米尔问题、核武器、两性关系等问题，千万不要主动涉及。

5. 泰国礼俗与禁忌

(1)服饰礼仪。

泰国的各个民族都有自己的传统服饰。在正式场合,泰国人都爱穿着自己本民族的传统服饰,并以此为荣。

从总体上讲,泰国人的服饰喜用鲜艳之色。在泰国,有用不同的色彩表示不同日期的讲究。例如,黄色表示星期一,粉色表示星期二,绿色表示星期三,橙色表示星期四,淡蓝色表示星期五,紫色表示星期六,红色表示星期日。因此,泰国人常按不同的日期穿着不同色彩的服装。

由于气候炎热,泰国人平时多穿衬衫、长裤与裙子。只有在商务交往中,他们才会穿深色的套装或套裙。但是,在公共场合,尤其是在参观王宫、佛寺时,穿背心、短裤和超短裙是被禁止的。

去泰国人家里做客,或进入佛寺之前,务必要记住先在门口脱下鞋子。另外,在泰国人面前,不管是站还是坐,都不要让鞋底露出来,尤其不要以其朝向对方,泰国人对此是最为忌讳的。

(2)餐饮礼仪。

泰国人是不喝热茶的,他们的做法是在茶里加上冰块,令其成为冰茶。泰国人一般不喝开水,而惯于直接饮用冷水。在喝果汁的时候,他们还要在其中加入少许盐。

在口味方面,泰国人不爱吃过咸或过甜的食物,也不吃红烧的菜肴。从总体上讲,泰国人喜食辛辣、鲜嫩之物。在用餐时,他们爱往菜肴之中加入辣酱、鱼露或味精。他们最爱吃的食物,当属具有其民族特色的"咖喱饭"。

在泰国民间,人们用餐时多惯于围绕着低矮的圆桌跪膝而坐,以右手抓取食物享用。在泰国,人们普遍认为"左手不洁",所以绝对不能以左手取用食物。现在,有些泰国人用餐时爱叉、勺并用,即左手持叉,右手执勺,两者并用。

(3)礼俗与禁忌。

泰国宪法规定:国王神圣不可侵犯,任何人不得对其进行指责和控告。在泰国,泰王深受人民的尊敬与爱戴。在正式集会时,必须首先演奏歌颂国王的颂歌。届时,全场必须肃立,不得走动或交谈,不然必受严惩。在宴会上致祝酒词,必须首先祝国王身体健康。尽管泰国实行言论自由,人们对一般人甚至政府首脑都可以说三道四,但是对泰王和王室的其他成员,则绝对不允许任意评说。

在社会生活方面,佛教对泰国人有着重要的影响。比如,他们的历法采用的是佛历;泰国男子年满20岁后,都要出家一次,做3个月的僧侣,即使国王也不能例外,否则就会被人看不起;几乎所有的泰国人脖子上都配有一件据称可令其趋吉避邪的佛饰。鉴于此,与泰国人进行交往时,千万不要非议佛教或对佛门弟子有失敬意。在泰国参观佛寺之时,除了进门前要脱鞋之外,还要摘下帽子和墨镜。在佛寺之内,切勿高声喧哗,随意摄影、摄像。特别要牢记,不要爬到佛像上去拍照,不能抚摸佛像,妇女不能接触僧侣。

泰国人非常喜爱红色和黄色,并且对蓝色颇有好感。在他们看来,蓝色象征着"永恒"与"安定"。在泰国的三色国旗上,蓝色居中,并且代表着王室。对于褐色,泰国人比较忌讳。泰国人还忌讳用红色的笔签字或用红色刻字,因为他们视之为死人所受的待遇。

在泰国举行聚会时,参加者的数目有时是有讲究的。官方举行活动时,参加者通常为双数。私人举行活动时，被邀请的人数则常为单数。在民间活动中讲究请9个人参加最佳。据说，这是因为“9”在泰语符号中像一头大象，而且它的发音与“兴旺”“发达”相似。

泰国民间不喜欢狗的图案。在泰国也不能向僧侣送现金。泰国人家里大都不种茉莉花，因为在泰语里它的发音与“伤心”一词相似。

在举止动作上，泰国人的禁忌很多。总的来说，他们有“重头轻脚”的讲究。所谓“重头”，是说泰国人的头部，尤其是孩子的头部，一般不准触摸。拿着东西从泰国人头上通过，被视作一种侮辱。在睡觉时，他们忌讳“头朝西，脚向东”，因为在泰国只有停尸时才那么做。所谓“轻脚”，则是说泰国人认为脚除了走路外，别无所长。因此，他们不准用脚指示方向，不准脚尖朝着别人，不准用脚踏门或踩踏门槛。在外人面前席地而坐时，不准盘足或双腿叉开。

跟泰国人接触时，千万不要动手拍打对方。用左手接触对方，讲话时以手指对对方指指点点，也是不允许的。

**(二)部分美洲国家的礼俗与禁忌**

1. 美国礼俗与禁忌

(1)服饰礼仪。

总体而言，美国人平时的穿着打扮不太讲究。崇尚自然，偏爱宽松，讲究着装体现个性，是美国人穿着打扮的基本特征。

在日常生活之中，美国人大多是宽衣大裤，素面朝天，爱穿T恤、牛仔、运动装及其他风格的休闲装。要想依照日常着装来判断一个美国人的实际地位或身份，往往是难以办到的。

衣冠楚楚的美国人在实际生活里也不是没有。但是，要想见到身穿礼服或套装的美国人，大约只有在音乐厅、宴会厅或者大公司的写字楼内才比较容易。

美国人认为，一个人的着装，必须因其所处的具体场合，或是所扮演的具体角色而定。在他们看来，一个人穿西装、打着领带去轧马路、逛公园、游迪斯尼乐园，与穿着夹克、T恤、短裤、健美裤赴宴或出席音乐会一样，都是极不得体的。在美国若不了解此类讲究，往往就会令人耻笑。

美国人在着装方面虽然较为随便，但这并不等于说他们一点儿讲究也没有，只不过是相对而言少一些罢了。跟美国人打交道时，应注意对方在穿着打扮上的下列讲究，免得让对方产生不良印象：

第一，美国人非常注意服装的整洁。在一般情况下，他们的衬衣、袜子、领带必然每天换。穿肮脏、褶皱、有异味的衣服的人，美国人是看不起的。

第二，拜访美国人时，进了门一定要脱下帽子和外套，美国人认为这是一种礼貌。

第三，美国人十分重视着装的细节。在美国人看来，穿深色西装套装时穿白色袜子，穿凉鞋时穿袜子，或是让袜口露出自己的裙摆之外，都是缺乏基本的着装常识。

第四，在美国，女性最好不要穿黑色皮裙。不然的话，就会被视为并非“良家妇女”。

第五，在美国，一位女士要是随随便便地在男士面前脱下自己的鞋子，或者撩动自己裙子的下摆，往往会令人产生成心引诱对方之嫌。

第六，穿着睡衣、拖鞋会客，或是以这身打扮外出，都会被美国人视为失礼。

第七，美国人认为，出入公共场合时化艳妆，或是在大庭广众之下化妆、补妆，不但会被人视为缺乏教养，而且还有可能令人感到“身份可疑”。

第八，在室内仍旧戴着墨镜不摘的人，往往会被美国人视作“见不得阳光的人”。

(2)餐饮礼仪。

美国人的饮食习惯,一般可以说是因地区而异,因民族而异。总体而言,其共同特征是:喜食“生”“冷”“淡”的食物,不刻意讲究形式与排场,而强调营养搭配。在一般情况下,美国人以食用肉类为主,牛肉是他们的最爱,鸡肉、鱼肉、火鸡肉亦受其欢迎。若非伊斯兰教或犹太教徒,美国人通常不禁食猪肉。在美国人之中,爱吃羊肉者极为罕见。

美国人所不吃的食物,主要有狗肉、猫肉、蛇肉、鸽肉、淡水鱼与无鳞无鳍的鱼,动物的头、爪及内脏,生蒜、韭菜、皮蛋等。

受快节奏的社会生活影响,美国人的饮食日趋简便与快捷,因此,快餐在美国得以大行其道。

美国人爱喝的饮料有冰水、矿泉水、红茶、咖啡、可乐与葡萄酒。新鲜的牛奶、果汁,也是他们每天必饮之物。在宴会上祝酒时,他们习惯高举自己的酒杯,并不讲究非要使自己的酒杯低于他人。

在人际交往中,美国人有时会请亲朋好友到自己家里共进晚餐。美国人看重的是这一形式本身,而在实际内容上却不甚讲究。美国人请客时只准备两三道菜,是极为正常的。

用餐的时候,美国人一般以刀叉取用。在切割菜时,他们习惯于先是左手执叉,右手执刀,自左至右将其切割完毕,然后,放下餐刀,将餐叉换至右手,右手执叉而食。

美国人用餐的戒条主要有以下七条:

其一,不允许进餐时发出声响。

其二,不允许替他人取菜。

其三,不允许吸烟。

其四,不允许劝酒。

其五,不允许当众宽衣解带。

其六,不允许议论令人作呕之事。

其七,入口之物不宜再吐出来。

总之,美国人认为,在用餐时理当表现得斯文一些才好。

(3)礼俗与禁忌。

在动物之中,美国人普遍爱狗,美国人认为,狗是人类最忠实的朋友。对于那些自称爱吃狗肉或者虐待狗的人,美国人是非常厌恶的。在美国人眼里,驴代表坚强,象则代表稳重,它们分别是共和党、民主党的标志。蝙蝠被视为吸血鬼与凶神,令美国人最为反感。

美国人最喜爱的色彩是白色。在他们看来,白色象征着纯洁。在此前提下,白猫也成了美国人很喜欢的宠物,它被视为可以给人们带来好运。在美国,人们喜欢的色彩还有蓝色和黄色。由于黑色在美国主要用于丧葬活动,因此美国人对它比较忌讳。

美国人最讨厌的数字是“666”“13”“3”,他们所不喜欢的日期则是“星期五”。

与美国人打交道时,一般都会发现,他们大都比较喜欢运用手势或其他体态语来表达自己的情感。不过,下列体态语却为美国人所忌用:其一,盯视他人;其二,冲着别人伸舌头;其三,用食指指点交往对象;其四,用食指横在喉头之前;其五,竖起拇指并以之指向身后;其六,竖起中指。美国人认为,这些体态语都具有侮辱他人之意。

美国人在公共场合和他人面前,绝对不会蹲在地上,或是双腿叉开而坐。这两个动作,均被视为失仪之举。

跟美国人相处时，与之保持适当的距离是必要的。美国人认为，个人空间神圣而不容冒犯。因此，在美国碰了别人要及时道歉，坐在他人身边先要征得对方同意，谈话时距对方过近则是失敬于人的。一般来说，与美国人交往时，与之保持 50～150 cm 的距离，才是比较适当的。

标榜个性独立的美国人最忌讳他人打探其个人隐私。在美国，询问他人收入、年龄、婚恋、健康、籍贯、学历、住址、种族、血型、星座等，都是不礼貌的。即使招工时，美国人也极少询问此类问题。

美国人大都认定"胖人穷，瘦人富"，所以他们听不得别人说自己"长胖了"。与美国黑人交谈时，既要少提"黑"这个词，又不宜打听对方的祖居之地。与美国人聊天时，若是谈及政党之争、投票意向与计划生育等，肯定导致双方"话不投机半句多"。

不宜送给美国人的礼品主要有香烟、香水、内衣、药品及广告用品。

在美国，切勿随意打骂、训斥孩子。不注意这一点，搞不好就会吃官司。

2. 加拿大礼俗禁忌

(1)服饰礼仪。

在日常生活里，加拿大人的着装以欧式为主。上班的时间，他们一般要穿西服、套裙。参加社交活动时，他们往往要穿礼服或时装。在休闲场合里，他们则讲究自由穿着，只要自我感觉良好即可。

每逢节假日，尤其是在欢庆本民族的传统节日时，加拿大的各民族人民大都有穿着自己的传统民族服装的习惯，此时，人们往往会有参观"万国服饰博览"之感。

居住在临近北极的因纽特人，服装多以麋鹿的毛皮缝制而成。它不仅宽大厚实，而且常常是衣、裤与帽子连为一体。这一特点，主要与抵御严寒有关。

在参加社交应酬前，加拿大人循例都要认真地进行自我修饰，或是为此专门去美容院。参加社交活动时，男子必须提前理发、修面，妇女们则无一例外地要进行适当地化妆，并选戴一些首饰。不这么做的话，不仅会让别人觉得失之于自尊自爱，而且还会被视为是对交往对象的不尊重。

(2)餐饮礼仪。

加拿大人的饮食习惯，与英、法两国较为接近。一般对法式菜肴较为偏爱，并且以面包、牛肉、鸡肉、鸡蛋、土豆、西红柿等物为日常之食，在口味方面比较清淡，爱吃酸、甜之物。在烹制菜肴时极少直接加入调料，而是惯于将调味品放在餐桌上，由用餐者各取所需，自行添加。从总体上讲，他们以肉食为主，特别爱吃奶酪和黄油。

加拿大人在饮食上的一大独特之处，是他们特别爱吃烤制的食品。烤牛排、烤鸡、烤土豆都是他们所喜欢吃的。他们的这种饮食习惯，恐怕与该国气候寒冷有关。

在饮品方面，咖啡、红茶、牛奶、果汁、矿泉水都受到他们的欢迎。此外，加拿大人还爱喝清汤，并且爱喝麦片粥。与欧洲人相比，他们饮酒并不多。

加拿大人忌食的东西，主要有肥肉、动物内脏、腐乳、虾酱、鱼露及其他一切带有腥味、怪味的食物。他们也不大喜欢吃动物的头部、脚爪和偏辣的菜肴。

在一日三餐之中，加拿大人最重视晚餐。他们有邀请亲朋好友到自己家中共进晚餐的习惯。收到这种邀请时，应当理解为是主人主动表达友善之意。请客时他们较常采用自助式。

加拿大人用餐时一般使用刀叉。对于在餐桌上化妆、吸烟、吐痰、剔牙的人，加拿大人是非常看不惯的。在用餐的整个过程中,他们没有用热毛巾擦脸的习惯。

(3)礼俗与禁忌。

在加拿大,白色的百合花主要被用于悼念死者。因其与死亡有关,所以绝对不可以作为礼物送给加拿大人。

白雪在加拿大人的心目中有着崇高的地位,并被视为吉祥的象征与辟邪之物。在不少地方,人们甚至忌讳铲除积雪。

加拿大的国旗由红、白两色构成。这两种色彩深得加拿大人的广泛喜爱,并被正式定为加拿大的国色。

"13"被视为"厄运"之数,"666"表示魔鬼撒旦,"星期五"则是灾难的象征,加拿大人对于这些都是深为忌讳的。

在老派的加拿大人看来,打破了玻璃,请人吃饭时将盐撒了,从梯子底下经过都是不吉利的事情。这些都应当尽力避免发生。

与加拿大人交谈时,不要插嘴,不要打断对方的话,也不要随意去补充对方的话或是与对方强词夺理。议论性与宗教,评说英裔加拿大人与法裔加拿大人的矛盾,探讨魁北克省要求独立的问题,处处将加拿大与美国进行比较,将加拿大视为美国的"小兄弟",或是大讲特讲美国的种种优点与长处,都是应当避免的。

在需要指示方向或介绍某人时,加拿大人忌讳用食指指指点点,而是代之以五指并拢、掌心向上的手势。当加拿大人耸肩时,大多是表示自己"无能为力"或者是为了掩饰自己的窘态。

3. 巴西礼俗与禁忌

(1)服饰礼仪。

在一些正式的场合里,巴西人的穿着打扮十分考究。他们不仅讲究穿戴整齐,而且主张在不同的场合里,人们的着装应当有所区别。

在重要的政务、商务活动中,巴西人主张一定要穿西装或套裙。而在一般的公共场合,男人至少要穿短衬衫、长西裤,妇女则最好穿高领带袖的长裙。

巴西妇女爱戴首饰,爱穿花衣裳,并且喜欢色彩鲜艳的时装。巴西妇女大都喜欢赤脚穿鞋。

在巴西妇女之中,黑人妇女的着装可谓独树一帜。她们一般爱穿短小紧身的上衣、宽松肥大的花裙,并且经常身披一块又宽又长的披肩。

在巴西的那简斯第地区,妇女们戴帽子的方式,可被用以表明情感。按照当地风俗,帽子戴得偏左,表示"未婚";帽子戴得偏右,表示"已婚";帽子扣在前额上,则表示"别理我,烦着呢"。

(2)餐饮礼仪。

巴西人平常主要吃欧式西餐。因为畜牧业发达,巴西人所吃的食物之中,肉所占的比重较大。在巴西,人们最爱吃牛肉,尤其是爱吃烤牛肉。在巴西,人们认为:不同部位的牛肉,烤制之后味道大不相同。巴西人普遍爱吃切开之后带血丝的牛肉,认为它鲜美无比。

在巴西人的主食之中,巴西特产的黑豆占有一席之地。巴西人最爱吃的菜肴名为"烩费让"。"费让"意即杂豆,它是用黑豆、红豆等杂豆,加上猪肉香肠、烟熏肉、甘蓝菜、橘子片,用砂锅烹煮而成。在巴西,"烩费让"被称为国菜,是宴请时不可缺少的主角。

巴西人喜饮咖啡、红茶和葡萄酒。巴西人与咖啡有着不解之缘。长期以来,巴西咖啡的产量与出口量均居世界首位。人们不仅自己天天离不开咖啡，而且还喜以之待客。在巴西，人们饮酒时提倡饮而不醉。醉酒，被巴西人视为粗俗至极。

(3)礼俗与禁忌。

巴西人对于蝴蝶十分偏爱。他们认为，蝴蝶不仅美丽，而且还是吉祥之物。

出于宗教方面的原因，巴西人忌"13""666"等数字，他们所忌讳的色彩，则是被其视为象征悲伤的紫色和代表凶丧的棕黄色。

与外人交谈时，巴西人不但神采飞扬、滔滔不绝，而且还喜欢跟对方拍拍打打。他们爱聊足球，爱讲笑话，爱听趣闻。对于国内政治、经济、民族问题，则会闭口不谈。

在人际往来中，巴西人极为重视亲笔签名。不论是写便条、发传真还是送礼物，他们都会签上自己的姓名，否则就是不重视交往对象。对使用图章落款的做法，巴西人是不习惯的。

在巴西，一位女士最好不要邀请一位关系普通的男士共进晚餐。对于对方的邀请，也不宜接受。否则就有可能使对方产生误会。

跟巴西人打交道时，不宜向对方赠送手帕或刀子。

英美人所采用的表示"OK"的手势，在巴西人看来，是非常下流的。

**(三)部分欧洲国家的礼俗与禁忌**

1. 英国的礼俗与禁忌

(1)服饰礼仪。

英国人在人际交往中十分注重衣着。一旦出门，他们便会衣冠楚楚，与此同时，他们极爱以衣帽取人。用英国大文豪莎士比亚的话来讲，这主要是因为"一个人的穿着打扮，就是其自身修养的最好的说明"。尽管如此，英国人又十分注意节省衣着方面的开销。对他们来说，一套衣服穿上十年八年是常有的事情。

英国人在交际应酬之中的衣着，非常注意体现其"绅士""淑女"之风。过去，英国绅士参加社交应酬时，非要身穿燕尾服，头戴高筒礼帽，手持文明棍或者雨伞不可。他们的这身"标准行头"，曾经给世人留下了很深的印象。直至今日，英国人在正式场合的衣着，仍然十分庄重和保守。他们一般是男士要穿三件套的深色西装，女士则要穿深色的套裙，或者素雅的连衣裙。庄重、肃穆的黑色服装往往是英国人优先的选择。

在英国的传统民族服装之中，苏格兰男子所穿的"基尔特"最为著名。它实际上是一条由腰至膝的花格子短裙。穿它的时候，还要配上很宽的腰带，并在裙前系上一小块椭圆形的垂巾。在苏格兰，每逢喜庆聚会之时，男人们都要穿上"基尔特"，以寄托自己强烈的民族感情。

英国人在正式场合的着装，大致有下列四条禁忌。其一，忌打条纹式领带。那样会让英国人联想起旧式的"军团领带"或老式学校的制服领带。其二，忌不扣长袖衬衫袖口的扣子。不论是直接外穿，还是与西服配套，都不允许那么做。将长袖衬衫的袖管挽起来也不允许。其三，忌在正式场合穿凉鞋。英国人认为，只有在海滨度假或是在家中闲居时，才能穿凉鞋。不然的话，就是不礼貌的。其四，忌以浅色皮鞋配西装套装。过去，英国男士穿西装套装时，必须要穿黑色系带皮鞋。现在，虽然不像过去那样要求严格，但浅色皮鞋依然难登大雅之堂。

英国男子讲究天天刮脸，"当我年轻时，我每天刮两次脸"是英国的俗语之一。在英国，留胡须者往往会令人反感。

(2)餐饮礼仪。

英国人的饮食具有“轻食重饮”的特点。说英国人“轻食”,主要是英国人在菜肴上没有多大特色,日常的伙食基本上没有多大的变化。除了面包、牛肉、火腿之外,英国人平常爱吃的也就是土豆、炸鱼和煮菜了。

在英国,“烤牛肉加约克郡布丁”被人称为国菜。它是用牛腰肉、土豆,加上鸡蛋、牛奶、面粉,放在烤箱内一起烤制而成的菜肴。在上桌时,还须另配一些单煮的青菜。在使用刀叉时,英国人往往一丝不苟,他们的做法是在切割食物时,必须左叉右刀,切好一块,即以叉送入口中。

英国人的饮食禁忌,主要是不吃狗肉,不吃过咸、过辣或带有粘汁的菜肴。

在评论欧洲主要国家菜肴的特点时,有人曾概括为:德国人是“考虑着营养吃”,法国人是“夸奖着厨师的手艺吃”,意大利人是“痛痛快快地吃”,而英国人则是“注意着礼节吃”。这一评价,在客观上反映了英国菜肴特色不多的特点。

有别于“轻食”的是,英国人在日常生活之中是非常“重饮”,即讲究饮料的。对世人而言,英国名气最大的饮料当推红茶和威士忌。

英国人所喝的茶是红茶,他们不仅早上醒来先要赖在床上喝上一杯“被窝茶”,在上班期间,还要专门挤出时间来去休“茶休”,喝“下午茶”。在英国,喝“下午茶”既是午餐与晚餐之间的一顿小吃,也是人们“以茶会友”的一种社交方式。

英国苏格兰生产的威士忌,曾与法国的干邑白兰地、中国的茅台酒并列为世界三大名酒。英国人除了以威士忌佐餐外,还喜欢净饮。英国人饮酒,很少自斟自酌。他们的习惯是,饮酒最好去酒吧。因此,英国的酒吧比比皆是,并且成为英国人社交的主要场所之一。

(3)礼俗与禁忌。

英国人十分忌讳百合花和菊花,视为死亡的象征;也不喜欢动物中的孔雀和猫头鹰。但对猫和狗等宠物却十分喜欢。只是对于黑色的猫,他们是十分厌恶的。此外,他们也不大喜欢大象。

遇上碰撒了食盐或是打碎了玻璃一类的事情,英国人都认为是很倒霉的。

在色彩方面,英国人偏爱蓝色、红色与白色,它们是英国国旗的主要色彩。英国人反感的色彩主要是墨绿色。

英国人在图案方面忌讳甚多。人像及大象、孔雀、猫头鹰等图案,都会令他们大为反感。在握手、干杯或摆放餐具时,无意之中出现了类似十字架的图案,他们也认为是十分晦气的。

英国人忌讳的数字主要是“13”与“星期五”,当二者恰巧碰在一起时,不少英国人都会产生大难临头之感。

在排列位次时,英国人则认定“右高”。在英国,“左撇子”被视为“笨人”,而走路时,人们则讲究先伸出右脚。

与英国人打交道时,需要了解的主要民俗禁忌还有下列五条:一是忌讳当众打喷嚏,二是忌讳用同一根火柴连续点燃三根香烟,三是忌讳把鞋子放在桌上,四是忌讳在屋子里撑伞,五是忌讳从梯子下面走过。

在人际交往中,英国人不欢迎贵重的礼物。涉及私生活的服饰、肥皂、香水,带有公司标志与广告的物品,亦不宜送给英国人。鲜花、威士忌、巧克力、工艺品及音乐会票,则是送给英国人的适当之选。

与英国人交谈时,切勿涉及英王、王室、教会及英国各地区之间的矛盾,特别是不要对女王、王位继承和北爱尔兰独立问题说三道四。

在英国,动手拍打别人,跷起“二郎腿”,右手拇指与食指构成“V”形时手背向外,都是失礼的动作。英国人用食指将眼皮往下微微一扒时,表示自己所做的事被人识破了。当他们用手敲鼻子时,表示的是秘密;而耸动肩部,表示疑问或者不感兴趣。

2. 法国的礼俗与禁忌

(1)服饰礼仪。

法国人对于服饰的讲究,在世界上是最为有名的。所谓“巴黎式样”,在世人眼中即与时尚、流行含义相同。一般人都认为,法国人最善于穿着打扮,他们的衣着配饰、发型、化妆往往令人无可挑剔。

在正式场合,法国人通常要穿西装、套裙或连衣裙。法国人所穿的西装或套裙多为蓝色、灰色或黑色,质地则多为纯毛。在他们看来,棕色、化纤面料的服装,是难登大雅之堂的。

出席庆典仪式时,法国人一般要穿礼服。男士所穿的多为配以蝴蝶结的燕尾服,或是黑色西装套装;女士所穿的则多为连衣裙式的单色大礼服或小礼服,并且讲究要同时以薄纱面罩、薄纱手套与之相配。

有身份的法国人在正式场合露面时,往往不会将同一套服装连穿两次。他们认为,那样做会有失身份。他们还讲究衣着既要尽量保持个性、与众不同,又不宜过分超前或落伍。

对于穿着打扮,法国人认为重在搭配是否得法。在选择发型、手袋、帽子、丝巾、鞋子、手表、眼镜时,法国人都十分强调要使之与自己的着装相协调、相一致。

法国妇女在参加社交活动时,一定要化妆,并且要佩戴首饰。她们认为,化妆对人对己都是一种尊重。佩戴的首饰,则一定要选“真材实料”,对于仿真人造首饰,她们大都加以拒绝。

法国男士对自己仪表的修饰相当看重,他们中的许多人经常出入美容院。在正式场合亮相时,剃须修面,头发“一丝不苟”,身上略洒一些香水,已被法国人看成男人所应具备的基本教养。

(2)餐饮礼仪。

作为举世皆知的世界三大烹饪王国之一,法国人十分讲究饮食,并且人人喜欢以美食家自居。在西餐之中,法国菜可以说是最讲究的。

平时,法国人爱吃面食。在法国,面包的种类,难以计数。在肉食方面,他们爱吃牛肉、猪肉、鸡肉、鱼子酱、蜗牛、鹅肝、蛙腿,不吃肥肉、宠物肉、肝脏之外的动物内脏、无鳞无鳍的鱼和带刺带骨的鱼。

法国的名菜有鹅肝牛排、红酒山鸡、马赛鱼羹、巴黎龙虾、煎蜗牛、扒鹅肝及黑菌等。就口味来讲,法国人在饮食上有两大特点:其一,喜欢肥浓。做菜时,他们常用大蒜、丁香、香菜调味。其二,偏爱鲜嫩。法国人做菜,不但选料要新鲜,而且烹饪也大多半生不熟。有不少菜,他们甚至还直接生食。

法国人大都爱吃奶酪。待客之际,他们往往会拿出各式各样的奶酪请客人品尝。

在世界上,法国所产的白兰地、香槟与红白葡萄酒,无出其右。法国人特别善饮,他们几乎餐餐必喝,而且讲究在餐桌上要以不同品种的酒水搭配不同的菜肴。他们的常规做法是:餐前要喝开胃酒,吃鱼要喝白葡萄酒,吃肉要喝红葡萄酒,餐后才适合喝利口酒或白兰地。对于鸡尾酒，法国人则大都不大欣赏。

法国人在用餐时，两手允许放在桌上，但却不许将两肘支在桌子上。在放下刀叉时，他们习惯于将其一半放在碟子上，一半放在餐桌上。这一做法，与英国人迥然不同

一般来说，在法国人餐桌上，酒水贵于菜肴。而在正式的宴会上，则有“交谈重于一切”之说。这是因为法国人视宴会为交际场合，所以他们举行的宴会大都时间较长，在用餐时只吃不谈，是不礼貌的。

(3)礼俗与禁忌。

对于菊花、牡丹、玫瑰、杜鹃、水仙、金盏花和纸花，一般不宜随意送给法国人。

仙鹤、孔雀、大象都是法国人反感的动物。法国人平时对动物看得很重。虐待动物，被视为不人道的行为。以至有人戏言：“在法国，妇女比男士受优待，而动物又比妇女受优待。”

法国人十分厌恶核桃，认定它代表着不吉利。以之招待法国人，将会令其极其不满。对核桃图案，他们也深为厌恶。

法国人大都喜爱蓝色、白色与红色，对于粉红色也比较喜欢。他们所忌讳的色彩，主要是黄色与墨绿色。

法国人忌讳“13”“666”“星期五”。给法国女性送花时，宜送单数，但是记住要避开“1”与“13”这两个数目。在一般情况下，法国人绝对不喜欢13日外出，不会住在13号房、坐13号座位或是13个人同桌进餐。

在人际交往中，法国人对礼物十分看重，但又有其特别的研究。他们认为初次见面就给别人送礼，往往会令对方产生疑虑，是不善交际的表现。在接受礼品时，若不当着送礼者的面打开其包装，则是一种无礼的、粗鲁的行为。此外，他们还不太重视“礼尚往来”。

向法国人赠送礼品时，宜选具有艺术品位和纪念意义的物品。但是，不宜以刀、剑、剪、餐具或是带有明显的广告标志的物品作为礼品。男士向关系一般的女士赠送香水，也被法国人看作是不合适的。

与别人交谈时，法国人往往喜欢选择一些足以显示其身份、品位的话题，如历史、艺术等。对于恭维美国、英国和德国，贬低法国的国际地位与历史贡献，议论其国内经济滑坡、种族纠纷等问题，他们则是不愿意予以呼应的。

在人际交往中，法国人的形体语言极为丰富。在交谈时，他们喜欢与对方站得近一些，并爱以手势进行辅助。对他们而言，拇指与食指分开表示“2”，用食指指自己的胸部表示“我”，拇指朝下指表示“差”或“坏”，掌心向上表示诚恳，耸动肩膀则表示高兴或惊讶。

3. 德国的礼俗与禁忌

(1)服饰礼仪。

德国人在穿着打扮上的总体风格是庄重、朴素、整洁。他们不太容易接受过分前卫的服装，不喜欢穿着过分鲜艳花哨的服装，并且对衣冠不整、服装不洁者难以容忍。

在一般情况之下，德国人的衣着较为简朴。男士大多爱穿西装、夹克，并且喜欢戴呢帽。妇女则大都爱穿翻领长衫和色彩、图案淡雅的长裙。在日常生活里，德国妇女的化妆以淡妆为主。对于浓妆艳抹者，德国人往往是看不起的。

德国人正式场合露面时，必须要穿戴得整整齐齐，衣着一般多为深色。在商务交往中，他们讲究男士穿三件套西装，女士穿裙式服装。对于服饰品位与自己相近者，德国人往往

比较欣赏。

在日常生活里，德国人服饰的民族特点并不显著。但是，也有个别地区例外。例如，巴伐利亚人在节庆之时的穿着就极具特点。男子一般是上穿以墨绿色为主的无领外套，下着挂着背带的皮短裤，头戴插着一枝羽毛的小呢帽，脚穿长袜与翻毛皮鞋。妇女则一般上穿敞领、束腰、袖口带有花边的上衣，下着多为红、绿、白色的类似于围裙的长裙。

德国人非常重视口腔卫生，牙齿不好的人往往被人看不起。对发型较为重视，在德国，男士不宜剃光头。德国少女的发式多为短发或披肩发，烫发的妇女都是已婚者。

(2)餐饮礼仪。

德国人是十分讲究饮食的。在一般情况下，德国人的餐桌上主要是肉食。面包、土豆、禽蛋等虽然也受欢迎，但是它们基本上属于配角。

在肉类方面，德国人最爱吃猪肉，其次才是牛肉。猪蹄膀和以猪肉制成的各种香肠，令德国人百吃不厌。通常，德国人都不太爱吃羊肉。除肝脏之外，其他动物内脏也不为其接受。除北部地区的少数居民之外，德国人大都不爱吃鱼、虾。即使吃鱼的人，在吃鱼时也不准讲话，这是德国的一种独特的民俗，其原因恐怕主要是担心被鱼刺扎伤。

德国人一般喜食油腻之物。在口味方面，德国人爱吃冷菜和偏甜、偏酸的菜肴，对于辣和过咸的菜肴则大多不太欣赏。

在饮料方面，德国人最欣赏的是啤酒，对咖啡、红茶、矿泉水也很喜欢。

自助餐发明于德国。在外出用餐时，德国人很爱选择这一进餐方式。

在一日三餐之中，德国人最重视的是晚餐。用餐的时候，他们习惯于关闭电灯，点燃蜡烛，以朦胧的烛光烘托出优雅的气氛。

德国人在用餐时，有以下几条特殊的规矩：其一，吃鱼用的刀叉不得用来吃肉或奶酪；其二，若同时饮用啤酒与葡萄酒，宜先饮啤酒，后饮葡萄酒，否则被视为有损健康；其三，食盘中不宜堆积过多的食物；其四，不得用餐巾扇来扇去。

(3)礼俗与禁忌。

在德国，不得随意以玫瑰或蔷薇送人。前者表示求爱，后者则用于悼亡。喜欢郁金香的人，在德国也极为少见。送女士一枝花，一般也不合适。

德国人对黑色、灰色、红色及渗入有红色或红黑相间之色，不感兴趣。

对于“13”“666”“星期五”，德国人极度厌恶。他们对于四个人交叉握手，或在交际场合进行交叉谈话，也比较反感。因为这两种做法，都是被他们看作是不礼貌的。

德国人对纳粹党党徽的图案“卐”十分忌讳。跟别人打招呼时，切勿身体立正、右手向上方伸直、掌心向外。这一姿势，过去是纳粹的标准行礼方式。

德国人认定，在路上碰到了烟囱清扫工，便预示着一天要交好运。

向德国人赠送礼品时，不宜选择刀、剑、剪、餐刀和餐叉。以褐色、白色或黑色的包装纸盒或彩带包装、捆扎礼品，也是不允许的。

与德国人交谈时，不宜涉及纳粹、宗教、党派之争。在公共场合窃窃私语，德国人认为是十分无礼的。

## 案例 5-3

**伊朗握手文化**

2011 年,伊朗与阿富汗排球队的比赛结束后,几名伊朗队员与一名女裁判握手。此事在伊朗国内引发轩然大波,民众感到愤怒不已,伊朗国家媒体厉声谴责运动员同女裁判握手的行为"极不恰当、令人震惊"。随后,迫于强大的舆论压力,伊朗排球队出面公开道歉。在伊朗,没有亲属关系的男性和女性被禁止在公共场合有握手等肢体接触。出于文化和宗教原因,很多来自伊斯兰国家的男性运动员都不会在公开场合与一位没有亲属关系的女性握手。

**点评:**不同的国家、不同的民族有不同的文化和礼俗。尊重,包容,是对待不同国家、民族文化与礼俗的必要前提。

## 问题思考

涉外服务行业中,针对不同国籍客户提供定制化服务,能显著增强客户黏性。作为服务工作人员,必须具备哪些方面的服务技能,才能提高服务质量和客户满意度?

______________________________________________

______________________________________________

______________________________________________

## 任务训练

### 一、任务训练目标

1. 掌握部分亚洲国家的礼俗与禁忌。
2. 掌握部分美洲国家的礼俗与禁忌。
3. 掌握部分欧洲国家的礼俗与禁忌。

### 二、任务内容

1. 涉外服务场景设计。
2. 不同国家文化与礼俗,如餐饮礼仪、服饰礼仪、礼俗与禁忌内容设计。
3. 查找资料,设计外国旅客接待场景与对话内容。

### 三、任务布置

1. 教师进行训练要求的介绍。
2. 组建中外礼仪与禁忌学习小组,3～5 人组成。
3. 每小组自行选举 1 名同学担任小组长,负责任务实施。

4. 撰写场景设计报告，角色分工，每一个同学必须扮演一次工作人员和一次外国旅客。
5. 课前练习。

**四、任务执行**

1. 在实训室或教室模拟涉外服务场景，分小组进行演练。
2. 自我分析、评价完成任务过程中的成功和不足之处。
3. 小组对任务完成情况进行总结与反思。
4. 教师对学生任务完成情况进行点评。

## 效果评价

**中外礼俗、禁忌训练评分表**

姓　名：　　　　　　　　　　　　地　点：　　　　　　　　　　　　时　间：

| 实训项目 | 实训考查要点 | 分值 | 小组评分 | 教师评分 | 最终得分 |
|---|---|---|---|---|---|
| 中外礼俗、禁忌训练 | 1. 问题的设计合理 | 10 | | | |
| | 2. 情境布置合理 | 10 | | | |
| | 3. 态度严谨 | 10 | | | |
| | 4. 语言规范 | 10 | | | |
| | 5. 情节演绎过程合理 | 10 | | | |
| | 6. 角色扮演恰当 | 10 | | | |
| | 7. 知识掌握熟练 | 10 | | | |
| | 8. 具有服务意识 | 10 | | | |
| | 9. 具有沟通意识 | 10 | | | |
| | 10. 具有团队协作意识 | 10 | | | |
| 合　计 | | 100 | | | |

注：该表可根据实际设计的训练项目进行测评。

## 项目综合训练

# 实训1　铁路客运站定制服务与特殊服务案例汇报

**1. 实训目标**

通过实训，能够关注我国高速铁路客运人员涉外交往礼仪，了解客运服务礼仪要求和会面礼仪事例，感知我国高速铁路客运工作人员的良好职业形象和较高的内涵素质，从而培养用心服务外国旅客的职业情感。

**2. 实训要求**

(1)每个小组收集2～5个案例。

(2)撰写的文案,每个不少于500字。

(3)每个小组PPT讲演或文案汇报不多于5 min。

3. **实训内容**

(1)资料收集:利用互联网收集我国高速铁路工作人员对外国旅客乘降服务的案例,特别是职场会务接待和外事服务案例。

(2)分组:每个小组进行角色分工。

(3)合作内容:搜集资料、撰写文案、PPT制作等。

(4)讲演或案例汇报。

4. **实训评价**

**职业核心能力与道德素质评价表**

| 评价项目 | | 分值 | 小组评分 | 教师评分 | 最终得分 |
|---|---|---|---|---|---|
| 职业核心能力与道德素质 | 1. 自我学习 | 20 | | | |
| | 2. 信息处理 | 20 | | | |
| | 3. 解决问题 | 20 | | | |
| | 4. 与人合作 | 20 | | | |
| | 5. 学习态度 | 20 | | | |
| 合　计 | | 100 | | | |

## 实训2　某高速铁路车站贵宾室服务工作演练

1. **实训目标**

高速铁路车站贵宾室主要是指在各高速铁路车站为旅客提供的贵宾候车服务的场所,提供专用进出站通道、独立安检(免排队)、专人站台接送及贵宾休息厅服务。其中,贵宾休息厅提供行李协助、休闲茶点和乘车引导等服务,亦可为企业量身定制委托接待服务。引导至贵宾间入座,热情接待,服务到位。送车时需与值班员确定走行路线,做好引导工作。

通过实训,能掌握重点旅客服务工作规范和服务礼仪,从而培养较强的会面沟通能力和接待技巧。

2. **实训要求**

(1)设计4～5个场景。

(2)撰写4～5个场景文案。

(3)课前进行角色演练。

(4)课堂分小组进行场景表演。

3. **实训内容**

(1)资料收集:利用互联网收集某高速铁路车站贵宾室提供的业务资料,进行场景设计。

(2)分组:每个小组进行角色分工。

(3)合作内容:进行台词设计。

(4)课前进行演练。

(5)课堂汇报演出。

## 4. 实训评价

**专业能力评价表**

| 评价项目 | | 分值 | 小组评分 | 教师评分 | 最终得分 |
|---|---|---|---|---|---|
| 专业能力 | 1. 业务熟练度 | 20 | | | |
| | 2. 沟通技巧 | 20 | | | |
| | 3. 形体语言 | 20 | | | |
| | 4. 语言表达 | 20 | | | |
| | 5. 情感态度 | 20 | | | |
| 合　计 | | 100 | | | |

# 参考文献


[1] 董正秀,张苏敏.铁路客运服务礼仪[M].2版.北京:中国铁道出版社,2015.

[2] 郑州铁路局.高速铁路客运[M].北京:中国铁道出版社,2012.

[3] 刘永俊,陈淑君.民航服务礼仪[M].北京:清华大学出版社,2012.

[4] 高蓉.城市轨道交通服务礼仪[M].北京:人民交通出版社,2011.

[5] 上海申通地铁集团有限公司轨道交通培训中心.城市轨道交通车站客运服务[M].北京:中国铁道出版社,2011.

[6] 刘克芹.现代社交礼仪[M].北京:经济科学出版社,2010.

[7] 徐行.客户服务礼仪[M].北京:中国铁道出版社,2010.

[8] 张岩松.现代服务礼仪[M].北京:北京交通大学出版社,2010.

[9] 梁颖.旅游礼仪[M].上海:上海交通大学出版社,2011.

[10] 杨贺.商务礼仪[M].北京:北京理工大学出版社,2013.

[11] 赵影,郝建萍.服务礼仪[M].北京:中国人民大学出版社,2014.

[12] 中国国家铁路集团有限公司.铁路旅客运输服务质量规范(车站部分)[S].北京:中国铁道出版社有限公司,2025.

[13] 中国国家铁路集团有限公司.铁路旅客运输服务质量规范(列车部分)[S].北京:中国铁道出版社有限公司,2025.

[14] 中国国家铁路集团有限公司.中国国家铁路集团有限公司铁路旅客运输规程[S].北京:中国铁道出版社有限公司,2024.

[15] 国家民委政策法规司.少数民族风俗与禁忌[M].北京:民族出版社,2007.